KINDER NERVEN NICHT!

Betty Stewart

KINDER
NERVEN NICHT!
Sie brauchen nur Grenzen

MOEWIG

© by Betty Stewart / „art & text"
Originaltitel: Kids don't drive you mad – they just need limits!
Aus dem Englischen von Michael H. Weise
© für die deutsche Übersetzung
by Pabel-Moewig Verlag KG, Rastatt
www.MOEWIG.de
Umschlagfoto: Mauritius
Printed in Germany
ISBN 3-8118-1751-5

Inhalt

Einleitung 9

1. Nur keine Angst! Sie sind schlauer als Ihre Kinder
   (Und außerdem ist es immer noch Ihr Haus!) 11
   Was Gehorsam ist und was nicht 15

2. Ihre Kinder bleiben nicht immer so unordentlich
   (Und wenn doch, dann ist das später nicht mehr
   Ihr Problem) 29
   Sie sollten lieber nichts verleihen 36
   Das Gedächtnis ist nicht schlecht;
   es wählt eben aus 39
   Gutes Benehmen wird abgeschaut,
   nicht beigebracht 42
   Hören Sie auf, sich über das „Aufhören"
   aufzuregen 46

3. Irgend jemand muß sich schließlich ums Essen
   kümmern, und das sind nun einmal Sie! 51
   Was Kinder am liebsten essen, ist bestimmt nicht
   immer am besten für sie 61
   Essen hat etwas mit Freude zu tun,
   nicht mit Schimpfen 69
   Wenn Babyspeck nicht verschwinden will 74

4. Bleiben Sie ganz ruhig: Alle Kinder stehlen 77
   Was heißt hier Eigentum? 79
   Demütigung ist ein schlechter Lehrmeister 85
   Wann Stehlen normal ist und wann nicht 89

5. Ich sage es Ihnen nur ungern: Aber alle Kinder
lügen auch 93
Wie man Kinder an Ehrlichkeit heranführt 94
*Bleiben Sie erwachsen, wenn Ihre Kinder
kindisch sind* 104
Lügen, wenn es um Schulnoten geht 106
Lügen, um sich wichtig zu machen 109
Bringen Sie Ihrem Kind das Lügen bei? 111
*Manchmal kann Lügen ein Zeichen
seelischer Gesundheit sein* 112

6. Regen Sie sich nicht auf: Ihr Kind mogelt
vielleicht auch 115
Wie man lernt, Spielregeln zu befolgen 117
Kinder lernen beim Spielen 118
Mogeln in der Schule 126
Nehmen Sie die Hilfe von Fachleuten in Anspruch! ... 129
Zwingen Sie Ihre Kinder zu mogeln? 133
*Wenn die Versetzung in einen A-Kurs
zum Mogeln führt* 135
Mogeln nach dem „Abrutschen" 137

7. Machen Sie sich keine unnötigen Sorgen! Haben Sie sie
einfach lieb – dann werden sie schon alle erwachsen! . 141
Die Schule kann warten, bis Ihre Kinder so weit sind .. 145
*Benutzen Sie Ihr Kind nicht als Ausgleich für Ihre
persönlichen Enttäuschungen* 153
Erziehen Sie Ihr Kind zu einem Versager? 154
Das Leben Ihrer Kinder gehört ihnen, nicht Ihnen! ... 157

8. Wenn Sie glücklich sind, werden sie es auch 163
Innen und außen gehören zusammen 166
Wie man lernt, seine Gefühle auszudrücken 167
Trotz guter Vorsätze kann man Schaden anrichten 174
Sie selbst sind auch wichtig! 178
Niemand kann die ganze Zeit nur lieben 180
Wie man seine Wut sinnvoll zum Ausdruck bringt 184
Wenn Wut zerstörerisch wirkt 188
Der Einfluß des Fernsehens 195

9. Irgend jemand muß ihnen schließlich etwas über
   Sexualität beibringen: Sind Sie es? 199
   Beantworten Sie einfach nur die Fragen 206
   Wie denken Sie über Selbstbefriedigung? 210
   Wenn Kinder sexuell mißbraucht werden 214
   *Stellen Sie sich bei der Sexualerziehung
   nicht dumm an* 220

10. Auch wenn die Ehe scheitert – die Familie
    besteht weiter 227
    Was Scheidung für ein Kind bedeutet 229
    Dem neuen Leben ins Auge sehen 233
    Wie man mit neuen Beziehungen umgehen sollte 237
    Sie und Ihre Kinder sind noch immer eine Familie . . . 241

Nachwort 245

Ein Kind ist eine Person, die das fortsetzen wird, was man selbst begonnen hat. Es wird dort sitzen, wo man selbst gesessen hat, und wenn man nicht mehr ist, wird es sich um die Dinge kümmern, die man selbst für wichtig gehalten hat. Man kann sich allerhand Grundsätze zu eigen machen; was das Kind daraus macht, hängt einzig von ihm ab. Die Kinder werden die Kontrolle über die Städte, Staaten und Völker übernehmen. Die Kinder werden hereinkommen und die Kirchen, Schulen, Universitäten und Verbände übernehmen ... das Schicksal der Menschheit liegt in ihren Händen.

Abraham Lincoln

Einleitung

Dieses Buch ist allen Kindern und ihren Familien gewidmet, die ich in der Familienberatung kennengelernt habe. Sie alle haben mir eine Menge über Mut, über Liebe und Vertrauen beigebracht. Wir haben miteinander gelacht und miteinander geweint und haben viel voneinander gelernt. Und wenn ich dann gefragt wurde: „Was können Sie mir empfehlen zu lesen?", habe ich geantwortet: „Eines Tages werde ich ein Buch über all die Dinge schreiben, die ich für wichtig halte."

Und dann habe ich es geschrieben. Ich hoffe, daß es den Menschen, die danach gefragt haben, und denen, die ich nie getroffen habe und auch wahrscheinlich nie treffen werde, nützlich und hilfreich ist. Ich muß mich dafür entschuldigen, daß das Buch nicht vollständig ist – es ist einfach unmöglich, alle Probleme gleichgewichtig in einem Buch umfassend darzustellen –, und dafür, daß vielleicht auch nur der leise Eindruck entstanden sein könnte, es sei leicht oder auch immer möglich, ein guter Vater oder eine gute Mutter zu sein.

Nachdem ich selbst seit über 30 Jahren Mutter bin, weiß ich nur zu gut, daß wir alle Fehler machen, aus Unerfahrenheit, aus eigenem Unglücklichsein oder weil wir aus traumatischen Erlebnissen heraus unsere Kinder manches Mal ablehnen. Welch ein Glück für uns, daß unsere Kinder uns die Fehler verzeihen und uns trotz allem einfach lieben! Da die meisten von uns Kinder haben, bevor sie selbst richtig reif und erwachsen sind, ist es ein Wettlauf mit der Zeit, noch vor den eigenen Kindern erwachsen zu werden. Während wir selbst noch damit kämpfen, uns von eigenen Unzulänglichkeiten, Ängsten, Sorgen und Schuldgefühlen, die wir aus der Kindheit mitgeschleppt haben, zu befreien, müssen wir gleichzeitig versuchen, unseren Kindern zu helfen, daß bei ihnen diese Gefühle nicht aufkommen.

Gute Eltern zu sein bedeutet also, die Sorgen und Nöte unserer Kinder gegen unsere eigenen abzuwägen; es bedeutet, sich verantwortungsvoll um die Kinder zu sorgen und zu kümmern, während man selbst gleichzeitig eigene Wünsche und Ziele verfolgt. Das ist keine leichte Aufgabe, und während es hilfreich ist, sich das Bild der idealen Eltern im Geiste vor Augen zu halten, ist es auch wichtig, sich zu vergegenwärtigen, daß wir nicht perfekt sein können; und wir sollten uns nichts vorwerfen, wenn wir dieses Ideal nicht erreichen.

Die Punkte, die ich in diesem Buch behandle, halte ich für die wichtigsten, um einem Kind zu helfen, gesund aufzuwachsen und sich wohl zu fühlen. Einige Punkte in diesem Buch sind auch dazu gedacht, Eltern die Möglichkeit zu geben, vor ihren Kindern erwachsen zu werden.

Die Absicht dieses Buches ist nicht, perfekte Eltern zu erziehen; sondern es soll aufzeigen, wie man zu besseren Eltern werden kann. Ich hoffe, daß es dabei ein wenig hilfreich ist, weil ich glaube, daß jedes Kind die besten Eltern verdient, die es gibt.

Man kann von Kindern eine ganze Menge lernen;
zum Beispiel, wieviel Geduld man hat.

Franklin P. Jones

Kapitel eins

*Nur keine Angst! Sie sind schlauer als Ihre Kinder
(Und außerdem ist es immer noch Ihr Haus!)*

Betrachten Sie Ihr Kind nicht als Ihren Feind! Tatsächlich wird
Ihr Kind in vielen Fällen der beste Freund sein, den Sie je haben
werden. Es liebt Sie auch dann, wenn Sie mal schlechter Laune
oder ungehalten sind. Es nimmt Sie auch dann an, wenn Sie schon
mal garstig, nachlässig oder unordentlich sind. Es wird zu Ihnen
stehen, auch wenn Sie unvollkommen sind. Ihr Kind wird darüber
hinwegsehen, daß Sie manchmal taktlos oder unbequem sind.

Wer außer Ihrem Kind wird Ihnen so ergeben sein? Wer sonst
wird Ihnen eine Handvoll Blumen, aus Nachbars Garten stibitzt,
mit vor Liebe leuchtenden Augen überreichen und dabei sagen:
„Ich habe dir ein paar Blumen gepflückt, Mami, weil du so
hübsch bist."

Wer sonst wird feierlich die Badezimmertür aufmachen,
während Sie gerade auf der Toilette sitzen, und seinen Freunden
stolz und laut verkünden: „Das ist mein Papi!"?

Und wer sonst wird zu Ihnen kommen und sich an Sie ku-
scheln, wenn Sie abends todmüde, niedergeschlagen und einsam
sind, und Ihnen zärtlich die Wangen streicheln und dann sagen:
„Ich habe dich so lieb, Mami"?

Eine so unkritische Liebe, eine solche Hingabe können Sie von
niemandem sonst erwarten, und Sie werden sie auch dann noch
haben, wenn Ihr Kind schon erwachsen ist und selbst Kinder hat,
wenn Sie Ihr Kind einfach so annehmen, wie Ihr Kind Sie annimmt. Das bedeutet, daß Sie Ihr Kind auch dann lieben müssen,
wenn es schlecht gelaunt und unvernünftig ist, wenn es schmutzig, unordentlich und übelriechend ist. Auch wenn es unvollkommen ist und etwas tut, das Sie aufregt. Es ist wahr, in Sachen

Liebe und Treue kann jeder Erwachsene eine Menge von der Art lernen, in der ein Kind liebt: bedingungslos und ohne Einschränkung. Eltern fürchten sich oft, ein Kind einfach nur zu lieben und anzunehmen, wie es ist, aus Angst, ihrer Aufgabe, das Kind durch die Erziehung in eine bessere Richtung zu führen, nicht gerecht zu werden. Um einen Eindruck davon zu bekommen, wie sich dies auf ein Kind auswirkt, stellen Sie sich vor, Sie arbeiten gerade in Ihrem Garten und Sie entdecken einige Rosenknospen, die kurz davor stehen, voll aufzublühen. Sie schneiden die Knospen kurzerhand ab und gehen in die Küche, wo Ihre Frau arbeitet, und voller Liebe und romantischer Gefühle sagen Sie zu ihr: „Liebling, schau mal, dies sind die ersten Rosen aus unserem Garten in diesem Jahr."

Es gibt nun verschiedene Möglichkeiten, wie sie reagieren könnte; aber Sie wären bestimmt der glücklichste Mensch, wenn sie die Rosen nehmen, Ihnen einen dicken Kuß geben und sagen würde: „Vielen Dank! Die Rosen sind ja einfach wunderschön. Komm, wir stellen sie in eine Vase auf den Eßtisch."

Stellen Sie sich vor, wie niedergeschmettert Sie wären, wenn Ihre Frau sagen würde: „Mein Gott. Bist du dreckig! Wie kannst du nur diesen Schmutz unter deinen Fingernägeln ertragen? Vielleicht solltest du ein Bad nehmen, bevor wir essen!"

Oder stellen Sie sich vor, daß Sie besonders gut beim Bowling waren und nach Hause kommen und Ihrem Mann stolz erzählen: „Hallo! Ich habe heute 280 Punkte gemacht."

Wenn er dann sagt, „Toll! Du bist wirklich gut beim Bowling", dann haben Sie das Gefühl, geliebt zu werden; Sie fühlen sich bestätigt und angenommen. Aber wenn er sagen würde: „Wenn du dich mehr angestrengt hättest, hättest du 300 Punkte erreichen können", würde Ihnen das nicht gefallen. Dann ständen Sie sich selbst, Ihrem Mann und auch dem Bowling bestimmt nicht mehr besonders positiv gegenüber.

Gute Eltern zu sein heißt nicht, ständig den Lehrmeister oder eine Führungsrolle zu spielen oder immerzu Regeln aufzustellen. Tatsächlich spielt es überhaupt keine Rolle, wie sehr Sie versuchen, Ihr Kind zu motivieren oder zu verändern, oder wieviel Sie versuchen ihm beizubringen. Ein Kind lernt von dem Beispiel, das Sie oder andere wichtige Menschen in seinem Leben ihm geben, und nicht von dem, was ihm ständig gepredigt wird. Sie alle würden glücklicher leben und Ihr Familienleben liefe besser ab, wenn Sie sich entspannen, einfach über Ihr Kind freuen und die Tatsache akzeptieren würden, daß es nicht in jeder Hinsicht perfekt ist, daß es das nie sein wird, genausowenig wie Sie es sind oder je sein werden.

Um das zu erreichen, muß man aber vorher zuerst seine eigene Unvollkommenheit akzeptieren und erkennen, daß es ganz natürlich ist, nicht in jeder Hinsicht perfekt zu sein. Eltern hassen und fürchten immer die gleichen Dinge an ihren Kindern, die sie auch an sich selbst hassen und fürchten, und wenn sie an ihren Kindern ein Verhalten entdecken, das sie an sich selbst ablehnen, dann lehnen sie selbstgerecht dieses Verhalten auch bei ihren Kindern ab; vielleicht lehnen sie dann sogar ihre Kinder ganz ab.

Wenn Sie Ihre Tochter nur dann lieben und annehmen können, wenn sie frisch gewaschen ist und ein niedliches Kleid trägt, oder wenn Sie nicht vertragen können, daß Ihr Sohn Sie anfaßt, weil seine Hände schmutzig und klebrig sind, oder wenn es Sie wütend macht, wenn Ihr Kind einen Koller hat oder bei Tisch ein Glas Milch verschüttet oder mit dreckigen Schuhen über den Fußboden im Eßzimmer stapft, dann sollten Sie zunächst einmal lernen, die unangenehmen Eigenschaften an sich anzunehmen, die Sie an Ihrem Kind ablehnen.

Es ist nicht nur sehr wichtig, die eigene Unvollkommenheit und die Ihres Kindes anzunehmen; es ist auch sehr wichtig, das Kind wissen zu lassen, daß man selbst auch unvollkommen ist. Es wird Sie deswegen nicht weniger lieben; wahrscheinlich wird es sogar bereitwillig mitarbeiten, wenn es weiß, daß Sie nicht unfehlbar sind. Wenn Sie zum Beispiel ein Regalbrett für einen Schrank zurechtschneiden, und hinterher stellt sich heraus, daß das Brett zwei Zentimeter zu kurz ist und Sie es noch einmal machen müssen. Es ist in Ordnung, dann zu sagen: „Ich habe wohl ein falsches Maß genommen. Jetzt mache ich das noch einmal, und dieses Mal klappt's."

Ihr Kind lernt dann verschiedene Dinge von Ihnen, die es niemals in der Theorie oder in einem noch so guten Unterricht gelernt hätte. Es wird lernen, daß immer wieder Fehler vorkommen, selbst wenn man die besten Vorsätze hat; es wird lernen, daß man die meisten Fehler wieder in Ordnung bringen kann, selbst wenn es mehr Zeit und mehr Kraft braucht, die Fehler wieder auszumerzen.

Auf der anderen Seite könnten Sie natürlich Ihren Zollstock verfluchen oder Ihr Kind anschreien, es solle Ihnen bloß aus dem Weg gehen. Sie könnten sich selbst beschimpfen, sich einen Dummkopf schelten oder das ganze Vorhaben aufgeben. Ihr Kind würde dann einen völlig anderen Anschauungsunterricht bekommen. Es würde dann wirkungslos bleiben, Ihrem Kind zu predigen, daß man fertig machen muß, was man anfängt; ihm zu sagen, Eigenverantwortung für etwas zu übernehmen, das man tut, oder seine eigenen Fehler einzugestehen.

Oft genug haben Eltern das Gefühl, Eltern zu sein bedeute, sich wie Eltern – was das auch immer sei! – zu verhalten und nicht so, wie sie wirklich sind. Die Wahrheit hingegen ist, daß es eigentlich kein besonderes Verhalten für Eltern gibt und daß man sich nur so verhalten kann, wie man eben ist. Es ist klar, daß Eltern eine besondere Verantwortung tragen; aber man braucht kein anderer Mensch zu werden, wenn man versucht, dieser Verantwortung gerecht zu werden.

Wenn Sie stinknormal oder ein wenig pingelig oder auch zu sehr gefühlsbetont oder vielleicht auch überkandidelt sind, dann brauchen Sie einfach nur stinknormale oder ein wenig pingelige oder zu sehr gefühlsbetonte oder vielleicht auch überkandidelte Eltern zu sein, Eltern, die über jede Tanzveranstaltung meckern oder Proust während einer Sitzung des Elternbeirats lesen. Wenn Sie aber Ihre Eigenarten haben und versuchen, gegen diese anzugehen und sich statt dessen nach irgendeinem gestelzten, klischeehaften Elternbild benehmen, werden Sie Ihre Kinder und sich selbst nur verwirren und dadurch auch keine besseren Eltern.

Wenn Sie im Fernsehen schon als Kind die perfekten Eltern gesehen haben, ist nichts dagegen zu sagen, wenn Sie glauben, das sei der ideale Elterntyp, und jetzt versuchen, sich genau wie jene zu verhalten. Es ist in Ordnung, wenn Sie sich wirklich so verhalten; aber vergessen Sie nicht, daß es noch andere Typen von Eltern in der Welt gibt!

Sie können ruhig eine Mutter sein, der es Freude macht, in den einsamsten Gegenden nach Spuren von Dinosauriern zu suchen, oder eine, die lieber zu Hause bleibt, um zu putzen. Sie sind vielleicht ein Vater, der lieber Brot backt, als auf die Jagd zu gehen;

vielleicht aber sind Sie auch ein Elternpaar, bei dem beiden die Karriere sehr wichtig ist. Oder Sie sind ein geschiedener oder verwitweter Elternteil, der seinen Kindern eine Karriere oder eine gesellschaftliche Stellung vorspielt. Ihr Erfolg als Erzieher hängt nicht davon ab, welche Rolle Sie in der Gesellschaft oder in Ihrer Ehe spielen, auch nicht davon, wieviel Zeit Sie mit Ihren Kindern verbringen; er hängt davon ab, wie Sie mit Ihren Kindern umgehen, wenn Sie mit ihnen zusammen sind.

Wenn Sie Ihre Kinder akzeptieren, so wie sie sind, und wenn Sie sie lieben, weil sie so sind, ohne idealisierende Erwartungen von Vollkommenheit, und wenn Sie ihnen erlauben, Sie einfach anzunehmen, ohne daß Sie Ihre eigene Unvollkommenheit verstehen oder entschuldigen müssen – dabei sollten Sie allerdings immer versuchen, vor Ihren Kindern erwachsen zu werden! –, dann werden Sie nicht nur gute Eltern, wie man sie aus Bildern kennt, Sie werden sogar bessere Eltern als die Idealfiguren im Fernsehen sein.

Was Gehorsam ist und was nicht

Sehr oft, wenn ich mit Eltern spreche, die Probleme mit ihren Kindern haben, bekomme ich zu hören: „Ich fürchte, wenn ich nicht aufpasse, dann wachsen mir meine Kinder über den Kopf." Oder: „Wenn ich nicht wirklich streng bin, dann übernimmt mein Kind das Kommando." Nein, so etwas! Welches Kommando sollte Ihr Kind übernehmen? Das Kommando über Ihr Haus, Ihre Familie, Ihre Haushaltskasse? Worüber könnte ein Kind das Kommando übernehmen? Warum sollte es das wollen? Ich habe noch nie in meinem Leben ein Kind getroffen, das wirklich die Rollen mit seinen Eltern tauschen wollte. Ein Kind, das frühmorgens aufstehen und zur Arbeit gehen wollte, das gerne Rechnungen bezahlen und zur Hauptverkehrszeit im Stau stecken oder zu irgendwelchen dummen Geschäftsbesprechungen hingehen würde; ein Kind, das gerne die Verantwortung der Erwachsenenwelt auf sich nähme.

Wenn man sie fragt, warum sie diese Furcht haben, daß ihnen ihre Kinder auf dem Kopf herumtanzen könnten, geben die Eltern zu, sie befürchteten, daß ihre Kinder ihnen nicht länger gehorchen würden. Und da die meisten Eltern dann Hilfe suchen, wenn ihre Kinder tatsächlich nicht mehr gehorchen, sehen sie ihre schlimmsten Befürchtungen eingetroffen und meinen, sie lebten jetzt in der ständigen Gefahr, daß ihnen ihre Kinder das Zepter aus der Hand nehmen könnten.

So drehen sich also die ersten Probleme zwischen Eltern und Kindern meistens um die Frage nach dem Gehorsam. Diese Frage stellt sich jedoch nur dann, wenn die Eltern in ihrem Kind schon von der Stunde seiner Geburt an einen potentiellen Feind sehen. Die Schlachtreihen werden in vielen Fällen schon in den ersten Lebenstagen oder -wochen des Kindes aufgestellt, wenn die Eltern versuchen, sich gegen das zu verteidigen, was sie unter „auf-dem-Kopf-Herumtanzen" verstehen, wenn ihr Kind nämlich schreit. Und so liegen dann landauf und landab in den Kinderbettchen kleine Wesen mit rot angelaufenen Köpfchen, die sich aus Enttäuschung und Verzweiflung die Seele aus dem Hals schreien, während ihre Eltern mit versteinerten Gesichtern in einem anderen Zimmer sitzen und die Notwendigkeit, zu ihrem Kind zu gehen und es zu trösten, einfach ignorieren. Sie haben Angst, sie müßten ihrem Kind und seinen Wünschen dann immer nachgeben. Ihr Gefühl, dem Kind Trost, Geborgenheit, Liebe und Nahrung geben zu müssen, wechselt mit der Furcht vor Unterdrückung und Unterwürfigkeit, weil die Eltern Angst haben, ihre Kinder könnten sie dadurch kontrollieren, wenn sie ihnen das geben, was sie brauchen und möchten, wenn sie es brauchen und möchten.

So wird dem Kind die Nähe und Wärme der Eltern verweigert und den Eltern die Freude und Zufriedenheit vorenthalten, die sie haben könnten, wenn sie dem Kind ihre Liebe und Zuwendung geben würden. Diese Eltern sehen sich von Anfang an in einem Kampf mit ihrem Kind, das gar nicht daran denkt, Macht über seine Eltern zu gewinnen, sondern nur versucht, Geborgenheit und Sicherheit in einer bedrohlichen Welt zu finden.

Viele Kinderärzte und Psychologen unterstützen diese Einstellung noch, indem sie tatsächlich von einem Machtkampf sprechen, und sie raten den Eltern dann auch noch, ihre Kinder ruhig einmal längere Zeit schreien zu lassen, damit das Kind merken soll, wer hier der Herr im Hause ist. Wie könnte ein unschuldiges

Kind, das nur mit seinen Ärmchen und Beinchen strampeln kann, versuchen, Macht über seine Eltern zu gewinnen? Ist das nicht wirklich eine alberne Vorstellung? Ist es nicht vielmehr so, daß sich das Kind sehr verletzlich, sehr unsicher, sehr unbehaglich vorkommen könnte und nun einfach Trost und Liebe braucht?

Stellen Sie sich einmal vor, Sie haben einen besonders schwierigen Tag im Büro hinter sich. Ihr Vorgesetzter hat eine versteckte Bemerkung gemacht, daß Ihre Arbeit eine Gehaltserhöhung nicht rechtfertigen würde. Ein Kollege von Ihnen hat Sie ohne jeden Grund beleidigt. Sie selbst waren an diesem Tag überhaupt nicht in der Lage, Ihre Arbeit vernünftig zu erledigen, Ihre Arbeitsmoral und Ihr Gefühl der Sicherheit waren total zerstört. Sie kommen nun abends nach Hause und suchen bei ihrem Ehemann moralische und seelische Unterstützung. Sie erzählen ihm, was Ihnen widerfahren ist, und bitten ihn, er möge sich ein paar Minuten zu Ihnen setzen und Sie einfach in den Arm nehmen.

Stellen Sie sich vor, wie Sie sich fühlen müßten, wenn er Sie zurückwiese mit den unnachgiebigen Worten: „Also, damit mußt du schon allein fertig werden. Wenn ich deinen Wünschen nachgeben würde, würdest du Macht über mich gewinnen."

Aber wenn das Gegenteil eintreten würde: Wenn er Sie liebevoll in seine Arme nähme und Sie einfach nur ein paar Minuten lang festhielte. Wenn er Ihnen sagen würde, daß Sie ein wertvoller und liebenswerter Mensch sind, hätten Sie dann das Gefühl, Macht über ihn auszuüben? Ob es auch nur einen vernünftigen Menschen geben würde, der Ihren Wunsch und seine Zurückweisung als Machtkampf bezeichnen würde? Dieses Verhalten würde man wohl eher als absolute Unsicherheit auf seiner Seite, wenn nicht schon als leichte Verrücktheit bezeichnen.

Ein Kleinkind kann seine Bedürfnisse nun einmal nicht mit Worten ausdrücken. Ein Kind kann nicht einfach sagen: „Hör mal zu, du weißt es vielleicht gar nicht, aber du hast meine Wiege in diese Ecke gestellt. Es ist so dunkel hier, daß ich mich ein wenig fürchte, und ich langweile mich schrecklich. Und das Waschmittel, das du für meine Wäsche benutzt, brennt auf meiner Haut. Und ich vermisse deinen warmen und weichen Schoß, wo ich dein Herz immer schlagen hören konnte und ich dir ganz nah war. Ich brauche nur ein wenig Körperkontakt und Liebe, und in ein paar Wochen fühle ich mich schon sicherer auf der Welt." Alles, was so ein Kind tun kann, ist schreien. Und wenn niemand kommt, fühlt es sich noch einsamer und glaubt, ganz allein zu sein, schreit dann noch mehr und wird vor Angst und Anstrengung ganz rot.

Wenn das Kind älter wird, so etwa zwei Jahre alt, schreit oder weint es vielleicht, weil es vor dem Abendessen etwas zu essen haben möchte; es kann seine Gefühle immer noch nicht richtig verbalisieren. Wenn es das könnte, würde es vielleicht folgendes sagen: „Ich habe wirklich Hunger, selbst wenn es noch nicht die Zeit ist, zu Abend zu essen. Mein Magen kneift, und ich verstehe nicht, warum ich mit dem Essen warten muß, bis ihr Hunger habt. Ich dachte, ihr habt mich lieb und sorgt euch um mich; dann solltet ihr mir jetzt auch etwas zu essen geben." Es ist völlig unsinnig, wenn die Mutter dem Kind ärgerlich sagt: „Du wirst dir dein Abendessen verderben, wenn du jetzt etwas ißt. Also setz dich so lange vors Fernsehen, bis wir alle zu Abend essen!"

Was heißt überhaupt: „Du verdirbst dir dein Abendessen!"? Was hat das damit zu tun, daß das Kind Hunger hat? Wenn die Mutter ihm willig vor dem Rest der Familie etwas zu essen oder ihm ein paar Käsehappen, Karottenstücke oder Apfelringe geben würde, woran es knabbern könnte, während es darauf wartet, bis die ganze Familie ißt, würde dieses Kind Macht über seine Mutter ausüben? Hätte es in einem mythologischen Machtkampf gewonnen? Oder hätte die Mutter ganz einfach sein Bedürfnis erkannt und wäre darauf ungezwungen und vernünftig eingegangen?

Wenn Sie auf einem Floß tagelang hin und her getrieben und endlich gerettet worden wären, dem Verhungern nahe – so nämlich fühlt sich ein Kind, das Hunger hat –, und Ihre Retter würden Ihnen zu Ehren ein Festmahl vorbereiten, wie würden Sie sich fühlen, wenn sie Ihnen nicht einmal ein paar Brocken zu essen geben würden, bevor das Festmahl anfinge? Hätten Sie etwa, wenn sie Ihnen vorab etwas zu essen gäben, das Gefühl, in einem Machtkampf gewonnen zu haben? Oder würden Sie sich nicht ganz einfach besser fühlen und wären dankbar für das Verständnis Ihrer Retter?

Diese Idee des Machtkampfes hat sich wohl nur erhalten, weil so viele Erwachsene und Eltern daran geglaubt haben und weil sich diese Vorstellung von Generation zu Generation weiterver-

18

erbt hat. Aber können Sie sich ernsthaft daran zurückerinnern, in einem Machtkampf mit Ihren Eltern gestanden zu haben? Wenn Sie sich einmal gegen Ihre Eltern aufgelehnt hatten, war es dann um der Macht willen oder vielleicht, weil Sie sich verletzt, verärgert oder unverstanden fühlten? Weil Ihre Eltern nicht bereit waren, Ihren wirklichen Bedürfnissen entgegenzukommen?

Manchmal bringen die Eltern ihren Kindern selbst bei, gegen sie zu kämpfen; dann nämlich, wenn die Eltern dem Kind so begegnen, als hätten sie Angst, daß das Kind das Kommando übernehmen würde. Wenn eine Mutter ein Kind völlig abrupt beim Spielen unterbricht und unfreundlich sagt: „Leg das sofort weg! Du mußt jetzt ins Bett gehen!", wird das Kind wahrscheinlich mit Weinen, Herumtrödeln oder Wut reagieren, was dann als ein Kampf um die Macht angesehen wird. Die Mutter wird ihrerseits ärgerlich und reagiert mit Drohungen, Schreien und Bestrafung.

In den meisten Fällen wird das Kind nur auf den Tonfall der Stimme seiner Mutter reagieren, der ausdrücken will: „Jetzt mach dich zum Kampf bereit!", und auf die Ungerechtigkeit, mit der die Sache behandelt wurde. Wenn die Mutter fröhlich gesagt hätte: „In fünf Minuten ist es aber Zeit fürs Bett", hätte sich das Kind schon einmal darauf einstellen können, es hätte langsam zu spielen aufhören können. Noch besser wäre es gewesen, sie hätte gesagt: „Was für eine Geschichte soll ich dir heute abend vorlesen? Ich helfe dir, deine Spielsachen wegzuräumen, und dann suchen wir gemeinsam eine Gute-Nacht-Geschichte aus, die ich dir heute vorlese." Das Kind könnte sich völlig ohne Zwang fühlen und sich freiwillig und glücklich fertig fürs Bett und die Gute-Nacht-Geschichte machen. Aber in keinem dieser beiden Fälle hätte das Kind Kontrolle über seine Eltern oder irgend etwas anderes gewonnen, außer über seinen eigenen Stolz vielleicht. Im Gegenteil, die Mutter hätte sogar in diesen Fällen mehr Kontrolle über das Kind als im allerersten Fall, wo ihre Kontrolle nur aus Drohung und Bestrafung bestand.

Um es noch einmal zu sagen: Ihr Kind ist nicht Ihr Feind! Es ist und bleibt Ihr Freund! Es ist gerne mit Ihnen zusammen. Es möchte gut zu Ihnen sein, hilfsbereit und liebevoll. Und wenn Sie die Bedürfnisse Ihres Kindes erfüllen, ohne die unbegründete Furcht zu haben, Ihr Kind könne die „Kontrolle" über Sie erlangen oder „Macht" auf Sie ausüben, dann können Sie eine gute

Beziehung zu Ihrem Kind haben, in der das Kind immer darauf bedacht sein wird, Ihre Bedürfnisse zu erfüllen, so wie Sie seine erfüllen.

Ein Kind, das sich in einen „Machtkampf" mit seinen Eltern einläßt, antwortet nur auf deren herausforderndes Verhalten, das das Kind dazu einlädt, sich widerspenstig zu geben. Vielleicht entwickelt sich ein solches Kind derart, daß es später selbst wieder so herausfordernd als Erzieher gegenüber den eigenen Kindern ist. Solch ein Erzieher wird dann von seinen Kindern wieder glauben, daß sie ständig versuchen, die Kontrolle über die Eltern zu gewinnen, wenn er ihren Bedürfnissen nicht ganz streng entgegentreten und sie schwer bestrafen würde, wenn sie sich (herausgefordert von ihm selbst) auflehnen.

Schön und gut, werden Sie jetzt denken, aber was hat das alles mit Gehorsam zu tun? Ja, was ist mit dem Gehorsam? Möchten Sie zu Ihrem Kind sagen können: „Komm!", und dann trottet es gehorsam zu Ihnen herüber, freudestrahlend? Oder möchten Sie ihm sagen können: „Geh ins Bett!", und dann trabt es sofort ab zum Bett, kringelt sich zusammen und schläft ein? Möchten Sie ihm sagen können: „Hier, iß das!", und dann lassen Sie es jeden Bissen wegessen und den Teller sauberlecken? Vergessen Sie bitte nicht: Wir reden über Kinder und nicht über Katzen und Hunde. Nur Katzen und Hunde können so abgerichtet werden, daß sie derart „gehorsam" sind. Kinder sind nun einmal kritischer und intelligenter als Tiere, sie werden also eher „Warum?" fragen, wenn man ihnen einen direkten Befehl gibt, und dann mit Ihnen über Ihre Gründe diskutieren.

Überlegen Sie doch einmal, wie schrecklich es wäre, wenn Kinder wirklich so gehorsam wären, wie sich manche Eltern das wünschen. Sie würden niemals lernen, für sich selbst zu denken, sie würden niemals lernen, eigene Entscheidungen zu treffen, sie würden sich in ihren intellektuellen Fähigkeiten nicht viel weiter entwickeln als ein durchschnittlicher Hund oder Hauskater. Sie könnten einfach von jedem Diktator oder Sektenführer, der vorbeikäme, geführt und kommandiert werden.

Möchten Sie wirklich so ein Kind haben? Oder meinen Sie etwa, wenn Sie „Gehorsam" sagen, daß Sie ein Kind haben möchten, das Sie einfach mit einer Fernbedienung leiten können? Wenn es Zeit ist, ins Bett zu gehen, verlangt ein bequemer Vater

„Gehorsam" und sagt seinem Kind, es solle ins Bett gehen. Es wäre ja auch zu anstrengend, das Kind bei der Hand zu nehmen, in seine Decke einzuwickeln und ihm noch eine Geschichte vorzulesen oder ihm seine Lieblingsschallplatte aufzulegen, damit es dann langsam einschlafen könnte.

Eine bequeme Mutter würde „Gehorsam" verlangen und einem kleinen Tolpatsch sagen, er solle die Kristallvase auf den Tisch stellen, anstatt aufzustehen und ihm die Vase sachte abzunehmen. Wenn die Vase jetzt zerbricht, kann die Mutter das leicht auf den Ungehorsam des Kleinen zurückführen, anstatt ihre eigene Bequemlichkeit dafür verantwortlich zu machen.

Diese Eltern, die sich die Fernsteuerung für ihre Kinder wünschen, sind in Kaufhäusern, Supermärkten und Restaurants laut und deutlich erkennbar. Sie bellen laut ihre Befehle: „Leg das sofort hin!", „Komm hierher!", „Hör auf, hier herumzulaufen!" Oder: „Wenn du mir das nicht in einer Minute zurückbringst ...!", während sie sich auf ihren Einkaufswagen stützen und erst einmal ein Schwätzchen mit einer Freundin halten. Wenn Ihre rausgebellten Befehle von den Kindern ignoriert worden sind, werden Sie wütend und halten das Kind fest. Sie versohlen ihm den Hintern oder ziehen es an den Ohren, funkeln es an und sagen ihm mit zusammengebissenen Zähnen, daß es später Schläge bekommt, weil es so „ungehorsam" war. Das eigentliche Problem ist aber nicht der Ungehorsam des Kindes, sondern die Bequemlichkeit seiner Eltern.

Kleine Kinder lernen überhaupt nichts dabei, wenn man sie anschreit oder aus dem Zimmer schickt. Sie lernen Dinge, indem man sie lieb, aber fest an die Hand nimmt oder notfalls auch trägt. Es gefällt ihnen dort vielleicht nicht immer, wohin sie gebracht werden, und sie beklagen sich lauthals darüber. Aber sie lernen dabei, daß stärkere und schlauere Leute als sie es ihnen nicht erlauben, gewisse Dinge zu tun, die Schaden anrichten könnten oder wobei sie sich selbst verletzen könnten. Die Eltern können sich wieder beruhigen und müssen keine Angst mehr haben, daß die fehlende Erfahrung und Selbstkontrolle ihrer Kinder dazu führt, daß sie sich oder andere verletzen.

Ein großer Teil der Frustration, die Eltern empfinden, wenn sie versuchen, ihre Kinder zu „Gehorsam" zu zwingen, rührt von der Weise her, wie sie das Problem betrachten. Wenn Ihr Kind neben

Ihnen im Restaurant am Tisch sitzt und zum Beispiel seine Serviette über seinem Kopf wie eine Flagge hin und her schwenkt, dann haben Sie zwei oder drei Möglichkeiten. Sie können ihm streng sagen, die Serviette auf seinen Schoß zu legen, da, wo sie hingehöre, und darauf warten – oder hoffen, daß es „gehorcht". Es besteht natürlich die Möglichkeit, daß Ihr Kind vor sich hinkichert und die Serviette weiterhin schwenkt. Dann können Sie ihm natürlich auf die Finger hauen oder ganz streng mit ihm reden, worauf es wahrscheinlich zu weinen anfängt. Das Abendessen ist dann verdorben, für Sie und jeden anderen in dem Restaurant.

Eine andere Möglichkeit ist es, das Kind drohend zu warnen: „Wenn du nicht sofort aufhörst, mit der Serviette herumzufuchteln, versohle ich dir den Hintern!" Oder: „Du mußt dann im Wagen sitzen!" Oder: „Du bekommst kein Abendessen." Damit haben Sie selbst ihm die Erlaubnis gegeben weiterzumachen: Es darf weiter die Serviette schwenken und wird dafür bestraft. Voller Groll wird es die Strafe auf sich nehmen, da Sie es ihm erlaubt haben, ein Verhalten fortzusetzen, obwohl Sie das nicht mögen; und dann geben Sie ihm die Verantwortung für sein Benehmen.

Der einfachste und wirkungsvollste Weg ist es, den Lausejungen ganz einfach zu stoppen und in Frieden mit dem Essen fortzufahren.

Es stellt sich jetzt die Frage, ob Sie mehr daran interessiert sind, daß er gehorsam ist, oder ob Sie mehr daran interessiert sind, daß er aufhört, die Serviette zu schwenken. Wenn Sie mehr Interesse daran haben, daß er mit dem Unsinn aufhört, strecken Sie einfach Ihre Hand aus, nehmen Sie ihm ganz ruhig, aber bestimmt die Serviette ab und legen sie auf seinen Schoß. Wenn Sie dies mit einem Blick tun, der ausdrücken soll: „Ich habe keine Lust, mich mit dir darüber zu streiten; aber die Serviette bleibt auf deinem Schoß!", wird er sich vielleicht dazu entschließen, sich ruhig zu verhalten.

Wenn Sie sich mit diesem Verhalten anfreunden können, haben Sie vielleicht kein Kind, das völlig „gehorsam" ist, aber auch keines, das ständig seine Serviette über dem Tisch schwenkt. Da Ihr Kind so langsam lernt, daß Sie ein bestimmtes Verhalten einfach nicht erlauben, läßt der Reiz nach, es noch einmal in der Zukunft auszuprobieren.

Denken Sie immer daran, wenn Sie einem Kind sagen: „Wenn du das tust, werde ich dich bestrafen", daß Sie ihm damit die Erlaubnis geben, es doch zu tun. Es ist also kein Ungehorsam, wenn er das tut, wozu Sie ihm die Erlaubnis gegeben haben. Sie haben ihm kein Verbot gegeben, Sie haben eine Herausforderung geäußert. Sie haben ihm gesagt, welche Folgen sein Tun haben wird. Tatsächlich haben Sie es herausgefordert, es jetzt erst recht zu tun; es nimmt die Herausforderung an, weil es sich sonst erniedrigt fühlen würde.

Oft ermutigen Lehrer ihre Schüler regelrecht zu mogeln, indem sie ihnen sagen: „Wenn ich einen beim Mogeln erwische, kriegt der eine Sechs." Vielleicht hat ja niemand vorgehabt zu mogeln, aber wenn sie herausgefordert werden auszuprobieren, ob sie erwischt werden, wird eine Reihe von ihnen es nur versuchen, um sich zu beweisen, daß sie sich nicht einschüchtern lassen.

Wenn Sie wirklich wollen, daß Ihr Kind etwas ganz Bestimmtes nicht tut, dann erlauben Sie ihm nicht, es zu tun. Und um dabei jedes Mißverständnis auszuschließen, was Sie erlauben und was nicht, können Sie Ihrem Kind sagen: „Ich werde dir nicht erlauben, das zu tun." Sie müssen ihm nicht sagen, mit welchen Mitteln Sie vorhaben, es von etwas abzuhalten, aber Sie müssen sich zunächst ganz sicher sein, daß Sie Ihr Kind auch wirklich von etwas abhalten wollen, selbst wenn das bedeuten würde, sich mitten im Kölner Dom auf Ihr Kind zu stürzen, um es von etwas abzuhalten. Wenn Sie sich wirklich ganz sicher sind, ein bestimmtes Verhalten nicht zu dulden, wird Ihr Kind es wissen und erst gar nicht wieder versuchen, es zu tun, da es weiß, daß es witzlos ist. Wenn Sie ihm aber sagen, daß Sie es bestrafen werden, wenn es das tut, dann geben Sie ihm eine Wahlmöglichkeit.

Sie sollten es einmal von dieser Seite betrachten: Sie haben eine neue Stelle bekommen, und Ihr Chef sagt Ihnen, daß die Arbeitszeit von neun bis fünf geht. Sie würden diese Zeiten wahrscheinlich widerspruchslos hinnehmen. Wenn Ihr Chef aber sagte, „Wenn Sie erst gegen Mittag zur Arbeit kommen, kürze ich Ihnen Ihr Gehalt", kämen Sie vielleicht irgendeines Morgens auf die Idee, länger zu schlafen und lieber weniger Geld zu verdienen. Ihr Chef wäre sicherlich wütend und würde Ihnen vorwerfen, daß Sie unverschämt seien, während Sie ihn für völlig ungerecht hielten – nicht wahr?

Wenn man den Dingen auf den Grund geht, stellt man fest, daß Menschen, einschließlich Kinder, nur solche Regeln und Befehle befolgen, die sie befolgen wollen, und sie wollen nur solche befolgen, die sie verstehen können und von denen sie annehmen, daß ein logischer Grund dahintersteht. Sie halten auch nicht einfach an einem Stop-Zeichen an, nur weil die Straßenverkehrsordnung das so bestimmt. Sondern Sie halten an, weil Sie den Grund, der dahintersteht, verstehen und Sie glauben, daß es für die Verkehrssicherheit sehr wichtig ist, daß jeder Autofahrer sich daran hält, an einem Stop-Zeichen stehenzubleiben.

Kinder dagegen müssen erst etwa zehn Jahre alt sein, bevor sie den Gedanken einer allgemeinen Übereinkunft verstehen, der hinter einer Regel oder einem Gesetz steht. Sie müssen etwa vier oder fünf Jahre alt sein, bevor sie den Gedanken der Zusammengehörigkeit einer Familie verstehen und daß sich die Familienmitglieder dazu auf bestimmte Verhaltensweisen verständigen müssen, die zum Wohl der ganzen Familie nötig sind. Bis zu diesem Zeitpunkt muß man sie einfach davon abhalten, Dinge zu tun, die man nicht zulassen will. Wenn sie dann älter geworden sind, kann man ihnen sagen, daß man von ihnen ein bestimmtes Verhalten erwartet, und man kann ein bestimmtes Maß an Verständnisbereitschaft erwarten.

Es ist schon paradox, aber genau die Eltern, die, wie oben beschrieben, ein bestimmtes Verhalten bei ihren Kindern verhindern, statt zu bestrafen, die also eher die Bereitschaft ihrer Kinder zur Zusammenarbeit als Gehorsam erwarten, werden als die Modelleltern herausgestellt, deren Kinder so „gehorsam" sind. Es scheint niemandem dabei aufzufallen, daß das gute Benehmen eher auf eine Zusammenarbeit innerhalb der Familie als auf blinden haustier-ähnlichen Gehorsam zurückzuführen ist.

Ich glaube, ich sollte etwas über das Schlagen sagen, da die kurzfristigen Erziehungserfolge von Schlägen für einige Eltern recht wichtig zu sein scheinen. Wenn manche Eltern ihre Kinder schlagen, haben sie ein Gefühl von Autorität, das sie sonst vermissen. Es gibt keinen Zweifel, wer der Herr im Hause ist. Deswegen werden erstgeborene Kinder wahrscheinlich auch häufiger als andere geschlagen. Frischgebackene Eltern sind sich ihrer natürlichen Autorität noch nicht so sicher; deshalb verlassen sie sich mehr darauf, ihre Autorität durch Schläge zu unterstreichen.

Wenn sie dann erfahrener werden und sich bewußt sind, die Dinge unter Kontrolle zu haben, haben sie es nicht mehr nötig, jemanden zu schlagen, um sich zu beweisen.

Kinder scheinen sich dem Bedürfnis ihrer Eltern, Schläge auszuteilen, angepaßt zu haben und betrachten es als eine gerechtfertigte Form der Disziplinierung, solange wie sie nur leicht und selten eingesetzt wird. Während die Schläge die Eltern selbstsicherer erscheinen lassen und die Kinder einen vernünftigen Einsatz von leichten Schlägen hinnehmen, ändert sich das Verhalten der Kinder dabei nicht. Wenn Kinder zu oft und zu fest geschlagen werden, neigen sie sogar noch häufiger zu schlechtem Benehmen.

Die logische Begründung hinter dem Einsatz von Schlägen ist, daß es wesentlich unwahrscheinlicher ist, daß sich ein Verhalten wiederholt, wenn es von Schmerzen begleitet wird. In einigen Fällen trifft dies auch zu. Ein Kind, das zum Beispiel einmal auf die heiße Herdplatte gefaßt hat, wird dies in Zukunft verständlicherweise vermeiden, um sich die Hand nicht wieder zu verbrennen.

Das Problem bei Schlägen, die dazu dienen sollen, ein bestimmtes Verhalten mit Schmerzen zu begleiten, ist allerdings, daß die Schläge zumeist erst nach dem unerwünschten Verhalten eingesetzt werden. Das Kind wird daher die Schläge eher mit der Person in Verbindung bringen, die sie ausführt, als mit dem Verhalten, das ihnen vorausgegangen ist. Wenn ein Tolpatsch gedankenlos auf die Straße läuft, wird er sich vielleicht daran erinnern, das nicht mehr zu tun, wenn ihm gleich an Ort und Stelle der Hintern versohlt wird. Aber wenn er erst von der Straße geholt wird und dann die Bestrafung auf dem Bürgersteig folgt, wird er die Schläge eher mit dem Bürgersteig als mit der Straße in Verbindung bringen. Aus diesem Grund ist es sinnlos, mit Schlägen zu warten, bis der Vater von der Arbeit nach Hause kommt oder die Familie wieder unter sich ist; die Eltern fühlen sich dann vielleicht besser, aber ihre Kinder bringen die Schläge nur mit der Zeit und dem Ort in Verbindung, wo sie geschlagen werden. Sie bringen sie nicht mehr mit dem Verhalten in Verbindung, für das sie geschlagen werden.

Wenn Sie schon meinen, manchmal schlagen zu müssen, dann achten Sie bitte auf die folgenden Punkte: Die Schläge sollten sehr leicht sein: ein, zwei leichte Klapse auf den Allerwertesten des Kindes sind genug. Sie sollten die Schläge nur während des Verhaltens des Kindes austeilen, das Sie stoppen möchten. Außerdem sollten Sie nicht regelmäßig schlagen. Wenn Sie schon zu Schlägen als letztem Mittel greifen müssen, deutet dies ein Fehlverhalten Ihrerseits an. Vielleicht, daß Sie nicht genug auf das Kind geachtet haben, um das Verhalten von vornherein zu verhindern, anstatt es erst zu erlauben und das Kind dann dafür zu bestrafen.

Die meisten reiferen Eltern lehnen Schläge aus philosophischen Gründen ab, aber denken Sie auch daran, daß ein Gewitter das Klima wieder bereinigen kann und daß nach ein paar wohlgemeinten Klapsen gereizte Eltern und schmollende Kinder dennoch wieder Freunde sein können. Schläge sollten niemals mit Gürteln, Riemen, Peitschen oder irgendwelchen hölzernen Gegenständen vorgenommen werden. Der Körper eines Kindes ist sehr verletzlich und kann durch eine solche Behandlung leicht grün und blau geschlagen werden. Wann immer Sie das Gefühl haben, daß derart sadistische Schläge der letzte Ausweg für Sie sind, brauchen Sie selbst dringend Hilfe von Fachleuten, und Sie sollten nicht einen Moment zögern, sie in Anspruch zu nehmen.

Die schwedische Regierung hat in dem Glauben, daß jede Gewaltanwendung gegenüber Kindern mit Schlägen beginnt, vor einigen Jahren ein Gesetz erlassen, nach dem es verboten ist, daß schwedische Eltern ihre Kinder schlagen. Eltern, die ihr Heil darin sehen, ihre Kinder zu schlagen, werden dem Jugendamt gemeldet, und ein Berater soll dann mit den Eltern Möglichkeiten erarbeiten, wie sie die Methoden, ihr Kind zu bestrafen, ändern können. Die Schweden glauben, daß ein solcher Eingriff in die Familie durch die Menschenrechte gerechtfertigt ist, weil es ein grundlegender Teil der Menschenrechte ist, daß Kinder, wie Erwachsene, nicht mit Gewalt leben sollen.

In der UN-Kinderrechtskonvention verpflichten sich alle Vertragsstaaten, alle geeigneten Maßnahmen zu ergreifen, „um das Kind vor jeder Form körperlicher oder geistiger Gewaltanwendung, Schadenszufügung oder Mißhandlung ... zu schützen." Und es wäre auf jeden Fall sehr hilfreich, wenn sich alle Eltern noch einmal Gedanken machen würden, ob es nötig ist, ihre Kinder zu schlagen, vor allem, wenn sie ihre Kinder häufiger als einmal in der Woche leicht schlagen.

Ihr Kind ist nicht Ihr Feind! Sie können ihm Vertrauen und Glauben schenken. Erfreuen Sie sich an Ihren Kindern, ohne in der Angst leben zu müssen, daß Sie ihnen nicht alle Spielregeln des Lebens beigebracht haben könnten! Statt sich darauf zu konzentrieren, wie gut es Befehlen gehorcht, sollten Sie sich selbst anschauen und sich überlegen, wie gut Sie mit anderen Menschen auskommen und wieviel Selbstachtung Sie haben. Werden Sie oft ärgerlich, egal was passiert? Haben Sie immer eine pessimistische und hoffnungslose Einstellung, was auch immer vor sich geht? Haben Sie ständig ein Gefühl von Selbstmitleid, weil es so aussieht, als wenn es dem Rest der Welt besser ginge als Ihnen? Sind Sie ständig in der Defensive und jederzeit bereit, mit jedem wegen einer Kleinigkeit Streit anzufangen?

Wenn einige dieser Aussagen auf Sie zutreffen, sollten Sie Ihrem Kind einen überaus großen Gefallen tun und die Hilfe von Fachleuten für sich selbst und Ihre Gefühle anstatt für Ihr Kind und sein Verhalten in Anspruch nehmen. Tun Sie das nicht, ist es sehr wahrscheinlich, daß Sie von Ihrem Kind erwarten, daß es alles das tut, was Sie nicht getan haben, und genauso ist, wie Sie es nicht waren. Sie würden dann sehr enttäuscht sein, wenn Ihr Kind Ihre Erwartungen nicht erfüllt. Um Ihrem Kind zu helfen, in jeder Hinsicht gesund aufzuwachsen, müssen Sie sich ganz sicher sein, daß Sie erwachsener sind als Ihr Kind; und wenn Sie es nicht sind, arbeiten Sie daran, bevor Sie sich oder ihm Schaden zufügen. Es ist kein Grund, sich zu schämen, wenn man Kinder hat, bevor man völlig erwachsen ist; aber man sollte sich schämen, wenn man so unreif bleibt und keinen Versuch unternimmt, erwachsen zu werden, bevor die eigenen Kinder erwachsen sind.

Es gibt Tage, da klappt einfach alles;
aber keine Sorge, so bleibt es nicht lange.

Jules Renard

Kapitel zwei

*Ihre Kinder bleiben nicht immer so unordentlich
(Und wenn doch, dann ist das später nicht mehr Ihr
Problem)*

Nachdem ich meine üblichen Bemerkungen über den Unterschied zwischen Gehorsam und Verständnisbereitschaft von Kindern gemacht habe, denken viele von meinen Lesern jetzt vielleicht: „Das ist ja alles schön und gut, aber mein Kind ist so unordentlich in seinem Zimmer, daß ich Angst habe, es eines Tages nicht mehr zwischen seinem Kram wiederzufinden. Seine Tischmanieren sind ekelerregend und abstoßend, es ist egoistisch und rücksichtslos. Es bringt die Dinge, die es sich vom Rest der Familie ausleiht, nie zu ihren Besitzern zurück, seine Bücher, seine Kleidung sind über das ganze Haus verteilt, es stapft mit matschigen Schuhen ins Haus, ohne die Sohlen vorher abzuputzen. Ich habe den Sohn schon öfter beim Lügen ertappt; ich weiß, daß er beim Spielen mogelt, und ich weiß nicht genau, woher manche Dinge in seinem Zimmer stammen; aber ich fürchte, daß er sie irgendwo gestohlen hat. Wenn ich ihm also nicht beibringe, daß er bestimmte Regeln zu befolgen hat, dann wächst er als rücksichtsloser, schludriger Junge auf, vielleicht wird er sogar kriminell."

Wenn Sie von einem Vierzehnjährigen sprechen, haben Sie ein ernstes Problem, und Ihr Kind braucht unbedingt und unverzüglich Hilfe. Wenn Sie von einem Zehnjährigen sprechen, stimmt irgend etwas nicht, und es bleibt Ihnen nicht mehr allzuviel Zeit, etwas zu unternehmen. Aber wenn Sie von einem Kind im Alter von zwei bis acht Jahren sprechen, scheint es recht normal zu sein, und es gibt keinen Anlaß zu verzweifeln. Es besteht aber auch kein Grund, das unerwünschte Verhalten Ihres Kindes einfach passiv hinzunehmen, ohne einige Regeln festzulegen, von denen Sie erwarten können, daß Ihr Kind sie einhält. Tatsächlich fühlt sich ein Kind, das keine Regeln hat, an die es sich halten kann, leicht unsicher und unwohl. Wenn sich ein Kind in dem Bewußtsein entspannen kann, daß seine Eltern entscheiden, was richtig und was falsch ist, und daß sie deshalb vernünftige Regeln und Grenzen aufstellen, kann sich das Kind auf die Dinge konzentrieren, die es am allermeisten interessieren: Warum manche Vögel beispielsweise auf einem Bein stehend schlafen können, oder wie die Bilder von einem Fernsehstudio in den Fernsehempfänger fliegen können.

Lassen Sie uns auf diese Klage der Eltern eine nach der anderen eingehen, und lassen Sie uns untersuchen, warum Ihr Kind und eigentlich alle Kinder bestimmte Dinge tun, die die Eltern schier zur Verzweiflung treiben. Unordentliche, vollgestopfte und unübersichtliche – vielleicht auch unhygienische – Kinderzimmer stehen bei den Schreckensgeschichten der Eltern an erster Stelle. Ich habe noch nie ein Kind getroffen, das sich unwohl in einem unordentlichen Zimmer gefühlt hätte. Ein Kleinkind zum Beispiel hat keine Vorstellung von Unordnung und Durcheinander. Wenn Sie es also tadeln, daß es sein Spielzeug nicht vom Boden aufgehoben oder Kekse auf den Teppich gekrümelt hat, wird es völlig verstört und verletzt sein, weil es gar nicht weiß, wovon Sie reden. Ein Kind im Alter von sechs oder sieben Jahren wird anfangen, ein paar Dinge wegzuräumen, wenn man ihm sagt, es solle sein Zimmer aufräumen. Es wird aber schnell vergessen, was es eigentlich tun sollte, und sobald sich ein lang vergrabenes Spielzeug unter all dem Kram wiederfindet, wird es glücklich damit spielen. Wenn Sie plötzlich in der Tür auftauchen und Ihre Tochter jetzt anschreien würden, sie solle endlich mit dem Aufräumen weitermachen, wäre sie zutiefst beleidigt und verletzt.

Im Alter von acht oder neun Jahren geben die meisten Kinder verstohlen zu, daß ihre Eltern verrückt werden, wenn sie ihr Zimmer nicht aufgeräumt haben. Sie geben sich aber nur manchmal die Mühe, ihr Zimmer aufzuräumen, um die Eltern wenigstens von Zeit zu Zeit zufriedenzustellen. In diesem Alter ist es typisch, daß die Eltern vor Enttäuschung wütend werden, wenn sie ihre

Kinder wiederholt bitten, das Zimmer aufzuräumen, und dann später zur Tür hereinschauen und sehen müssen, daß die Papierschnipsel immer noch auf dem Teppich liegen, schmutzige Socken, Spielzeug, Spiele und unidentifizierbare Essensreste auf dem Boden verstreut sind. Im Schrank hängen lauter verbogene Kleiderbügel, die Kleidung ist zerrissen, und auf dem Boden steht eine Burg aus langsam eintrocknendem Schlamm.

Eltern werden ganz besonders wild, wenn sie ihren Kindern mit einem „Ich habe dir doch gesagt, du sollst dein Zimmer aufräumen!" gegenübertreten und dann ein entrüstetes und selbstgerechtes „Das habe ich doch gemacht" zu hören bekommen.

Um das gestörte Verhältnis von Kindern zur Ordnung in ihrem Zimmer zu begreifen, müssen Eltern lernen zu verstehen, wie der Verstand eines Kindes arbeitet und mit welchen Augen ein Kind die Welt sieht. Zunächst einmal gibt es eine direkte Beziehung zwischen der Körpergröße eines Menschen und dem Freiraum, den er um sich herum braucht. Zuwenig Platz läßt einen Menschen sich beengt fühlen; zuviel Platz bewirkt, daß ein Mensch sich verletzlich fühlt und die Umgebung als ungemütlich empfindet.

Um sich das vergegenwärtigen zu können, stellen Sie sich nur einmal vor, Sie würden in einem Kleiderschrank leben müssen. Wenn es nicht gerade ein sehr großer Kleiderschrank wäre, würden Sie sich schon nach sehr kurzer Zeit eingeengt fühlen. Je größer Sie sind, desto größer müßte der Schrank schon sein, damit Sie es auch nur für eine kurze Zeit darin aushielten. Zum anderen stellen Sie sich jetzt einmal vor, daß Sie inmitten einer großen, einsamen Wüste lebten. Dieser große Raum um Sie würde Sie dazu bringen, daß Sie sich schrecklich unbedeutend und unwichtig fühlen. Sie würden wahrscheinlich versuchen, Felsen und die Skelette von Präriehunden so um sich zu gruppieren, daß sie eine Grenze zwischen Ihnen und der endlosen Weite bildeten.

Wenn ein Kind in ein Zimmer gesetzt wird, das in allen Richtungen um ein Vielfaches größer als es selbst ist, ist seine erste natürliche Regung, so viele Dinge wie möglich in dem Raum zu verteilen, um die Leere auszufüllen, bis es sich eine vernünftige und angenehme Grenze geschaffen hat. Denken Sie daran, daß das Kind vor der Geburt auf sehr kleinem Raum untergebracht war, geborgen in der Gebärmutter; seine Ärmchen und Beinchen waren eng und warm an seinen Körper gepreßt. Nach der Geburt hat sich Ihr Kind am wohlsten gefühlt, wenn Sie es eng in eine weiche, warme und leichte Decke eingewickelt haben, damit es nicht merkte, in welche große Leere es geworfen worden war, in der es völlig hilflos und verletzlich ist.

Wenn das Kind größer wird, kann es schon mehr Platz um sich herum vertragen. Es freut sich dann daran, in einem Raum wie seinem Zimmer ständig etwas Neues mit den Augen zu entdecken oder die verschiedenen Dinge in Haus und Garten oder bei einer Autofahrt durch das Heckfenster zu sehen. Aber es wird sich immer noch am wohlsten fühlen, wenn zwischen ihm und der Welt Abgrenzungen sind. Die Plüschtiere, Musikdosen und Mobiles, die Kinder gerne in ihren Bettchen zum Spielen haben, dienen nicht nur der Unterhaltung und der geistigen Anregung, sondern sie dienen auch dazu, den Platz ein wenig einzuschränken, damit sich das Baby sicherer fühlen kann.

Aus dem gleichen Grund stapelt ein Vierjähriger schon mal sein ganzes Spielzeug, auch das scharfkantigste und härteste, in seinem Bett und versucht dadurch ein Gefühl der Sicherheit zu bekommen, indem auch er den ihn umgebenden Raum verkleinert. Und wenn er in seinem Zimmer das Spielzeug, alle Spiele und Papierschnipsel auf dem Fußboden verstreut, tut er das nicht, um Sie auf die Palme zu bringen, sondern um sich sicherer und weniger ängstlich in einem großen Raum zu fühlen.

Mit jedem Zentimeter Wachstum wird er mehr Platz um sich herum vertragen. Aber selbst ein Achtjähriger ist noch ein recht kleiner Mensch, und der Platz, dessen er bedarf, damit er sich richtig wohl fühlen kann, ist, gemessen an den Verhältnissen eines Erwachsenen, noch immer sehr gering. Und noch ein zehn Jahre altes Kind fühlt sich wohler, wenn viele Möbel in seinem Zimmer und viele Bilder an den Wänden sind und möglichst viel Krimskrams auf den Tischen, die Rennbahn oder die Puppenstube auf dem Fußboden aufgebaut ist und dazwischen und durch alles hindurch eine Spur von Krümeln, Dreck und kleinem Tand führt.

Dann gibt es einen Zeitraum, wo fast jedes Kind außerordentlich ordnungsliebend und reinlich ist; das ist um das elfte oder zwölfte Lebensjahr. Das Kind macht dann plötzlich sein Bett selbst, zieht die Laken und Decken gerade und gleitet dann förmlich mit einem großen Auftritt abends ins Bett und steht morgens genauso wieder auf, ohne auch nur die Bettdecke zu zerknittern. In diesem Alter werden die Bleistifte sorgfältig in Reih und Glied auf den Tisch gelegt, die Bücher im Regal werden Rücken an Rücken gerade hingestellt, die Schubladen im Kleiderschrank sind ordentlich zugeschoben, und das Kind ist rundherum eine Freude für seine Eltern. Genießen Sie dieses Gefühl ausgiebig, wenn Ihr Kind gerade in diesem Alter ist! Es hält nämlich nicht sehr lange an!

Im Alter der Heranwachsenden tritt wieder ein Rückschritt ein, so daß das Bedürfnis nach Sicherheit und Geborgenheit eines Heranwachsenden mit dem eines Vierjährigen verglichen werden kann, und sein Zimmer ähnelt vielleicht an Unsauberkeit und Durcheinander ebenfalls dem eines Vierjährigen. Obwohl sein körperliches Wachstum vielleicht ganz erschreckende Ausmaße annimmt, scheint seine geistige Größe eher zu schrumpfen. Auf dieser Entwicklungsstufe gibt es so viele andere viel wichtigere Dinge, über die man sich streiten kann, daß es wahrscheinlich das beste ist, Ihre Nörgeleien darauf zu beschränken, daß der Sohn Lebensmittelreste und schmutziges Geschirr aus hygienischen Gründen täglich aus seinem Zimmer entfernt. Wenn Sie nun den Anblick dieses Durcheinanders aus Pullis, Büchern, Schallplatten und das ganze Drum und Dran der Jugend absolut nicht ertragen können, sind Sie völlig im Recht, auf einem wöchentlichen Aufräumen oder wenigstens Umräumen zu bestehen. Ansonsten dürfen Sie das Zimmer einfach nicht mehr betreten und nicht einmal mehr zur Tür hineinschauen.

Wenn sich Jugendliche verlieben, wächst im allgemeinen ihre Selbstsicherheit, und ihre Zimmer werden gewöhnlich etwas ordentlicher aussehen. Doch gibt es auch Menschen, die ihr Leben lang unordentlich und schlampig bleiben, weil sie noch immer das Bedürfnis haben, den Raum um sich herum einzuschränken. Wenn es Ihnen gelingt, das Kind dazu zu bringen, daß der Rest der Wohnung ordentlich und sauber zu sein hat, und wenn Sie bestimmte und vernünftige Mindestansprüche an die Sauberkeit und Ordnung in seinem (ihrem) eigenen Zimmer durchgesetzt haben, die seinem (ihrem) Alter entsprechen, dann können Sie eigentlich nichts weiter tun. Wenn Sie die Unordnung im Zimmer zu einem täglichen Streitpunkt machen wollen, würden Sie sich und Ihr Kind damit nur unglücklich und völlig unzufrieden machen. Wenn Ihr Kind tatsächlich auch als Erwachsener noch einer von diesen Menschen ist, die ihren ganzen Kram um sich herum verstreuen müssen, um sich sicher und wohl zu fühlen, lassen Sie es gut sein; Sie müssen ja später nicht mehr damit leben.

Nehmen wir einmal an, Sie haben Verständnis für die Unordentlichkeit Ihres Kindes, für sein Bedürfnis, sich seine Welt ein wenig kleiner zu machen; nehmen wir weiter an, Sie wollen auch nicht, daß es sich unsicher und ängstlich fühlt, wie können Sie dann verhindern, daß das Kinderzimmer zu einem Gesundheits- oder Brandrisiko wird? Wie können Sie Ihrem Kind wenigstens die Grundprinzipien von Ordnung und Sauberkeit beibringen?

Sie sollten das Kinderzimmer auch einmal mit den Augen Ihres Kindes sehen. Wenn Ihre Kleine noch kleiner ist, fühlt sie sich bestimmt sicherer und wohler, wenn das Bett an der Wand statt in der Mitte des Raumes steht. Wenn das Bett in einer Nische stände, umgeben von ein paar Regalböden, auf denen Ihre Tochter ihre Lieblingsstofftiere und ihre Musikkassetten aufbewahren könnte, würde ihr das bestimmt auch helfen, ein Gefühl der Sicherheit zu empfinden. Und wenn Sie in dem Raum verschiedene niedrige Regale anbringen würden, die das Kind leicht erreichen kann, würde seine Welt noch einmal ein wenig zusammenschrumpfen; außerdem wäre es dann wesentlich leichter, die Kleine daran zu gewöhnen, ihre Spielsachen auf dem Regal aufzubewahren.

Diese Einrichtung wird dem Kind auch dann weiter ein Gefühl der Sicherheit vermitteln, wenn es größer wird. Als einzige Änderung müssen alle Gegenstände ein wenig größer sein. Es ist sehr wichtig, daß Sie Ihrem Kind jeden Tag helfen, seine Spielsachen und andere Dinge aufzuräumen; das ist besser, als ihm zu sagen, es solle in sein Zimmer gehen und das Zimmer allein aufräumen.

Wenn Sie die „Zeit-zum-Aufräumen!"-Stunde so legen, daß Ihr Kind schon müde und quengelig ist und Sie außerdem beschäftigt und abgelenkt sind, führt das zwangsläufig zu Streit, Tränen und Ärger. Eine gute Zeit für Kleinkinder zum Aufräumen ist irgendwann am Nachmittag, wenn Sie noch zufrieden und ausgeruht sind und wenn Sie ihnen noch ohne Hetzerei helfen können. Das heißt nicht, daß zu diesem Zeitpunkt die Spielsachen schon endgültig für den Tag weggeräumt werden und daß dann nicht mehr damit gespielt werden darf, sondern es ist nur die Zeit, das Zimmer aufzuräumen, wobei dem Kind deutlich werden soll, daß „Aufräumen" etwas Positives ist.

Seien Sie nicht zu enttäuscht und verärgert, wenn Ihr Kind vor dem Zu-Bett-Gehen noch einmal alle seine Sachen und Spielzeuge aus dem Schrank und den Schubläden zieht. Wenn es das tut, fühlt es sich wahrscheinlich in dem „aufgeräumten" Kinderzimmer nicht wohl und nicht sicher. Es tut das bestimmt nicht, um mal zu sehen, wie seine Mutter einen Nervenzusammenbruch bekommt. Schimpfen Sie also nicht mit Ihrem Kind, und sagen Sie auch nicht so etwas wie „Jetzt ist dein Zimmer aber häßlich!" Das würde seine Gefühle verletzen, und außerdem ist Schönheit immer eine Frage des Betrachters. In den Augen des Kindes ist sein Zimmer mit Spielsachen auf dem Fußboden vielleicht viel schöner.

Wenn Ihr Kind älter geworden ist, sollten Sie ihm immer noch helfen, sein Zimmer aufzuräumen. Es ist einfach unrealistisch zu glauben, daß ein Kind von einem Meter Körpergröße in der Lage ist, das Durcheinander in seinem Zimmer so zu sehen, wie das ein Erwachsener von seinem höheren Standpunkt aus sieht. Um sich das einmal selbst zu beweisen, knien Sie sich doch irgendwann einmal im Kinderzimmer auf den Boden, laufen Sie auf Knien durch das Zimmer und versuchen Sie so aufzuräumen, bis Sie das Gefühl haben, das Zimmer sei jetzt so ordentlich wie Mutters Nähkästchen. Jetzt stehen Sie auf. Wenn Sie nicht gemogelt und vorher schon im Stehen gesehen und im Gedächtnis behalten haben, wo all der Kram verstreut lag, werden Sie sehr wahrscheinlich bemerken, daß Ihnen ein paar Dinge entgangen sind, als Sie auf Knien durch das Zimmer gerutscht sind.

Daneben ist der Blickwinkel eines Kindes verschieden von dem eines Erwachsenen, weil es völlig unterschiedlich ist, wie Kinder und Erwachsene die Dinge sehen. Die Augen eines Erwachsenen erfassen einen Raum, indem sie die Augen langsam von einem Ende des Raumes zum anderen wandern lassen. Dabei nehmen sie alles auf, was nicht an seinem Platz liegt oder durcheinander ist. Die Augen eines Kindes schauen erst in die eine Richtung und dann in die andere. Dabei nehmen sie immer nur das auf, was sich genau in ihrem Blickfeld befindet. So sieht es vielleicht den Stapel von Bilderbüchern auf dem Boden; aber die Apfelsinenschalen, die nur zwanzig Zentimeter daneben liegen, entgehen ihm möglicherweise. Es sieht vielleicht die leere Packung des Flugzeugbaukastens; aber es bemerkt die auslaufende Tube Klebstoff daneben nicht, aus der es langsam auf den Boden tropft. Das Kind sieht sein ganzes Spielzeug auf dem Boden liegen; aber von den Plastikhüllen, Gummibändern, Murmeln und zusammengebastelten Spielfiguren, die auf dem Teppich verstreut sind, nimmt es gar keine Notiz.

Loben Sie Ihren Sohn jedesmal, wenn er sich angestrengt hat, sein Zimmer aufzuräumen und sauberzumachen! Sagen Sie ihm, wie gut er das gemacht hat. Und helfen Sie ihm ruhig ein wenig, damit er nicht das Gefühl hat, es sei eine unangenehme und nur allein zu bewältigende Aufgabe. Denken Sie daran, daß Ihr Kind sein Zimmer aufräumt, um Ihnen einen Gefallen zu tun, nicht etwa, weil es sich Gedanken über Ordnung und Sauberkeit machen würde. Soweit es möglich ist, lassen Sie Ihr Kind die Dinge tun, die ihm Freude machen, und helfen Sie bei dem, was ihm schwerfällt. Und denken Sie immer und immer wieder daran: Sie stehen nicht allein mit Ihren Problemen da; Ihr Kind ist völlig normal veranlagt, in Millionen von Familien sind die Kinderzimmer unordentlich und durcheinander. Die Kinder, die ein Kinderzimmer nur zum Anschauen haben, wie man sie häufig in Zeitschriften sieht, haben entweder eine Mutter oder eine Kinderbetreuerin, die nichts anderes zu tun hat, als den ganzen Tag das Kinderzimmer aufzuräumen. Vielleicht sind die Kinder mit dem makellosen Kinderzimmer nicht so normal veranlagt wie Ihr Kind.

Sie sollten lieber nichts verleihen

Während Sie Ihrem Kind helfen, sein Zimmer aufzuräumen, stolpern Sie vielleicht zufällig über ein paar Dinge, die dort nichts zu suchen haben. Das können Gegenstände sein, die anderen Familienmitgliedern gehören; das können aber auch Dinge sein, die überhaupt nicht in Ihr Haus gehören. Das Problem mit Kindern, die stehlen, ist ein Kapitel für sich und wird später behandelt. Wenn sich Kinder Dinge von anderen Mitgliedern der Familie

„ausborgen" und dann nicht zurückzugeben, ist das etwas ganz anderes.

In meiner Eigenschaft als Kinderpsychologin kann ich Ihnen sagen, daß Sie das Verhalten Ihrer Kinder in dieser Beziehung verändern können, so daß ein Kind lernt, um Erlaubnis zu fragen, bevor es sich von jemandem etwas ausleiht, und die ausgeliehenen Dinge auch an ihren Platz zurücklegt. Als Mutter und als Großmutter allerdings muß ich Ihnen sagen, daß Sie nicht eher in der Lage sind, Ihren Tesafilm, Ihre Schere usw. zu finden, bis Ihr Jüngster endlich das Haus verlassen hat. Sie können sich nur dadurch Kummer und Unannehmlichkeiten ersparen, daß Sie bestimmte Dinge, die Sie ganz einfach nicht verleihen wollen, an geheimen Orten aufbewahren, die nur Ihnen und Gott bekannt sind.

Die Idee von persönlichem Eigentum, auf die wir später in dem Kapitel über das Stehlen zu sprechen kommen, ist für Kinder sehr verschwommen, vor allem, wenn sie noch sehr jung sind. Der Unterschied zwischen „mein" und „dein" ist für ein Kind eigentlich erst verständlich, wenn es zehn Jahre alt ist. Die Unterscheidung zwischen persönlichem Eigentum und dem Eigentum der ganzen Familie ist auch später gewöhnlich noch für viele Kinder schwer verständlich.

Vielleicht sollte das sogar so sein. Vielleicht sollte die Idee, daß eine Familie zusammengehört und eins ist, auch den Gedanken umfassen, daß bestimmte Dinge zwar namentlich einem Mitglied der Familie gehören, aber den anderen Familienmitgliedern irgendwie das Recht zusteht, diese Dinge ohne große Formalitäten auszuleihen. Sicherlich hat jedes Kind solche Vorstellungen von Familieneigentum, dazu gehören bestimmt Tesafilm, Scheren, Hämmer, Löffel, Bindfaden, Garnrollen, Taschentücher, Zeitschriften und Regenschirme. Einem Kind erscheint es völlig in Ordnung, daß diese Dinge jedem Familienmitglied zugänglich sind, ganz egal, wo sie aufbewahrt werden und wer sie als sein Eigentum betrachtet.

Es ist schon eigenartig: Das gleiche Kind im schulpflichtigen Alter, das sich trotz schlimmster Drohungen, Bestrafungen, Tränen und Wutgeschrei seiner Mutter ständig Garnrollen aus ihrem Nähkasten nimmt, käme nie auch nur auf den Gedanken, sich ein Sofakissen aus dem Wohnzimmer oder eine Pflanze von der Blumenbank mit in sein Zimmer zu nehmen. Ein Kind nimmt also im Geist eine Unterscheidung zwischen Dingen vor, die zum Haus gehören und deshalb in Ruhe gelassen werden müssen, und dem Eigentum anderer Familienmitglieder, das man sich einfach so und ohne zu fragen ausleihen darf. Leider machen seine Eltern nicht die gleiche Unterscheidung, und deshalb sind ihre Klagen über Kinder, die gewisse Dinge ohne zu fragen ausleihen und nicht wieder zurückgeben, in allen Familien immer wieder die gleichen.

Beinahe überall auf der Welt nehmen sich Kinder weiterhin hartnäckig Dinge aus „Familieneigentum", ganz egal wie fuchsteufelswild ihre Eltern werden, wenn sie das tun. Sie sehen vielleicht ein wenig nervös und ängstlich aus, wenn sie erwischt werden und die Eltern ihnen zum dreihundertsten Male eine Standpauke halten. Sie lassen es trotz alledem nicht sein. Es scheint fast eine zwanghafte Neigung der Kinder zu sein, die Dinge ihrer Eltern immer wieder zu benutzen.

Ich glaube, daß es damit so ist wie bei einem Ehemann, der immer wieder, ohne zu fragen, die Handcreme seiner Frau benutzt, oder wie bei der Frau, die immer wieder die Brille ihres Mannes zum Lesen aufsetzt. Vertrautheit scheint psychologische Schranken zwischen Menschen und ihrem Eigentum abzubauen. Kinder benutzen vielleicht deshalb die Dinge ihrer Eltern immer wieder, weil sie die gleiche gefühlsmäßige Nähe spüren. Um zu vermeiden, daß Sie jedesmal, wenn Sie in Eile ein Päckchen packen müssen, das Haus auf der Suche nach Klebeband, Schere, Papier und Bindfaden auf den Kopf stellen müssen, sollten Sie sich etwas ausdenken, damit Ihre Dinge nicht auf Nimmerwiedersehen verschwinden.

Da Kinder auch nur sehr wenige Dinge haben, die ihre Eltern nach Belieben gebrauchen könnten, ist es nicht einfach, mit dem Beispiel „Ich leihe mir deine Sachen auch nicht aus, warum leihst du dir einfach meine aus?" zu kontern. Sie könnten das vielleicht bis zu einem gewissen Umfang erreichen, wenn Sie Ihrem Kind seinen eigenen Tesafilm, seine eigene Schere, ein paar Garnrollen und andere Dinge kaufen und diese dann als seine markieren, zum Beispiel mit einem roten Klebestreifen. Da Ihr Kind seine Sachen aber bald in seinem Durcheinander nicht mehr wiederfinden wird, leiht es sich weiterhin die Sachen von Ihnen aus.

Wenn Sie Ihrem Kind helfen, sein Zimmer aufzuräumen, können Sie ihm beibringen, daß man Schere, Hammer, Klebeband, Bindfaden und die anderen nützlichen Dinge immer am gleichen Ort aufbewahrt und sie nach Gebrauch wieder dorthin zurücklegt. Wenn Ihr Kind dann älter ist, können Sie mit ihm darüber sprechen, wo es seine Werkzeuge am besten aufbewahrt; aber Sie werden ihm weiter helfen müssen, sie an Ort und Stelle zurückzulegen, wenn Sie mit ihm zusammen das Zimmer aufräumen. Mit der Zeit wird es stolz darauf sein, daß es sein Lineal findet, ohne danach zu suchen, und daß es auf Anhieb seine Buntstifte findet, ohne einen ganzen Tag das Zimmer zu durchwühlen. Aber bis Ihr Kind so weit ist, wird es beinahe so groß sein wie Sie selbst, und deshalb würden Sie sich und ihm auch nur ein Gefühl von Ärger und Unmut vermitteln, wenn Sie diese Ordnungsliebe schon vorher von ihm erwarten.

Das Gedächtnis ist nicht schlecht, es wählt nur aus

Wenn man sie danach fragte, könnten die meisten Eltern im Chor antworten: „Ich habe nichts dagegen, daß mein Kind sich etwas ausleiht, wenn es sich nur merken könnte, die Dinge dahin zurückzulegen, wo es sie herhat." Sich daran zu erinnern, ausgeliehene Dinge zurückzugeben, den Hund zu füttern, den Papierkorb zu leeren, das Fahrrad in die Garage zu stellen, das Licht im Badezimmer auszuschalten, die Hausaufgaben mit in die Schule zu nehmen, sich an irgend etwas zu erinnern, was den Eltern als wichtig erscheint, ist eine weitere schwierige Aufgabe für ein durchschnittliches Kind.

Fragen Sie einmal ein Kind, was es vor zwei Stunden zu Mittag gegessen hat. Seine Augen werden zunächst glänzen, sein Unterkiefer wird dann herunterklappen, und schließlich wird es nach großen Anstrengungen sagen: „Weiß ich nicht."

Wenn Sie es aber fragen, was Mami zu Papi am letzten Silvesterabend gesagt hat, nachdem Papi von der Feier im Büro ganz schön betrunken nach Hause kam, dann wird es sich an jedes einzelne Wort erinnern. Das Kind erinnert sich vielleicht so gut daran, daß es diese Geschichte jedes Jahr einmal in der Schule zum besten geben wird, wenn die Kinder nach Anekdoten von zu Hause gefragt werden.

Und wenn Sie sich im Supermarkt einmal mit einer entfernten Bekannten im Gang unterhalten und ihr erzählen: „Also wir haben beschlossen, daß wir dieses Jahr einmal zu Hause bleiben, anstatt irgendwohin in Urlaub zu fahren. Wir haben ja so wenig Zeit, es uns einfach mal zu Hause gemütlich zu machen, also werden wir uns dieses Jahr mal so richtig entspannen und lesen. Wir machen es uns ganz gemütlich, anstatt durch die Gegend, von einem Ort zum anderen zu rasen", dann können Sie sicher sein, daß Ihr Kind Sie unterbricht mit einem: „Deswegen bleiben wir doch gar nicht zu Hause, Mami. Weißt du nicht mehr, daß Papi gesagt hat, wir könnten es uns nicht leisten, dieses Jahr wegzufahren?"

Kinder haben ein ausgesprochen gutes Gedächtnis für Dinge, von denen Sie wünschen, sie würden sie ganz schnell wieder vergessen oder sie zumindest für sich behalten. Kinder haben aber ein schlechtes Gedächtnis für die Dinge, von denen Sie möchten, daß sie sie behalten sollen. Eine ganz häufige Klage von Eltern ist, daß sie einem Kind schon hundertmal gesagt haben, was seine häuslichen Pflichten sind, und sie es jedesmal wieder daran erinnern müssen.

Noch einmal: Sie sollten versuchen, sich in die Rolle eines Kindes zu versetzen, um seine Vergeßlichkeit verstehen zu können. Denken Sie daran, daß die ganze Welt ein bemerkenswertes, neues Abenteuer für Ihr Kind ist. Es eröffnen sich ihm täglich völlig neue Aussichten und Anblicke, für die Sie vielleicht schon unempfindlich geworden sind. Wenn Ihr Kind zum Beispiel nur an drei Häuserblocks von der Schule nach Hause entlangläuft, sind seine Gedanken ganz damit beschäftigt, wie schön die Farben auf einer ölverschmutzten Pfütze sind. Es ist bestimmt begeistert, einen jungen Frosch zu sehen, der kaum größer als ein Fingernagel ist. Ein Polizeiwagen, der mit Blaulicht um die Ecke rast, ist etwas Aufregendes für ein Kind. Und es hat wahrscheinlich Angst vor einem großen Hund, der gemein und böse aussieht. Das Kind ist mit dem Gefühl beschäftigt, wie schön das langsame Herabfallen von welkem Herbstlaub unter einer alten, hohen Kastanie ist, und es ist stolz und glücklich, einen Klassenkameraden zu haben, der noch einmal an der Ecke winkt, bevor er nach Hause geht. Mit all diesen Gedanken im Kopf, wie kann da von einem

Kind erwartet werden, daß es sich an so etwas Alltägliches erinnern soll, wie seine Schuhe abzuwischen, seine Bücher in sein Zimmer zu bringen, seine Jacke aufzuhängen oder sonst etwas zu tun, worum es die Eltern gebeten haben?

Wenn Sie das einmal verstanden haben und Verständnis für die Art aufbringen, in der Kindern einige Dinge wichtiger sind als andere, dann ist es einfacher für Sie, Ihrem Kind zu helfen, zu lernen, einige Dinge automatisch zu tun. Es braucht dann nicht erst darüber nachzudenken, sich nicht daran zu erinnern, so daß es weiter über die Dinge nachdenken kann, die ihm wirklich wichtig erscheinen. Wenn Sie Ihr Kind anschreien: „Himmeldonnerwetter, ich habe dir schon tausendmal gesagt, daß du deine Bücher in dein Zimmer bringen sollst, wenn du aus der Schule kommst!", dann helfen Sie ihm nicht, sich daran zu erinnern. So machen Sie nur seine frohen Gedanken zunichte, die alles andere in seinem Kopf verdrängt haben.

Wenn Sie ihm aber mit freundlicher und fester Stimme sagen: „Komm, das machen wir jetzt aber noch einmal", und es dann an der Hand nehmen, zur Tür führen, hinauslassen und die Tür schließen, dann können Sie seine Aufmerksamkeit wecken. Ihr Kind kommt dann wahrscheinlich mit einem Grinsen wieder zur Tür herein, marschiert in sein Zimmer und legt die Bücher dort ins Regal, wie Sie ihm das schon tausendmal vorher gesagt haben. Hinterher können Sie sich beide dann in aller Ruhe darüber unterhalten, ob Schmetterlinge auch in den Himmel kommen, wenn sie sterben.

Wie alle wirkungsvollen Methoden, Kindern zu zeigen, welches Verhalten man sich von ihnen wünscht, verlangt auch diese Methode eine aktive Teilnahme Ihrerseits, anstatt faul einfach nur Befehle zu schreien. Wenn Sie konsequent, geduldig, freundlich, aber bestimmt sind, können die Gewohnheiten, die Sie Ihrem Kind beibringen wollen, ihm so selbstverständlich werden, daß es in der Lage sein wird, seine kleinen Pflichten routinemäßig zu erledigen, ohne daß es darüber nachdenken oder sich daran erinnern muß, so wie Sie das auch tun.

Wiederholung, nicht Strafpredigten sind der Schlüssel dazu, daß sich Ihr Kind gewisse Gewohnheiten zu eigen macht. Wenn es also Dinge gibt, von denen Sie möchten, daß Ihr Kind sie gewohnheitsmäßig, fast automatisch erledigt, dann führen Sie es mit Wiederholungen dahin, bis sich ihm diese Gewohnheit eingeprägt hat. Wenn es ins Haus kommt und ständig seine Jacke auf das Sofa im Wohnzimmer wirft, und Sie möchten, daß es seine Jacke in seinen Kleiderschrank hängt, lassen Sie es die Jacke wieder anziehen, wieder hinausgehen, die Tür hinter sich schließen und dann wieder hereinkommen.

Wenn Ihre Tochter jedesmal einen Haufen Papierschnipsel auf dem Boden liegenläßt, wenn sie Bilder aus Zeitschriften für eine Hausarbeit ausschneidet, und wenn Sie möchten, daß sie die Schere und die Zeitschriften an ihren Platz zurücklegt und die Papierschnipsel sorgfältig vom Boden aufsammelt, dann schreien Sie sie nicht etwa an, daß sie fürchterlich rücksichtslos und vergeßlich sei. Statt dessen sollten Sie ihr sagen, sich noch einmal auf den Teppichboden zu setzen, dann aufzustehen, das Papier in den Papierkorb zu werfen und die Schere und die Zeitschriften ordentlich an ihren Platz zurückzulegen. Bleiben Sie freundlich und ruhig dabei! Geben Sie Ihrem Kind eine ganz klare Anweisung, ohne jede Standpauke oder Strafpredigt. Wenn Sie es mit Ihrer Hilfe in die Richtung führen, sich positive Gewohnheiten anzueignen, anstatt es mit Strafe oder durch Demütigung zu etwas zu zwingen, wird es sich recht schnell die von Ihnen gewünschten Gewohnheiten aneignen. Sie haben dann beide mehr Zeit, sich auf wichtigere Dinge zu konzentrieren.

Gutes Benehmen wird abgeschaut, nicht beigebracht

Sie sollten die gleichen Prinzipien von Wiederholung und Rücksicht anwenden, wenn Sie versuchen, Ihrem Sohn gewisse Regeln für ein soziales Verhalten – genannt „gute Manieren" – beizubringen. Wenn Sie Ihrem Kind sagen: „Es ist aber gar nicht nett, daß du uns unterbrichst", denken Sie daran, daß er gar nicht versteht, was „unterbrechen" heißt. Er wird es vielleicht verstehen, wenn er sieben oder acht Jahre alt ist. Einerseits kann es bedeuten, daß man nicht sprechen soll, wenn der Vater mit jemandem telefoniert; andererseits ist es aber vielleicht kein Unterbrechen, wenn sich die Mutter mit einer Nachbarin im gleichen Zimmer unterhält. Es ist auch schwer für ein Kind zu begreifen, was mit „nett" gemeint ist. Großmütter sind nett, der Hund von nebenan kann nett sein; aber wann man sprechen darf und wann nicht, hat doch nichts mit „nett" zu tun.

Es ist vernünftiger, einem kleinen Kind zu sagen: „Ich kann dir nicht zuhören, wenn ich mich mit jemand anderem unterhalte." Älteren Kindern kann man dann schon einmal sagen: „Jetzt unterhalte ich mich gerade mit meiner Freundin. Ich kann mich nur mit einem unterhalten." Später können Sie Ihrem Kind dann erklären, was „unterbrechen" bedeutet. Daß es bedeutet, daß jemand spricht und ein anderer zur gleichen Zeit etwas sagen will und daß sich niemand gerne unterbrechen läßt.

Helfen Sie Ihrem Kind dadurch, daß Sie es loben, wenn es Sie beim Telefonieren oder beim Gespräch mit Ihren Gästen nicht unterbrochen hat. Sie sollten dann vielleicht sagen: „Danke, daß du mich nicht unterbrochen hast. Wir haben uns nett unterhalten. Und jetzt unterhalten wir beide uns, einverstanden?"

Wenn Sie gewöhnlich immer für Ihr Kind da sind, wenn es Sie und Ihre Aufmerksamkeit wirklich braucht, und wenn Sie dann die Bedürfnisse Ihres Kindes vor die Ihrer Gäste stellen, wird Ihr Kind mehr Verständnis dafür haben, daß Sie sich auch einmal ungestört mit Freunden unterhalten möchten. Wenn Sie aber versuchen, gegen Ihre Langeweile anzukämpfen, indem Sie stundenlang am Telefon hängen und mit einer Freundin den neuesten Klatsch austauschen, wird sich Ihr Kind mit Recht vernachlässigt und verlassen vorkommen. Es wird Sie dann wahrscheinlich, sooft es kann, versuchen zu unterbrechen. Bevor Sie also versuchen, das ungehörige Verhalten Ihres Kindes zu ändern, sollten Sie sich vergewissern, daß Ihr Verhalten angemessen und in Ordnung ist.

Die meisten Eltern, die ihren Kindern eine Predigt über gute Manieren halten, klagen darüber, daß ihre Kinder so egoistisch und so wenig rücksichtsvoll gegenüber anderen Menschen seien. Wenn ein Kind diese Worte kennen würde, könnte es vielleicht sagen: „Gut, ich bin egoistisch, und ich bin auch egozentrisch. Aber ich bin so, weil ich ein Kind bin, und Kinder sind nun einmal egozentrisch."

Wir sollten immer im Auge behalten, daß die Welt eines Kindes sehr klein ist. Seine Welt beginnt und endet ganz zu Anfang in seinem Kinderbettchen, später im Haus der Eltern, dann in der

Nachbarschaft. Ohne eine Vorstellung von Raum und Zeit – was auch immer passiert, es passiert immer in diesem Moment; wohin ein Kind auch gehen mag, es ist immer einfach nur dort, wo es sich gerade befindet.

Ein Kleinkind macht sich keine Vorstellung davon, woher es gekommen ist oder wie lange es dauern wird, um irgendwohin zu gehen. Das Kind akzeptiert ganz einfach, daß die Menschen und die Umgebung um es herum immer wieder andere sind. Die Menschen kommen und gehen in seinem Leben; einige davon sind wichtiger als andere. Das Kind wird die Menschen immer danach einschätzen, was sie für das Kind tun können, und denkt nicht etwa daran, welche Bedürfnisse die anderen haben könnten.

Allmählich wird ein Kind nachmachen, was die anderen tun, und wenn es viele freundliche Menschen in seiner Umgebung gibt, wird es sich nach den anderen richten, auf andere eingehen. Es wird sich beeilen, einem Erwachsenen etwas aufzuheben, das ihm heruntergefallen ist, und es ihm stolz zurückgeben und einen Diener machen, wenn es ein „Danke schön" dafür zu hören bekommt. Es wird Mamis Wangen streicheln oder sich an Vatis Schulter schmiegen in dem Vertrauen darauf, daß sie es dann fest in den Arm nehmen. Wenn es dann älter wird und seine Eltern geduldig und liebevoll bleiben und ihr Kind fest anleiten, bleibt es ebenfalls liebevoll und umgänglich und wird versuchen, gewisse Dinge zu tun, um den Eltern damit zu gefallen. Auch dann sollte das Kind immer noch an bestimmte Dinge herangeführt werden, wie Großzügigkeit und Hilfsbereitschaft, die wir ganz spontan von ihm erwarten.

Es ist ungerecht, von einem Kind zu erwarten, daß es von selbst darauf kommen könnte, einem anderen ein Geschenk zu machen oder ihm zu helfen, es sei denn, wir vermitteln ihm diesen Gedanken. Ein Kind ist einfach zu sehr ichbezogen, um sich darüber Gedanken zu machen, daß sich ein anderer über sein Geschenk oder seine Hilfe freuen könnte. Sie können Ihrem Kind helfen, sich schon früh selbst Gedanken über andere Menschen zu machen, hilfsbereit und großzügig zu sein. Zum Beispiel sollten Sie kein Weihnachtsgeschenk für seine Großeltern kaufen und den Namen des Kindes als Absender darauf schreiben. Lassen Sie es statt dessen ein Bild malen oder irgend etwas basteln. Es ist doch völlig egal, wie krakelig das Bild gemalt ist. Machen Sie Ihrem

Kind die Freude, es seinen Großeltern mit Stolz schenken zu können. So wird es lernen, wie schön es ist, jemandem etwas von sich aus zu schenken, es wird erfahren, wie es von dem anderen deswegen geschätzt wird, und fühlt sich in seinem Selbstwertgefühl bestärkt.

Wenn Ihr Kind älter wird und Sie es auf bevorstehende Feiertage und Geburtstage vorbereiten wollen, bieten Sie ihm an, sich für ein paar häusliche Arbeiten außer der Reihe ein paar Mark zu verdienen. Von dem Geld könnte es dann etwas Besonderes für einen Freund oder einen lieben Menschen kaufen. Helfen Sie ihm, die richtige Einstellung zum Sinn des Schenkens dadurch zu behalten, daß die gekauften Dinge nicht teuer sind. Zeigen Sie ihm, daß man seine Phantasie gebrauchen soll und auch Geschenke selbst machen kann, statt etwas zu kaufen, da seine Geldmittel ohnehin begrenzt sind.

Denken Sie daran, daß Ihr Kind immer nur so egoistisch und rücksichtslos ist, wie Sie es ihm beigebracht haben! Und wenn Ihr Kind wirklich ganz besonders egoistisch und rücksichtslos ist, überprüfen Sie Ihr eigenes Vorbild, und denken Sie einmal darüber nach, wie Sie ihm vielleicht besser helfen könnten, auch an andere zu denken.

Es ist genauso wichtig für Ihr Kind zu lernen, seinen Dank und seine Freude über ein Geschenk auszudrücken, wie zu lernen, selbst einem anderen eine Freude oder ein Geschenk zu machen. Wenn Ihr Kleiner ein Geschenk bekommt, seien Sie nicht so voreilig, das „Danke schön" für ihn zu sagen und ihm dabei die Freude und den Stolz zu nehmen, es selbst zu sagen. Der Junge lächelt den Schenker vielleicht freudestrahlend an, und Sie zerstören sein Glück wahrscheinlich, wenn Sie ungeduldig an seiner Hand ziehen und laut tadeln: „Kannst du nicht ‚Danke' sagen?"

Ihr Kind hat dieses „Danke" bestimmt gefühlt, aber es hat noch nicht dieses soziale Vertrauen, es auch laut zu sagen. Vielleicht hat es ganz langsam daran gearbeitet, es zu sagen, und fühlt sich jetzt durch die Bevormundung seiner Eltern verletzt und übergangen. Wenn Sie Ihrem Kind das passende Wort des Dankes, der Freude und der Anerkennung beibringen wollen, beugen Sie sich vor und flüstern Sie ihm unaufdringlich diese Worte ins Ohr – aber so, daß es ihm nicht peinlich ist, daß Sie ihm vorsagen. Wenn es immer noch zu schüchtern ist, es laut zu wiederholen, machen

Sie bitte keine Staatsaktion daraus. Wenn es einmal älter und selbstsicher genug ist, wird es schon das Richtige zu sagen wissen und es dann ganz spontan tun.

Wenn Ihr Kind dann alt genug ist, erinnern Sie es daran, kleine Dankesbriefe an Freunde und Verwandte für deren Geschenke zu schreiben. Schreiben Sie ihm nicht vor, was in den Briefen zu stehen hat, und erwarten Sie bitte keine literarischen Meisterwerke. Die Erwachsenen, die die Briefe bekommen, werden sich trotz der schlechten Handschrift und der möglichen Verworrenheit sehr darüber freuen. Es ist wichtig, daß Ihr Kind lernt, den Menschen, die sich um es sorgen und es mit Geschenken bedenken, mit Wärme und Liebe zu antworten.

Hören Sie auf, sich über das „Aufhören" aufzuregen

Bevor ich dieses Kapitel über die häufigsten Klagen von Eltern über das Verhalten ihrer Kinder beende, möchte ich noch ein Wort zu dem Thema sagen, daß Kinder bestimmte Dinge nicht zu Ende führen. Oft genug höre ich eine Mutter mit Enttäuschung und Verachtung sagen: „Mein Junge macht nie etwas zu Ende, was er angefangen hat." Oder: „Meine Tochter ist genau wie meine Schwester – die hat auch immer mit allem aufgehört."

Wenn ein Junge beispielsweise in eine Fußballmannschaft eintritt und nach der halben Saison aufhören möchte, dann werden ihm die Eltern gewöhnlich eine lange Rede halten, daß es eine Tugend sei, das zu beenden, was man angefangen hat. Tatsächlich weiß niemand vorher, ob es ihm gefallen wird oder nicht. Viele von uns haben sich bestimmt schon einmal in einem Kurs, einem Verein oder einem Klub wiedergefunden, von dem wir der Meinung waren, daß es uns gefallen würde, und plötzlich mußten wir feststellen, daß wir eine tiefe Abneigung dagegen hatten. Kinder haben noch weniger Erfahrung als wir in der Beurteilung, was sie mögen und was sie nicht mögen. Man muß damit rechnen, daß sie immer wieder etwas Neues ausprobieren wollen und dabei herausfinden, daß das neue Hobby oder der neue Sport ihnen nicht gefällt. – Sie stellen fest, daß eine Beschäftigung unpassend für sie ist und daß sie lieber etwas machen möchten, was ihrer Begabung entspricht. Also hören sie mit etwas auf, was sie nicht mögen, und fangen statt dessen etwas anderes an. Wenn Erwachsene das tun, nennt man das „Streß abbauen"; wenn Kinder das gleiche tun, heißt es, sie hören wieder mit etwas auf.

Ganz sicher gibt es Situationen, in denen wir etwas beenden müssen, was wir angefangen haben, ganz egal wie sehr es uns auch mißfällt. Wenn eine Mannschaft zum Beispiel einen schweren Nachteil davon hätte, daß ein Mitspieler plötzlich ausfällt, sollte die Saison bis zu Ende gespielt werden. Und man sollte beim Spielen sein Bestes geben und, so gut man kann, gut gelaunt spielen, weil es einfach unfair den Mitspielern gegenüber ist, die Mannschaft zu diesem Zeitpunkt zu verlassen.

Bei Hobbys ist es etwas anderes. Ein Kind beginnt mit einem Hobby aus den verschiedensten Gründen – wie ein Erwachsener auch. Vielleicht hat es einen Freund, der dieses Hobby hat, und denkt, daß das Hobby auch etwas für es selbst sei. Das Hobby erscheint ihm vielleicht als eine Prestigefrage unter seinen Klassenkameraden. Oder es hat sich nur gelangweilt und möchte endlich etwas Neues anfangen. Vielleicht hat ihm auch jemand ein Geschenk gemacht und damit den Grundstein für die neue Beschäftigung gelegt, an die das Kind vorher noch nicht einmal gedacht hätte.

Der Unterschied zwischen den Hobbys von Kindern und den Hobbys von Erwachsenen ist, daß niemand ständig an den Erwachsenen herumnörgelt, sie sollten mit ihrem Hobby weitermachen, und niemand hält es für eine Charakterschwäche, das Interesse an einem Hobby verloren zu haben, das einen früher einmal gefesselt hat.

Erinnern Sie sich noch an die Sammeltassen, die Sie vielleicht als junges Mädchen hatten? Erinnern Sie sich daran, daß Sie angefangen haben, sie zu sammeln, weil Ihre beste Freundin etwa fünfzig verschiedene hatte, die so hübsch in ihrer Sammelvitrine aussahen? Wo sind die zwei oder drei Tassen, die Sie schon gesammelt hatten? Wann haben Sie Ihren Spaß daran verloren? War es vielleicht, als Sie anfingen, sich für ... – wie war gleich noch sein Name? – zu interessieren? Oder war es, weil es nach einer Weile nicht mehr interessant war, ein Geburtstagsgeschenk auszupacken, wenn sich darin jedesmal wieder eine niedliche bunte Sammeltasse befand?

Oder wo ist die Dunkelkammerausrüstung, die Sie sich letztes Jahr zugelegt haben? Liegt sie immer noch auf dem Regal im Keller, wo sie langsam, aber sicher verstaubt? Oder haben Sie sie beim letzten Umzug schon unbemerkt in der Mülltonne verschwinden lassen? Dabei hatten Sie bestimmt eine schmerzliche Erinnerung an den Haufen Geld, den Sie in Ihre fixe Idee gesteckt haben, ein zweiter David Hamilton zu werden. Fühlen Sie sich jetzt schuldig, daß Sie so einen schwachen Charakter haben oder diese Entscheidung getroffen haben? Übrigens, wo sind denn die Kameras mit all dem teuren Zubehör, die Sie zusammen mit der Laboreinrichtung gekauft haben?

Haben Sie Angst, daß Ihr Kind ewig ein Stümper bleibt, oder sind Sie es selbst, dem Sie einen Tritt geben, wenn Sie ihm eine lange Rede darüber halten, daß man zu Ende bringt, was man anfängt?

Ein kleineres Kind wird vermutlich von einer Beschäftigung zur anderen springen. Es spielt eine Zeitlang mit Ton, dann malt es eine Weile, dann baut es mit Bauklötzchen. Wenn es dann meint, mit seinen Freunden spielen zu wollen, geht es nach draußen und läßt ein unfertiges Modell aus Ton, ein nicht beendetes Bild und einen Rohbau aus Bauklötzchen zurück. Deswegen heißt es spielen! Das Kind ist kein professioneller Bildhauer, kein Maler oder kein Häuserbauer. Es spielt nur manchmal dies oder jenes, und beim Spielen sollte es keinen Zwang geben, etwas zu Ende zu bringen. Wenn es ihn gäbe, wäre das kein Spiel mehr, sondern Arbeit.

Spielen und Hobby sollen für das Kind Möglichkeiten zur Selbstentfaltung sein und kein Test für Ausdauer und Zähigkeit. Wenn Sie Ihrem Kind ständig vorhalten, wie wichtig es sei, etwas zu beenden, womit man angefangen hat, nehmen Sie ihm jegliche Freude beim Spielen und versperren ihm einen notwendigen Weg der Selbsterfahrung und -entfaltung. Wenn ein älteres Kind keinen Spaß an einer kurzfristigen Gruppenaufgabe hat, helfen Sie ihm, indem Sie Verständnis für seine Unlust zeigen; aber geben Sie ihm auch zu verstehen, daß es wichtig für die Gruppe ist, ihre Aufgabe zu erfüllen. Sobald die Gruppenarbeit abgeschlossen ist, sollten Sie ihm allerdings die Möglichkeit geben, aus der Gruppe herauszugehen, ohne daß Sie oder die anderen Gruppenmitglieder ein Gefühl des Ärgers gegen das Kind hegen.

Wenn Sie Ihrem Kind geduldig sein Leben lang beibringen, was Hilfsbereitschaft ist, indem Sie hilfsbereit sind, wenn Sie ihm beibringen, was Rücksicht ist, indem Sie rücksichtsvoll sind, und wenn Sie ihm beibringen, was Selbstkontrolle ist, indem Sie es eine gerechte und konsequente elterliche Kontrolle spüren lassen, werden Sie eines Tages Ihre eigene Kindheit und die Ihres Kindes hinter sich gelassen haben. Sie können dann mit Erleichterung und Stolz zu Ihrem Kind sagen: „Weißt du, ich bin sehr glücklich, ein Kind wie dich zu haben!"

Und dann geht schon alles in Ordnung.

Alles Glück hängt von einem gemütlichen
Frühstück ab.

John Gunther

Kapitel drei

*Irgend jemand muß sich schließlich ums Essen
kümmern, und das sind nun einmal Sie!*

Ich werde nun das tun, was ein Nachbar von mir „Dazwi-
schengehen statt Predigen" nennt, und zwar bezüglich der Kinder, deren Sinn, Gemütsverfassung und Körper durch die Einstellung unserer Gesellschaft zum Thema Ernährung geschädigt
werden.

Heutzutage wird ein Kind seiner guten Ernährung durch geld-
gierige Nahrungsmittelhersteller beraubt, die die leichtverderbli-
chen Nährstoffe aus den gesamten Nahrungsmitteln verbannen
und sie statt dessen mit schädlichen Chemikalien und Farbstoffen
anreichern, um ihr Leben in den Regalen zu verlängern, um die
Lagerung über einen längeren Zeitraum hin zu vereinfachen und
zu verbilligen. Als sei das nicht schon schlimm genug, gibt es
auch noch Schulbezirke, die es zulassen, daß dieser nährwertlose
Fraß in den schuleigenen Cafeterias ausgegeben oder in Automa-
ten verkauft wird. Außerdem passiert es nur allzu häufig, daß die
Eltern dieser Kinder sich nicht darüber im klaren sind, daß für die
gesunde Entwicklung von Körper und Geist bestimmte Nährstoffe gebraucht werden. Diese Eltern haben bisher bestimmt weder
darüber ein Buch gelesen noch dazu einen Kurs besucht.

All diese beunruhigenden Tatsachen tragen dazu bei, daß wir
heute eine Generation von Kindern haben, die beängstigend häufig zu übertriebener Lebhaftigkeit, zu Lernschwächen, zu Kon-
zentrationsschwierigkeiten und zu emotionalen Störungen, wie
Reizbarkeit, verstärkter Aggressivität oder Müdigkeit, neigen.
Ich glaube nicht im geringsten daran, daß jedes übertrieben lebhafte Kind, jedes Kind mit Lernschwächen oder jedes Kind mit
emotionalen Störungen unter einer falschen Ernährung leidet;

51

aber viele Kinder leiden darunter, und bei vielen ist die Ernährung eine Ursache unter vielen.

Das schlimmste Beispiel dafür, wie sich die Ernährung auf das Verhalten auswirken kann, ist der Fall von Jörg, einem Siebenjährigen, bei dem die Eltern und Lehrer die Hoffnung aufgegeben hatten, daß er sich jemals normal verhalten oder normal lernen würde. Ich werde das erste Mal, als ich Jörg sah, niemals vergessen. Als ich die Tür zum Wartezimmer öffnete, hatte ich den Eindruck, als wäre eben ein Wirbelsturm hindurchgebraust. Die Lampenschirme hingen völlig schief, die Zeitschriften lagen zerrissen und verstreut auf den Möbeln und dem Fußboden, die Sofa- und Stuhlpolster waren losgelöst und schief. Die Bilder an der Wand waren vollgekritzelt, und Jörg hockte auf der Rückenlehne des Sofas wie ein rastloser Vogel und gab schrille, krähende Laute von sich.

Während einer hektischen Voruntersuchung ließ Jörg das Untersuchungsmaterial über meinen Kopf segeln, rannte im Zimmer herum, kletterte auf die Möbel und sang dabei, er könne fliegen. Er war von jedem Gegenstand in dem Büro derart abgelenkt, daß er kaum an der Untersuchung teilnahm. Die Ergebnisse waren natürlich nicht völlig abschließend, und die einzige definitive Feststellung, die ich treffen konnte, war, daß er extrem lebhaft war und sein eigenes Verhalten kaum kontrollieren konnte.

Jörg wurde auf eine Spezialdiät gesetzt, bei der die bisherigen Nahrungsmittel vermieden und dadurch bestimmte Giftstoffe ausgeschieden werden sollten. Ich sagte den müden und verzweifelten Eltern, sie sollten ihn in zwei Wochen wieder zu mir bringen. Seine Veränderung nach zwei Wochen grenzte fast an ein Wunder. Jörg saß ruhig und still im Wartezimmer, und als er in mein Büro kam, redete er vernünftig und zusammenhängend. Er sprach darüber, daß ihm seine Freunde fehlen würden und daß er gerade erst aus der ersten Klasse der Schule wegen seines störenden Verhaltens geflogen sei.

Seine Eltern waren von Jörgs Wandel hingerissen und wollten nur widerwillig das bisherige Essen der Diät Stück für Stück wieder hinzufügen. Sie waren sich schmerzlich der Tatsache bewußt, daß sein früheres Verhalten wieder durchbrechen würde, sie versuchten sich darauf einzustellen und fügten der Diät die bisherigen Speisen eine nach der anderen wieder hinzu. Seine Mutter teilte mir eines Morgens telefonisch mit, daß sie den Orangensaft seiner täglichen Nahrung wieder hinzugefügt hatte. Die im Hintergrund zu hörenden Schlachtrufe und krachenden Geräusche genügten mir, um zu verstehen, daß sie zumindest ein Nahrungsmittel herausgefunden hatte, auf das Jörg allergisch reagierte. Zum Glück war Orangensaft das einzige Übel, und solange Jörg das Getränk mied, blieb er völlig ruhig. Trank er aber auch nur ein kleines Glas davon, verwandelte er sich in ein kleines Ungeheuer.

Obwohl Jörg eine Zeitlang psychotherapeutische Hilfe benötigte, damit die gefühlsmäßigen Narben verheilen konnten, die er als Folge der Ablehnung durch seine Klassenkameraden bekommen hatte, entwickelte er mit der Zeit ausreichende soziale und intellektuelle Fähigkeiten. Er ging wieder zur Schule und entwickelte sich völlig normal. Wäre Jörg zehn Jahre früher untersucht worden, noch bevor Nahrungsmittelallergien und ihre Auswirkungen auf das Verhalten erkannt worden waren, wäre er mit ziemlicher Sicherheit wegen seines anormalen Verhaltens in ein psychiatrisches Krankenhaus eingeliefert worden.

Es gibt viele Eltern, die die Eßgewohnheiten ihrer Kinder drastisch verändert und damit auch das Verhalten ihrer Kinder drastisch geändert haben. Dennoch nehmen weiterhin zu viele Kinder eine Art von Nahrung zu sich, die nur wenig dazu beiträgt, eine gute geistige und physische Entwicklung zu begünstigen, und die in einigen Fällen sogar wirklich gesundheitsschädlich sein kann.

Schauen wir uns doch nur einmal die tägliche Ernährung vieler Kinder in unserem Lande an. Zum Frühstück schnappen sie sich vielleicht eine Scheibe Weißbrot oder essen eine Schüssel voll mit gefärbten und gezuckerten Getreideflocken, dabei trinken sie eine Cola, während ihre Eltern noch schlafen oder sich im Bad die Haare trocknen. Wenn sie mittags in der Schulcafeteria essen, bekommen sie vielleicht eine ausgewogene Mahlzeit; aber es besteht auch hier die Möglichkeit, daß diese eine beachtliche Menge an raffiniertem Zucker und weißem Mehl enthält. Ihr Imbiß nach der Schule besteht aller Wahrscheinlichkeit nach aus Kartoffelchips, Keksen, Eiskrem oder Cola. Das Abendessen könnte aus einem Makkaroniauflauf bestehen, der aus einer Fertig-Menü-Packung stammt und eine zungenbrecherische Mischung aus Chemikalien und Farbstoffen enthält.

Wie sind wir überhaupt in diese Misere geraten? Wie sind wir zu einem Volk geworden, das nach ranzigen Kartoffelchips und Cola süchtig ist? Was ist nur mit den guten Nahrungsmitteln passiert? Was ist nur mit unserem Bewußtsein für gute Ernährung passiert?

Die Antwort heißt natürlich Verstädterung und „Fortschritt". Als die Menschen vom Land in die Städte zogen, hatten sie natürlich keine Zeit mehr, frische Eier zum Frühstück einzusammeln, sich dazu ein Stück landgeräucherten Schinken abzusäbeln oder ein Stück Vollkornbrot abzuschneiden und dann mit einem Schlag selbstgebutterter Butter zu bestreichen. Statt dessen kauften sie im Supermarkt sterile Eier, die keine Farbe und keinen Geschmack hatten, dafür aber verdächtig alt waren. Sie versuchten diese dann mit einem Stück industriell geräuchertem Schinken zu genießen, dessen Aroma fein, aber deutlich durch die Zugabe von Nitriten und Nitraten verändert war, damit er ein möglichst langes Leben im Regal hatte. Diesem enttäuschenden Frühstück fügten sie dann noch eine Scheibe industriellen Weißbrots hinzu, die ganz den Geschmack, die Beschaffenheit und den Nährwert einer Handvoll Fusseln von einer Bettdecke hatte.

Die belegten Brote mit Mettwurst, die sie in ihren Essenspaketen hatten, waren schwammig und unbefriedigend, und abends waren sie dann viel zu hungrig, um von einer Schüssel Hafergrütze und einigen gedünsteten Früchten satt zu werden, wie sie es in den alten Tagen auf den Bauernhöfen getan hätten. Statt dessen nahmen sie abends große Mahlzeiten zu sich, die aus schwerverdaulichen Nudelgerichten, getrockneten und eingeweichten Erbsen und Bohnen bestanden, die sättigten und dafür sorgten, daß der Magen nicht mehr knurrte, der ja ein umfangreiches Mittagessen mit frisch gebratenen Hähnchen, frischem Gemüse und frisch gemolkener Milch gewohnt war.

Mit der Zeit verkümmerte der Appetit auf reichhaltige Nahrung immer mehr, und die Menschen, die ihre Mahlzeiten sonst immer genossen hatten, verloren ihr Interesse daran und begannen, all das zu essen, was einfach zu beschaffen und schnell zuzubereiten war. Sie begannen, sich das Essen auszusuchen, das schön verpackt war, das gut aussah, das mit Farbstoffen und Gewürzen angereichert war, um davon abzulenken, daß es eigentlich kein natürliches Aroma hatte. Knusprige Kartoffel- und Getreidechips, stark gesüßte und klebrige Zuckerstangen, Nachtisch aus Fertigpackungen, Getreideflocken zum Frühstück, die knacksten, knisterten und aufplatzten, koffeinhaltige Limonaden, glasierte Krapfen, Suppen und Eintöpfe aus der Dose begannen die frischzubereitete Nahrung zu ersetzen. Der fade, leere Geschmack von Fertiggerichten wurde übertüncht durch die Zugabe von Zucker und noch mehr Zucker, und das inhaltslose Weißbrot wurde wohlschmeckender, indem man es mit gekauften Marmeladen und Gelees beschmierte.

Versuchte jemand zufälligerweise, die alten Freuden wiederzuentdecken, nämlich frisches Obst oder Gemüse zu essen, erwischte man allzu oft so etwas eine Tomate, die noch grün gepflückt worden und nur künstlich gereift war. Das ergab dann eine matschige und geschmacklose Frucht. Äpfel, Gurken, Birnen und andere Früchte und Gemüsesorten wurden gewachst, damit sie glänzten.

Ein hungriger Mensch, der versuchte, sich an den Geschmack der Nahrung auf dem Bauernhof zu erinnern, verdrängte in Anbetracht dessen seine Erinnerung ganz schnell, indem er einen Banana–Split bestellte, bei dem wenigsten die Banane einen natürlichen Geschmack hatte.

Viele unserer Kinder, Enkelkinder und Urenkelkinder, die von einer vom Land in die Stadt gezogenen Generation abstammen, haben niemals den Geschmack von wirklicher Nahrung kennengelernt, genausowenig wie viele ihrer Eltern. Die Überraschung eines Kindes oder eines Erwachsenen, der zum erstenmal eine selbstgezogene Tomate versucht, zeigt, wie bemitleidenswert ein Volk ist, das so stolz darauf ist, wie gut sortiert seine Supermärkte sind und wie schnell der Lebensmitteltransport abläuft.

Wir sind beinahe völlig abhängig von den industriellen Herstellern von Lebensmitteln, so daß es fast unmöglich geworden ist, Lebensmittel zu finden, die nicht mit irgendwelchen künstlichen Stoffen in Berührung gekommen sind. Im Supermarkt laufen wir Gefahr, Fleisch zu kaufen, das Antibiotika oder wachstumsfördernde Hormone enthält, und es ist ziemlich sicher, daß das Gemüse und Obst, das wir kaufen, mit giftigen Insektenvernichtungsmitteln gespritzt worden ist. Da das Vollkorn mit der Zeit ranzig wird und damit die Kosten der Lagerung steigen, wird der nährstoffreiche Kern während der Verarbeitung entfernt, so daß nur noch die Hüllen zurückbleiben. Somit sind den Getreideflockengerichten, den Broten und Teigwaren, die wir kaufen können, gewöhnlich alle Nährwerte während des Mahlens und der Verarbeitung entzogen. Auch die Tatsache, daß der Nährstoffgehalt dieser so bearbeiteten Körner durch die Zufuhr von künstlichen Vitaminen „angereichert" wird, gibt ihnen nicht den gleichen Nährwert zurück, den Vollkorn durch seine natürlichen Vitamine und die begleitenden Spurenelemente hat.

Während wir alle diese gegenwärtige Situation beklagen, haben nur wenige von uns die Laune, die Begabung und die nötigen Mittel, um auf einem Bauernhof leben zu können und eigene Lebensmittel anzubauen. Auch den Einkauf in Bioläden, die in den letzten Jahren in vielen Orten eingerichtet worden sind und die Lebensmittel aus kontrolliertem ökologischem Anbau anbieten, können sich nicht viele leisten. Unsere einzige Hoffnung ist, daß der Druck der Verbraucher die Hersteller dazu veranlassen wird, nährstoffreichere Lebensmittel herzustellen und in den Supermärkten anzubieten. Und daß die Bauern neue Methoden entwickeln, ihre Produkte so zu ernten, daß sie ausgereift im Aroma sind; daß sie diese dennoch so schnell zu den Verbrauchern bringen können, bevor sie verderben. In der Zwischenzeit müssen wir wahrscheinlich darauf zurückgreifen, unser eigenes Brot zu backen und Tomaten zwischen den Balkonpflanzen zu züchten, wenn wir wirklich einmal wohlschmeckende Lebensmittel ausprobieren möchten.

Tatsächlich ist es für die meisten von uns unmöglich, unsere eigenen Lebensmittel anzubauen; aber deswegen sind die Eltern noch nicht aus dem Schneider; denn sie sind auf jeden Fall verantwortlich für die Ernährung ihrer Kinder. Ich möchte, daß Sie sich das Folgende gut einprägen; denn es ist außerordentlich wichtig:

Sie sind verantwortlich, dafür zu sorgen, daß Ihre Kinder jeden Tag eine nahrhafte, vollwertige, appetitanregende Ernährung bekommen, Sie sind außerdem dafür verantwortlich, so viel wie möglich über Ernährung, Vitamine, Mineralien, Kalorien und Kohlenhydrate zu lernen, daß Sie Ihren Kindern helfen können, körperlich und geistig gesund aufzuwachsen.

Ein falsch ernährtes Kind kann nicht gut lernen, es kann sich nicht richtig konzentrieren, es findet keinen Umgang mit anderen

Menschen. Und falsch ernährt ist nicht gleichzusetzen mit mager. Ein Kind ist möglicherweise pummelig und aufgeschwemmt und leidet dennoch unter falscher Ernährung. Tatsächlich wird ein Kind, dessen tägliche Ernährung aus unheimlich viel Süßigkeiten und Limonaden besteht, wahrscheinlich gleichzeitig falsch ernährt und übergewichtig sein. Die gehaltlosen Kalorien von Zucker, Bonbons, Kuchen, Limonaden, Fruchtsaftgetränken, Geleespeisen, Marmeladen, Kartoffel- und Getreidechips und ähnlichem führen dazu, daß das Kind pausbäckig wird. Es sieht vielleicht sogar ganz gesund aus; aber ohne das entsprechende Eiweiß und die anderen Nährstoffe ist eine gesunde Entwicklung des Verstandes und des zentralen Nervensystems nicht möglich.

Irgendwie hat der Begriff „Ernährung" einen negativen Beigeschmack bekommen. Selbst intelligente und vernünftige Leute haben nur eine verschwommene Ahnung davon, was „Ernährung" bedeutet, und haben sogar eine leicht negative Einstellung gegenüber dem Wort. Wenn man einer Mutter sagt, sie möge mehr auf die Ernährung ihres Kindes achten, kommt sicherlich etwas zur Antwort wie: „Mein Junge trinkt viel Milch, und das ist gut für ihn", oder „Ich versuche ja ständig, daß unsere Kleine mehr ißt, aber sie will nicht."

„Ernährung" hat etwas mit dem Prozeß zu tun, bei dem ein lebender Organismus – der Ihres Kindes zum Beispiel – Nahrung aufnimmt, die er für sein Wachstum und für die Erneuerung von Körperzellen benötigt. Nährstoffreiche Nahrung, Fleisch, Gemüse, Obst, Getreidekörner und Molkereiprodukte beispielsweise unterstützen Wachstum und Entwicklung, wogegen Lebensmittel, die keinen oder nur einen geringen Nährstoffgehalt haben, einfach nur den Magen füllen, den Appetit nach nährstoffreicher Kost bremsen und wegen ihres hohen Kaloriengehaltes zu Übergewicht führen.

Viele von uns haben zumindest in der Schule schon einmal eine Nährwerttabelle gesehen, die die verschiedenen Gruppen von Lebensmitteln aufzeigt, aus denen man sich seine tägliche Ernährung zusammenstellen sollte. Es ist wahrscheinlich nicht so wichtig, daß man sich genau an die verschiedenen Gruppen erinnert, als daß man weiß, daß Eis am Stiel überhaupt nicht darunter war genausowenig wie Cola oder andere gefärbte oder süße Limonaden oder Nachspeisen. Und die Gruppe der Kornprodukte bezieht sich nicht auf diese vorgezuckerten und gefärbten Frühstücks-flocken aus Getreide, für die in so vielen Zeichentrickfilmen und Anzeigen Werbung gemacht wird. Statt dessen fallen Vollkorn-produkte darunter wie Reis, Hafer, Roggen und Weizen, aber auch Vollkornbrot.

Der Punkt ist der, daß Sie Ihrem Kind Nahrung geben können, die entweder nur aus einer Menge Kalorien und sonst fast nichts besteht oder aber aus Kalorien und dazu vielen Vitaminen und Mineralstoffen. Wenn Sie nur ein oder zwei Bücher über Ernäh-rungslehre lesen, können Sie ein Fachmann werden, was die ge-sunde und vollwertige Ernährung Ihrer Kinder angeht.

Etwas über Ernährung zu wissen und danach zu handeln sind allerdings zwei verschiedene Dinge, und das veranlaßt mich zu einer meiner bevorzugten Predigten:

Es gehört zu Ihren Aufgaben, morgens aufzustehen und Ihrem Kind das Frühstück zuzubereiten! Es gehört ganz selbstverständ-lich zu Ihren Aufgaben; denn Sie sind der Erwachsene.

Wenn Ihre Kinder erwachsen sind und mit ihren eigenen Kin-dern morgens aufstehen, dann können Sie es sich ja gemütlich machen; aber bis dahin gehört es zu Ihrer Verantwortung, daß Ih-re Kinder Nahrung und Freude am Essen bekommen. Die ge-samte Entwicklung Ihres Kindes kann stark davon abhängen, wie sorgfältig und gut gelaunt Sie dieser Verpflichtung nachkommen.

Aufzustehen, das Frühstück zuzubereiten und das Kind dann zur Schule zu schicken ist nicht nur für die Ernährung des Kindes wichtig, es ist auch wichtig für seine emotionalen Bedürfnisse. Es ist für Ihr Kind sehr wichtig zu wissen, daß Sie sich um es sor-gen, ihm ein leckeres Frühstück zubereiten, sich zu ihm setzen und mit ihm über den kommenden Tag sprechen, bevor es seinen allmorgendlichen Weg antritt. Wenn Sie Ihr Kind dann mit einem fröhlichen Gesicht verabschieden und noch einmal umarmen, wird es ihm bestimmt warm ums Herz, und dieses Gefühl wird es den ganzen Tag begleiten. Es wird in der Schule besser aufpas-sen, hilfsbereiter und verständnisvoller sein, und es wird wahr-scheinlich nicht dieses einschnürende Gefühl von Angst und Ver-lassenheit bekommen, das sein Lernen beeinträchtigen könnte.

Eine Studie nach der anderen hat es an den Tag gebracht, daß Kinder, die ein vollwertiges nährstoffreiches Frühstück zu sich nehmen, es in der Schule wesentlich leichter haben. Sie bekommen bessere Noten, zeigen ein besseres Benehmen, fehlen nicht so oft im Unterricht, kommen besser mit ihren Mitschülern zurecht und sind im allgemeinen mit sich selbst zufriedener als diejenigen, die das Frühstück ganz auslassen oder die nur einen Krapfen und ein Glas Kakao zum Frühstück zu sich nehmen.

Abgesehen von einer Krankheit oder einer sonstigen Unfähigkeit, gibt es keine Entschuldigung dafür, Ihrem Kind nicht regelmäßig einen guten Start in den Tag zu ermöglichen. Wenn Sie selbst zur Arbeit gehen und vorher Ihr Haar waschen und trocknen müssen, dann stehen Sie doch einfach eine halbe Stunde früher auf und richten Ihre Haare, bevor Sie Ihrem Kind das Frühstück machen. Wenn Sie jeden Morgen herumrennen und ständig nach Ihren Schuhen, Ihrem Portemonnaie oder Ihren Autoschlüsseln suchen und zur selben Zeit wie Ihr Kind aus dem Haus gehen müssen, dann legen Sie sich doch einfach am Abend vorher diese Dinge schon zurecht, setzen sich zu Ihrem Kind, machen es sich für ein paar Minuten gemütlich, und Sie werden sehen: Sie beide fühlen sich den ganzen Tag lang wohler.

Sollten Sie einmal morgens mit Fieber, einer Halsentzündung oder schrecklichen Kopfschmerzen aufwachen, brauchen Sie natürlich nicht Ihren kranken Körper in die Küche zu schleppen in dem Gedanken, sich aufopfern zu müssen, um Ihrem Kind um jeden Preis das Frühstück zuzubereiten. Es wird schon nicht sterben, wenn es sich morgens einmal selbst ein Glas Orangensaft eingießen, ein Stück Brot toasten und mit Butter und Marmelade bestreichen muß. Es gibt dann auch keinen Grund, im Bett zu liegen und sich schuldig zu fühlen oder sich zu beunruhigen. Nur dann, wenn Sie jeden Morgen im Bett liegenbleiben, weil Sie zu faul, zu müde oder zu verschlafen sind, um aufzustehen, sollten Sie sich klarmachen, wer von Ihnen eigentlich das Kind und wer der Erwachsene ist.

Es ist nicht notwendig, daß Sie in bezug auf Ernährung Fanatiker oder ein Fachidiot werden; aber es ist wichtig, daß Sie sich den Unterschied zwischen vollwertiger Kost und chemisch behandelten Lebensmitteln und zwischen naturbelassenen und angereicherten Lebensmitteln klarmachen. Verlassen Sie sich nicht auf die Werbung im Fernsehen, die Sie belehren will, wie wichtig es sei, Ihren Kindern etwas Nahrhaftes vorzusetzen. Denken Sie immer daran, daß die „Mutter" im Werbefernsehen, die Ihnen davon vorschwärmt, wie nahrhaft irgendwelche Kekse seien, im Grunde genommen nur etwas verkaufen will. Haben Sie jemals Werbung für einen Apfel gesehen? Wahrscheinlich nicht allzu oft, aber es gibt eine ganze Reihe von Werbespots für Apfeltörtchen und ähnliches. Sie mögen zwar den Umsatz einer Firma erhöhen, wenn Sie deren vorgefertigte, mit Apfelgeschmack zubereitete Süßspeisen kaufen; aber wenn Sie an der Gesundheit Ihres Kindes interessiert sind, kaufen Sie ihm statt dessen lieber einen Apfel.

Ich habe nicht vor, in diesem Buch auf das Thema Vitaminzusätze einzugehen; ich möchte nur darauf hinweisen, daß es nützlich ist, den täglichen Mindestbedarf an den verschiedenen wichtigen Vitaminen und Mineralstoffen nachzulesen und dann zu vergleichen, welche Mengen davon in Ihrer gewöhnlichen Nahrun tatsächlich enthalten sind. Wenn Sie dabei feststellen sollten, daß Sie eigentlich wesentlich mehr und wesentlich abwechslungsreicher essen sollten, um wenigstens den Minimalbedarf an solchen Nährstoffen bei Ihrer Ernährungsweise zu decken, sind Vitaminzusätze durchaus hilfreich und wertvoll. Da der tägliche Bedarf an Vitaminen und Mincralstoffen sehr unterschiedlich ist – der tatsächliche Bedarf kann über oder unter dem Durchschnitt liegen –, empfehle ich Ihnen wärmstens, sich genau mit dem Für und Wider von Vitaminzusätzen auseinanderzusetzen, um dann Ihre eigene Entscheidung zu treffen.

Ich möchte nicht versuchen, Sie dazu zu verleiten, Ihr eigenes Brot zu backen. Wenn Sie jedoch ein ganz einfaches Rezept für Vollkornbrot ausprobieren würden, gebacken mit Honig, Gemüsesalz, pflanzlichem Öl, und es dann noch warm dick mit Butter oder Margarine bestreichen, bin ich überzeugt, daß Sie begeistert wären. Die halbe Stunde in der Woche, die Sie für das Zubereiten und Kneten des Teigs brauchen, werden Sie dann bestimmt gerne opfern. Wenn Sie auch dafür nicht die Zeit oder keine Lust haben, Ihr eigenes Brot zu backen, sehen Sie sich doch einmal nach Spezialbäckereien oder Naturkostläden um, die Brot verkaufen, das noch aus allen natürlichen Bestandteilen besteht, und machen Sie Ihre Kinder so mit richtigem Brot vertraut.

Das wichtigste dabei ist, daß die Eltern ihrer Verantwortung gerecht werden, morgens aufzustehen und gutgelaunt für ihre Kinder das Frühstück zuzubereiten. Die Eltern sollten ihnen entweder etwas zu essen mitgeben oder sich wenigstens darum kümmern, was ihre Kinder zu Mittag in der Schulcafeteria zu essen bekommen, und ihnen abends ein nahrhaftes, leckeres Abendessen zubereiten, ohne Ärger, Streit oder Strafe.

Wenn Sie dieser Verantwortung nicht gerecht werden, dann müssen Sie irgendwann einmal dazu bereit sein, die Verantwortung dafür zu übernehmen, daß Ihre Kinder Lernschwächen haben, daß ihr körperliches Wachstum nicht schnell genug voranschreitet, daß ihre Muskeln schlaff sind, daß sie emotionale und Verhaltensprobleme haben können. All das kann auf falsche Ernährung und Lebensmittelallergien zurückzuführen sein.

Was dieses besondere Problem angeht, können Ihre Kinder nicht so lange warten, bis Sie erwachsen sind. Ihre gesunde Ernährung verlangt nach klaren Entscheidungen. Wenn Sie sich also auf diesem Gebiet noch unreif fühlen, strengen Sie sich ein wenig an, suchen Sie sich ein anderes Feld, auf dem Sie ruhig noch etwas unreif sein dürfen; aber werden Sie bitte auf dem Gebiet der Ernährung Ihrer Kinder erwachsen.

Was Kinder am liebsten essen, ist bestimmt nicht immer am besten für sie

Vollwertige Ernährung ist ganz besonders wichtig für Kinder, die unter Lernschwächen leiden oder Verhaltensstörungen haben. Es gibt überwältigende Beweise dafür, daß Lern- und Verhaltensprobleme direkt auf eine zerebrale Lebensmittelallergie oder auf eine Überempfindlichkeit gegenüber bestimmten Chemikalien, die heutzutage zur Verarbeitung von Lebensmitteln verwendet werden, zurückzuführen sind. (Unter einer „zerebralen" Lebensmittelallergie versteht man eine Überempfindlichkeit, die nicht zu einem Hautausschlag oder anderen erkennbaren Veränderungen führt, die aber zum Anschwellen von Blutgefäßen im Gehirn oder zu anderen zerebralen Veränderungen führen kann, was wiederum die Funktion des Gehirns oder des Nervensystems beeinträchtigen kann.)

In meiner eigenen Praxis hat es einige Fälle gegeben, wo sich das extrem lebhafte Verhalten eines Kindes drastisch geändert hat, nachdem Zucker gänzlich aus seiner täglichen Ernährung entfernt worden ist. Kinder, die vorher zappelig und durcheinander waren, so daß sie nicht einmal zuhören, sich an nichts erinnern, sich nicht konzentrieren oder lernen konnten, wurden plötzlich zu ruhigen, vernünftigen, verständigen Kindern, die von sich selbst sagten, daß sie sich auf einmal viel wohler fühlten. Im Gegensatz zu früher haben sich diese Kinder heute selbst unter Kontrolle.

Viele Untersuchungen haben die Auswirkungen von Zucker auf das Verhalten bestimmter Kinder gezeigt, so daß nur wenig Zweifel daran besteht, daß Zucker eine gewisse chemische Reaktion bei Kindern auslösen kann, durch die die normale und ruhige neurologische Funktion beeinträchtigt werden kann. Sicherlich gibt es Kinder, die viel Zucker essen können, ohne daß sie sichtbare Krankheitserscheinungen aufweisen. Einige extrem lebhafte Kinder werden ihr Verhalten auch nicht ändern, wenn man Zucker aus ihrer Nahrung entfernt. Es gibt also keine klare Beziehung zwischen Zuckerkonsum und Lernunfähigkeit oder Überdrehtheit. Außerdem gibt es keine klare Erkenntnis darüber, warum einige Kinder überempfindlich auf Zucker und Traubenzucker reagieren, nicht dagegen auf Honig und Fruchtzucker. Da bei der Zuckerherstellung Hydropetrocarbonate verwendet werden, ist es möglich, daß sich chemische Rückstände im Raffinadezucker befinden, auf die einige Kinder empfindlicher reagieren als andere.

Oft geben Eltern zu bedenken, daß sie als Kinder keine Lernschwierigkeiten hatten und nicht unter extremer Lebhaftigkeit litten, obwohl auch sie viel Eiskrem, Kekse, Kuchen und Geleefrüchte gegessen haben. Mit ziemlicher Sicherheit können heutzutage Kinder die gleiche Menge an Zucker vertragen wie seinerzeit ihre Eltern, ohne daß irgendwelche Krankheitserscheinungen auftreten. Doch das Problem liegt darin, daß in unserer Zeit industriell hergestellte Lebensmittel so gesättigt sind mit Raffinadezucker, daß ein sechs- oder siebenjähriges Kind wahrscheinlich schon die doppelte Menge an Zucker zu sich genommen hat wie seine Eltern zu der Zeit, als sie heirateten.

Bis vor kurzem war Zucker in den meisten Konserven mit Babynahrung enthalten. In irgendeiner Form findet sich Zucker auch in Schinken, Speck, Frühstücksfleisch, Brot, Brotaufstrich,

Dosensuppen, in vielen Obst- und Gemüsekonserven, in Fruchtsaftgetränken, Limonaden, Knabbergebäck, Frankfurter Würstchen und Aufschnitt, genauso wie in den eigentlichen Süßigkeiten wie Keksen und Eiskrem. Man erkennt die Eltern, die ihre Kinder auf eine zuckerfreie Ernährung umgestellt haben, ganz leicht; sie lesen im Supermarkt jedes Etikett ganz genau, sie laufen die Gänge verzweifelt auf und ab auf der Suche nach Lebensmitteln, die keinen Rüben- oder Traubenzucker enthalten.

Zucker ist nicht der alleinige Übeltäter in der Küche. Zitrusfrüchte, getrocknete Bohnen und Erbsen, Weizen, Mais, Milch, Schokolade sowie künstliche Farb- und Aromastoffe können oft bei Kindern Lern- oder Verhaltensprobleme auslösen. Tatsächlich können alle Lebensmittel eine allergische Reaktion auslösen. Der einzige Weg, um festzustellen, daß bei einem Kind eine zerebrale Lebensmittelallergie vorliegt, ist, die bisherige Ernährung völlig zu ersetzen und das Verhalten des Kindes genau zu beobachten.

Dr. William Crook, ein in Amerika landesweit anerkannter Kinderarzt und Allergologe, führte eingehende Untersuchungen auf dem Gebiet der „versteckten" zerebralen Allergien durch, unter denen viele Kinder leiden. Diese können Müdigkeit, Reizbarkeit, eine ständig verstopfte Nase, Kopf-, Magen- und Gliederschmerzen, Blässe, Ringe unter den Augen, Bettnässen, Darmstörungen, Verhaltens- und Lernschwierigkeiten hervorrufen. Dr. Crook hat nachgewiesen, daß Lebensmittelallergie-Tests nicht immer einen Hinweis auf eine vorhandene Allergie geben können und daß eine Auswahldiät die einzige Möglichkeit ist, um tatsächlich vorhandene versteckte Allergien mit Sicherheit festzustellen.

Dr. Crook empfiehlt für den Anfang eine Auswahldiät, bei der Milch, Schokolade und koffeinhaltige Getränke gemieden werden sollen. Sind daraufhin keine Besserungen zu erkennen, empfiehlt er, eine Woche lang alle Lebensmittel zu vermeiden, die bisher mehr als ein- oder zweimal in der Woche gegessen wurden, einschließlich Zucker, Milch, Eier, Weizen, Mais, Schokolade, Zitrusfrüchte, und alle Lebensmittelfarben sowie sonstige Farbstoffe.

Bei einigen Kindern wird es wahrscheinlich zu „Entzugserscheinungen" kommen, sie werden vielleicht während der ersten zwei, drei Tage schlecht gelaunt, müde und gereizt sein; aber nach dem fünften, sechsten oder siebten Tag sollten einige Besserungen zu erkennen sein. Einige Kinder zeigen jedoch erst dann erkennbare Besserung, wenn die Lebensmittel, gegen die sie allergisch sind, über einen Zeitraum von zwei oder drei Wochen aus ihrem Essensplan gestrichen sind.

Ein anderer amerikanischer Kinderarzt und Allergologe, Dr. Ben Feingold, hat ähnliche Ergebnisse durch die völlige Vermeidung von synthetischen Lebensmittelfarben und Aromastoffen – neben den Obst- und Gemüsesorten, die natürliche Salizylsalze enthalten – bei der Ernährung von Kindern gemacht, die extrem lebhaft und lernbehindert waren. Die Feingold-Diät ist in Amerika schon ziemlich weit verbreitet.

Betrachtet man sich die Arbeit dieser beiden Ärzte eingehend, kann man daraus folgern, daß einige Kinder allergisch auf die chemischen Zusätze in Lebensmitteln, andere auf die Lebensmittel selbst reagieren; wieder andere reagieren auf beides oder zeigen überhaupt keine allergische Reaktion. Da Allergien ein solch schwer bestimmbares und kompliziertes Phänomen sind, ist es nicht verwunderlich, daß verschiedene Personen unterschiedlich auf bestimmte Faktoren reagieren. Die Erbanlagen eines Kindes, seine allgemeine gesundheitliche Verfassung, sein seelisches Gleichgewicht, sein Alter, das Nichtvorhandensein oder Vorhandensein von Pollen, Hausstaub, Schadstoffen, Tierhaaren, Reizstoffen, mit denen der Körper in Berührung kommt, die atmosphärische Spannung, unter der das Kind lebt, die Temperatur seines bestimmten geographischen Wohnorts, all das ist ausschlaggebend dafür, ob das Kind allergische Reaktionen entwickelt oder nicht.

Es ist eine heikle Sache, sein Kind auf eine Diät zu setzen, um festzustellen, welche Lebensmittel für seine Überdrehtheit, seelischen Probleme oder für sonstige Symptome wie Bettnässen oder Magenkrämpfe verantwortlich sind. Zuerst einmal müssen Sie sich selbst innerlich darauf einstellen. Es kann über eine Woche dauern, nur darüber nachzudenken und einen Plan für die Ersatzlebensmittel aufzustellen, die Ihr Kind während einer solchen Auswahldiät zu sich nehmen darf. Da Kinder gewöhnlicherweise genau um die Sachen betteln, die sie nicht vertragen, werden sie häufig während der ersten paar Tage gereizt und unliebenswürdig erscheinen, und sie werden verbotene Sachen naschen, wenn sie irgendwie herankommen können. Daher ist es sinnvoll, die Diät zeitlich so zu planen, daß Sie oder ein anderer Erwachsener immer die Zeit dazu hat, die Diät zu beaufsichtigen, und daß gerade nichts Bedeutendes in der Welt Ihres Kindes passiert.

Es ist außerdem sehr wichtig, daß der Rest der Familie die gleiche Kost zu sich nimmt wie dieses Kind, so daß es erst gar nicht in Versuchung kommen kann, verbotene Dinge zu essen. Das Kind soll das Gefühl haben, diese Diät sei für die ganze Familie bestimmt und nicht dazu gedacht, es als Einzelperson zu bestrafen.

Sie müssen eine klare Vorstellung davon haben, welche Lebensmittel Sie tatsächlich vom Speiseplan streichen wollen und warum. Sie müssen sich auch absolut sicher sein, daß Ihnen kein Fehler unterläuft. Versuchen Sie nicht zwischen verschiedenen Auswahldiäten hin und her zu wechseln. Sie müssen sich für eine entscheiden und sie so lange durchhalten, bis Sie eine Veränderung im Verhalten Ihres Kindes feststellen, die gewöhnlich erst nach ein bis drei Wochen auftritt.

Nach einer Probezeit von sieben bis 21 Tagen, je nachdem, wann die Veränderung im Verhalten des Kindes eingetreten ist, kann jeweils ein Lebensmittel der Nahrung wieder hinzugefügt werden; jedoch sollten zwischen jeder neuen Zugabe ein bis zwei Tage liegen. Hatte sich das Verhalten Ihres Kindes nach der ersten Woche verbessert und sich dann nach der Zugabe eines bestimmten Lebensmittels wieder drastisch verschlechtert, ist dieses zumindest eines, das Ihr Kind nicht mehr essen sollte, und es sollte wieder abgesetzt werden. Die anderen Lebensmittel können dann langsam weiter, eins nach dem anderen, hinzugefügt werden. Bei jeder neuerlichen Reaktion ist das zuletzt hinzugefügte Lebensmittel zu meiden und wieder abzusetzen. Es dauert ungefähr drei Tage, bis die Spuren eines Lebensmittels vom Körper völlig abgebaut worden sind. Sie sollten daher mit der Zugabe eines weiteren Lebensmittels bis drei Tage nach einer vorangegangenen allergischen Reaktion warten.

Das Problem der Auswahldiät, die alle bisherigen Nahrungsmittel aus der Ernährung für einen bestimmten Zeitraum meidet, ist, daß sie ein Schock für die meisten Familien ist und sich gewisse Mangelerscheinungen durch Gereiztheit und hohle Augen andeuten. Ich habe festgestellt, daß es manchmal besser klappt, den Auslesevorgang aneinanderzureihen und immer nur ein bis zwei Lebensmittel auf einmal abzusetzen. Diese Methode dauert natürlich länger. So können zum Beispiel Zucker oder Milch über einen Zeitraum von ein bis drei Wochen gestrichen werden, ohne daß sich drastische Veränderungen in den Eßgewohnheiten für die Familie ergeben müssen. Die Vermeidung eines von beiden Lebensmitteln verlangt höchste Aufmerksamkeit und Vorsicht beim Einkauf von allen in Dosen, Gläsern, Päckchen und Tüten verpackten oder tiefgefrorenen Lebensmitteln. Trockenmilchbestandteile werden heute Brot, Suppen, Fleisch und anderen Lebensmitteln fast so selbstverständlich zugesetzt wie Zucker. Man muß deshalb die Etiketten und Verpackungsaufdrucke äußerst gewissenhaft lesen, um zu vermeiden, daß man unbeabsichtigt etwas ißt, worin Zucker oder Milch enthalten ist. Wenn Sie Milch abgesetzt haben, müssen Sie natürlich auch auf Käse und Käseprodukte verzichten, ebenso auf Butter, Sauerrahm, Schlagsahne, Eiskrem, Sorbets, Rahmsoßen und eine Reihe von Molkereiprodukten, die Sie vielleicht sonst gegessen haben. Die sogenannten Kaffeecreamer oder Sahneersatzstoffe und -cremes, die nicht auf Milchbasis hergestellt sind, können Kasein enthalten.Sie sollten ebenfalls nicht verwendet werden, da Kasein ein Milchprodukt ist.

Wenn Sie Eier abgesetzt haben, denken Sie daran, daß Makkaroni, sämtliche Nudelsorten, viele Soßen, einige Süßigkeiten, fertige Hackfleischmischungen, Kroketten, Eiersoßen, Eiskrems und Glasuren und viele Lebensmittelmischungen Eier oder Eipulver enthalten.

Dasselbe gilt bei Vermeidung von Mais. Meiden Sie Maissirup, Maisstärkemehl und Margarine aus Maisöl! Mais ist wahrscheinlich auch in Süßigkeiten, Getreideflocken, Limonaden, Kaugummi, Erdnußbutter, Teigwaren, Puddings, Sorbets und anderen Nahrungsmittelmischungen enthalten.

Da Colagetränke aus der Colanuß gewonnen werden, die mit der Kakaobohne verwandt ist, sollten alle Colagetränke gemieden werden, wenn auf Schokolade verzichtet werden soll. Andere Limonaden dürfen jedoch getrunken werden, Kinder können sich das daran recht einfach merken, daß „weiße" Limonaden erlaubt sind.

Manchmal reagieren Kinder allergisch auf Hülsenfrüchte, wozu Bohnen, Erbsen, Linsen, Erdnüsse und Sojabohnen zählen. Wenn Sie also Hülsenfrüchte abgesetzt haben, sollten Sie auch auf Sojakeimöl, Sojaölmargarine, Sojasoße, Erdnußbutter und alle Brot- und Gebäcksorten, Soßen und Süßigkeiten verzichten, die irgendwie Produkte aus Hülsenfrüchten enthalten.

Gewöhnlich werden auch unvermutete Lebensmittelallergien von anderen Familienmitgliedern festgestellt, wenn diese zusammen mit dem Kind ein oder zwei Nahrungsmittel über einen Zeitraum von ein bis drei Wochen absetzen. Viele Eltern, die vorher unter chronischem Schnupfen, Kopfschmerzen, Magenschmerzen oder Schlaflosigkeit gelitten hatten, fanden heraus, daß sie sich wesentlich besser fühlten, wenn sie auf Zucker, Milch oder ein anderes Lebensmittel verzichteten, das häufig zu Unverträglichkeit führt.

Hat sich das Verhalten Ihres Kindes nach einem Zeitraum von ein bis drei Wochen nicht gebessert, obwohl ein oder zwei Nahrungsmittel aus seiner Ernährung gestrichen worden sind, wobei Sie mit Gewißheit sagen können, jedes Etikett eines industriell hergestellten Lebensmittels sorgfältig gelesen zu haben, und sicher sind, daß Ihr Kind nicht von verbotenen Dingen genascht hat, wenn Sie einmal außer Sichtweite waren, dann können Sie die gemiedenen Dinge der normalen Kost wieder hinzufügen und dafür ein paar andere weglassen.

Wenn Sie alle Lebensmittel nacheinander weggelassen haben, die möglicherweise für eine Allergie verantwortlich sein können, und auch alle künstlichen Lebensmittelfarben und Aromastoffe gemieden haben, sich aber das Verhalten Ihres Kindes trotzdem nicht geändert hat, sollten Sie eine Auswahldiät anwenden, bei der alle bisherigen Nahrungsmittel auf einmal abgesetzt werden und nicht erst nach und nach. Es kann nämlich sein, daß Ihr Kind allergisch auf verschiedene Lebensmittel reagiert und sich sein Verhalten nicht verbessert, solange nur ein Lebensmittel abgesetzt wurde, während andere noch verabreicht werden. In der Regel ist es einfacher für eine Familie, eine völlige Auswahldiät zu überstehen, nachdem sie vorher schon Erfahrungen gemacht hat, auf ein, zwei Lebensmittel über einen bestimmten Zeitraum zu verzichten. Sie wird an die Veränderungen des Speiseplans gewöhnt sein und nicht so sehr das Gefühl der Entbehrung haben, als wenn die Umstellung plötzlich und drastisch vorgenommen würde.

Eine Auswahldiät sollte natürlich nur dann verabreicht werden, wenn bei Ihrem Kind irgendwelche Symptome einer Lebensmittelallergie feststellbar sind. Denken Sie daran, daß sich Lebensmittelallergien nicht nur in Haut- oder Nesselausschlag äußern, sondern sie können auch die Ursache von Müdigkeit, Gereiztheit, Lernschwierigkeiten, extremer Lebhaftigkeit, Magen-, Kopf- oder Gliederschmerzen, Verdauungsstörungen, Ringen unter den Augen, Blässe, tropfenden oder verstopften Nasen, chronischen Ohrentzündungen, übermäßigem Schwitzen, Schlappheit, Nervosität und einer Menge anderer Symptome sein.

Zeigt Ihr Kind keines dieser Symptome, ist es nicht notwendig, bestimmte Lebensmittel seiner täglichen Ernährung abzusetzen, nur weil andere Kinder vielleicht eine Überempfindlichkeit gegenüber diesen Lebensmitteln zeigen. Trotzdem sollten Sie etwas tun, das Auftreten solcher Allergien verhindern zu helfen, indem Sie regelmäßig abwechslungsreiche, vollwertige Nahrung auf den Tisch bringen. Dazu gehören ganz besonders frisches Gemüse, Obst, Frühstücksflocken aus Vollkorn, mageres Fleisch, Eier, Nüsse und Kerne sowie eine ausgewogene Menge an Molkereiprodukten. Meiden Sie möglichst alle chemisch behandelten und künstlich gefärbten oder aromatisierten Lebensmittel. Schränken Sie die Menge an Zucker, Colagetränken, weißem Mehl und Fett, die Ihr Kind zu sich nimmt, stark ein. Ist Ihr Kind im großen und ganzen gesund, lernt es gut und zeigt es keine Anzeichen von gefühlsmäßigem Druck, dann wird es kaum etwas schaden, wenn es manchmal eine Cola trinkt oder eine Waffeltüte mit knallrot gefärbtem und mit Zuckerrohrsirup gesüßtem Eiskrem ißt, außer daß vielleicht das Kariesrisiko für die Zähne steigt. Bestünde die Ernährung unsinnigerweise nur aus diesen Dingen, wäre das ganze bestimmt gesundheitsschädlich.

Um mehr über Allergien zu erfahren, sollten Sie sich in Ihrer Stadtbücherei oder Buchhandlung nach Büchern zu diesem Thema erkundigen. Es kann sehr hilfreich sein, ein Buch zu diesem Thema gelesen zu haben.

Essen hat etwas mit Freude zu tun, nicht mit Schimpfen

Wieviel ein Kind ißt, ist oft der Auslöser für einen Streit zwischen dem Kind und seinen Eltern, und häufig wird das Kind sein ganzes Leben lang von diesem Konflikt verfolgt werden, was zu Gewichtsproblemen führen kann oder dazu, daß das Kind nie lernt, Essen zu genießen. Die Zwangsvorstellung, daß ein Kind zu viel oder zu wenig ißt, gab es vermutlich nicht, als die Kinder noch so lange gestillt wurden, bis das nächste kam. Dann aß das erste bei Tisch so viel oder so wenig, wie es wollte. Ein Imbiß zwischen den Hauptmahlzeiten bestand seinerzeit wahrscheinlich selten aus einer appetithemmenden Süßigkeit. Man traute den Kindern zu, für sich selbst zu entscheiden, wieviel und was sie essen wollten.

Dadurch, daß das Füttern mit der Flasche so beliebt wurde, konnten die Mütter plötzlich nachvollziehen, wieviel Zentiliter ihr Baby getrunken hatte, und so fingen sie an, miteinander zu wetteifern.

In der Tat kann ein Baby, das gestillt wird, fünf Minuten damit zubringen, Milch zu trinken, ungefähr die Menge von zwanzig Zentilitern, während es noch einmal zehn Minuten nur so aus Spaß an der Brust der Mutter herumnuckelt. Die Mutter merkt dabei gar nicht, wann das Kind keine Milch mehr saugt. Aber wenn eine Mutter ihrem Kind das Fläschchen mit fünfundzwanzig Zentilitern füllt und das Baby nur seine zwanzig Zentiliter trinkt, wird die Mutter instinktiv versuchen, das Baby zu ermuntern, die restlichen fünf Zentiliter auch noch zu trinken, weil sie glaubt, daß mehr auch besser ist.

Hier werden die Voraussetzungen für zukünftige Streitereien geschaffen; denn die Mutter versucht, dem Kind die Größe seines Magens und die Essensmenge, von der es satt wird, vorzuschreiben. Kinder, die solche Mütter haben, lehnen sich gewöhnlich auf und entwickeln absonderliche Vorlieben für bestimmtes Essen, sie übergeben sich häufig, wenn sie gezwungen werden, etwas Unbekanntes zu essen. Diese Kinder können dann die Mahlzeiten durch ihre Quengelei für die ganze Familie so unerfreulich gestalten, daß man sich wünscht, sie hielten einfach den Mund und würden gar nichts essen.

Ich erinnere mich an einen vierjährigen Jungen, der die ganze Zeit nichts weiter als gebratene Hühnerbeine und Bratkartoffeln mit einer Scheibe Weißbrot essen wollte. Er aß keine Hühnerbrust, keine Flügel und kein anderes Teil vom Hühnchen. Er mochte keinen Kartoffelbrei, keine Salzkartoffeln und keine gebackenen Kartoffeln, und er aß kein getoastetes Brot. Er schrie jedesmal vor Wut und Enttäuschung, wenn er nicht zu jeder Mahlzeit diese drei Dinge vorgesetzt bekam. Trotz eindringlicher Bitten, Drohungen, kleiner Bestechungsversuche oder Bestrafungen von seiner verstörten und zornigen Mutter wollte er nichts anderes essen.

Jede Mahlzeit war erfüllt von Kämpfen, Schreien und Tränen, und manchmal ging der Junge hungrig zu Bett, weil seine Mutter sich weigerte, seine Lieblingsspeise zu kochen, und er sich weigerte, etwas anderes zu essen. Ihre Streitereien wegen des Essens waren für beide aufreibend und durchdrangen ihr ganzes Verhältnis. Zwischen den Mahlzeiten starrten sie sich beide wütend an, waren ständig gereizt und überempfindlich, als warteten sie förmlich auf den nächsten Knall.

Auf meinen Vorschlag hin briet die Mutter eine größere Menge Hühnerbeine und fror diese ein. Sie bereitete außerdem Bratkartoffeln vor und fror sie portionsweise ein. Zu jeder Mahlzeit taute sie nun ein Hühnerbein und eine Portion Bratkartoffen auf, machte sie warm und setzte sie ihrem Sprößling mit einer Scheibe Weißbrot vor. Sie machte keine Bemerkung, bereitete sich etwas anderes zu, setzte sich zu ihm, und beide aßen still. Vor dem Abendessen suchte sie eine Schallplatte aus, die sie während des Essens hören wollten. Ihr Sohn half ihr sogar beim Aussuchen. Sie aßen gemeinsam, hörten auf die Musik, und fortan gab es keinen Streit mehr über die Lieblingsspeise des Jungen.

Nach ungefähr einer Woche fragte der Junge eines Abends, ob er einen Happen von ihren Makkaroni mit Käse haben könnte. Sie gab ihm ohne Kommentar eine kleine Portion, die er gierig aß. (Wahrscheinlich hatte er zu diesem Zeitpunkt gebratene Hühnerbeine und Bratkartoffeln so satt, daß er auch gebratene Bierdeckel versucht hätte.) Bei der nächsten Mahlzeit bat er um ein wenig Dörrobst von ihrem Teller. Wieder gab ihm die Mutter davon ab, ohne irgendwelche Bemerkungen oder Vorschläge zu machen. Sie drängte ihn auch nicht, mehr davon zu essen.

Von diesem Zeitpunkt an fragte er seine Mutter bei jeder Mahlzeit, ob er etwas von ihrem Teller haben könne, bis sie schließlich sagte: „Ich gebe dir etwas auf deinen Teller." Sie gab ihm eine kleine Portion auf seinen Teller, die er glücklich aufaß. Darüber vergaß er sein Hühnerbein und seine Bratkartoffeln völlig.

Beim nächsten Abendessen bereitete sie zwei Teller für ihn vor, einen mit dem gebratenen Hühnerbein und Bratkartoffeln und einen mit dem, was sie für sich gekocht hatte, nur eine kleinere Portion. Sie zeigte ihm beide Teller und fragte: „Was möchtest du lieber essen?" Wahrscheinlich erleichtert darüber, daß er endlich seinen Speiseplan ändern konnte, wollte er lieber essen, was seine Mutter aß. Ihr Streit von früher kam nie wieder auf.

Dies war ein ziemlich extremer Fall; denn es kommt darauf an, daß man mit Freude ißt und auch, um Nährstoffe zu sich zu nehmen, nicht aber, um einem anderen einen Gefallen zu tun. Wenn Ihr Kind täglich nach seiner Lieblingsspeise schreit, die nährstoffreich ist und in größeren Mengen vorbereitet und portionsweise serviert werden kann, dann geben Sie ihm in Gottes Namen dieses Essen. Solange sein gesamter Nährstoffbedarf gedeckt ist, seien Sie nicht beunruhigt, daß Ihr Kind geradezu fanatisch immer nur nach seiner Lieblingsspeise verlangt. Selbst wenn seine Ernährung an einem Tag einmal nicht ausgewogen ist, wird sie wahrscheinlich insgesamt über einen Zeitraum von ein paar Tagen ausgewogen sein, wenn nur regelmäßig Fleisch, Eier, Gemüse, Obst, Getreide- und Molkereiprodukte dazugehören und Speisen aus Schnellrestaurants und Fertigprodukte gemieden werden.

Umgekehrt sollten Sie jedoch nicht so sehr an einem Gericht festhalten, das Sie gerne essen, und machen Sie Ihre Kinder nicht unglücklich damit, daß Sie sie zwingen, es zu essen. Ihre Lieblingsspeise mag das nährstoffreichste Gericht der Welt sein; aber wenn Ihre Kinder es hassen, ist (fast) alles, was sie lieber mögen, eine weitaus bessere Wahl.

Ich habe einmal eine Frau gekannt, die ihre Kinder regelmäßig mit einem Gürtel schlug, weil sie es ablehnten, zum Frühstück Haferschleim zu essen. Die Kinder hätten lieber Müsli gegessen; doch ihre Mutter meinte, sie müßten essen, was auf den Tisch käme, ganz gleich, ob sie es mögen oder nicht. Also kochte sie jeden Morgen Haferschleim, ihre Kinder ließen ihn jeden Morgen stehen, und die Mutter ließ die Kinder sich dann in Reih und Glied aufstellen. Sie mußten ihre Hosen herunterziehen, die Hände an die Fußknöchel legen, während sie ihnen dann selbstgerecht mit einem breiten Ledergürtel den Hintern versohlte. Es ist scheinbar unglaublich, daß man in einer Familie auf ein so gestörtes und unreifes Verhalten trifft; doch tatsächlich gibt es viele Familien, in denen die Ernährung der Kinder ein derartiger Streitpunkt ist, daß den Kindern ständig Schaden zugefügt wird. Dabei ist es aber immer so, daß die Eltern, die ihre Kinder wegen ihrer Eßgewohnheiten so schlecht behandeln, das in dem Glauben tun, sie seien gute Eltern und ihr einziges Interesse richte sich auf eine gesunde Ernährung ihrer Kinder.

Einige Kinder werden gezwungen, so lange am Tisch sitzen zu bleiben, bis sie alles aufgegessen haben, auch wenn das manchmal stundenlang dauern kann. Zum Schluß erbrechen sie dann das Essen, sobald sie es einmal verschluckt haben. Andere Kinder müssen nicht so lange bei Tisch sitzen bleiben, bis sie alles aufgegessen haben, aber sie bekommen ihre Tischreste immer wieder vorgesetzt, bei der nächsten und der übernächsten Mahlzeit, bis sie sie aufgegessen haben.

Einmal habe ich ein Mädchen kennengelernt, das keine Leber mochte. Die Kleine bekam zu mehreren Mahlzeiten immer wieder die gleiche kalte, gräßliche Leber vorgesetzt, bis sie sie schließlich unter bebendem Schluchzen hinunterwürgte und gleich wieder erbrach. Erst dann durfte sie wieder essen, was sie wollte. Sie wußte aber, daß es einmal in der Woche Leber gab und daß sie sie essen mußte, sonst würde sie ihr wieder so lange vorgesetzt, bis sie sie endlich aufessen würde. Ihre Mutter war der Meinung, sie würde für die richtige Ernährung sorgen, wenn sie ihre Tochter zwang, die verhaßte Leber zu essen. Sie wußte, daß Leber viel Eisen und Vitamin B enthält. Aber sie machte ihre eigene gute Absicht zunichte, indem sie ihre Tochter zum Essen zwang. So war es nicht verwunderlich, daß die Tochter zahlreiche krankhafte Essensängste entwickelte und unter gefährlicher Unterernährung litt.

Viele Eltern gebrauchen die Strategie des „Du hast alles aufzuessen, was du dir auf den Teller gefüllt hast!" in der irrigen Meinung, sie könnten den Kindern so etwas über Tischsitten, Sparsamkeit oder Vorausplanung beibringen. Das sind genau die gleichen Eltern, die ihren Kindern von den verhungernden Menschen in Indien oder Bangladesch erzählen und versuchen, ihnen Schuldgefühle einzuimpfen, damit sie ihren Teller leer essen. Tatsächlich bestrafen sie ihre Kinder jedoch nur dafür, daß sie sich ohne Rücksicht auf andere mehr genommen haben, als sie wirklich essen können, und daß sie den anderen so etwas wegnehmen. Ein wesentlich besserer Weg, Kinder von diesem Verhalten abzubringen, ist ganz einfach, sie davon abzuhalten, sich mehr als eine vernünftige Portion auf den Teller zu füllen, und ihnen zu versprechen, daß sie so viel Nachschlag haben können, wie sie möchten.

Einige Eltern, die sich unsicher fühlen, identifizieren sich mit dem Essen, das sie zubereiten. Wenn ihre Kinder es wagen sollten, das Essen zurückzuweisen, fühlen sie sich selbst auch zurückgewiesen. Deshalb bestehen sie darauf, daß ihre Kinder ihren Teller leer essen, um als Eltern akzeptiert zu werden. Wahrscheinlich hatten die meisten dieser Eltern selbst Eltern, die sie wiederum gezwungen hatten, den allerletzten Bissen vom Teller aufzuessen.

Es gibt andere fehlgeleitete Eltern, die mit ihren Kindern kleine alberne Spielchen spielen, damit sie mehr essen sollen, als sie eigentlich wollen oder brauchen. Sie erzählen ihren Kindern: „Der Weihnachtsmann beobachtet dich, um zu sehen, ob du auch genug ißt", oder „Das Christkindchen schaut durch das Fenster", oder „Gott möchte, daß du viel ißt, damit du groß und stark wirst", oder sie spielen „Einen Löffel für Papa, einen Löffel für Mama ...". Selbstbewußtere Kinder würden ihren Eltern am liebsten das Essen vor die Füße werfen und von ihnen ihren eigenen Magen und Appetit zurückfordern; statt dessen sitzen sie duckmäuserisch, verstört und unglücklich bei Tisch. Sie entwickeln dabei emotionale Sperren gegenüber einem normalen Genuß am Essen, die sie zumeist ein Leben lang verfolgen. Fettleibigkeit, Hungerkuren, außergewöhnliche Vorlieben für bestimmte Speisen und eine Menge von Verdauungsproblemen können gewöhnlicherweise direkt auf ein solches unsinniges Essensdrama in der Kindheit zurückgeführt werden.

Wenn wir endlich die Ernährung als das betrachten würden, was sie eigentlich ist, nämlich die Quelle unseres täglichen „Kraftstoffs" für den Körper und auch eine Quelle körperlicher und seelischer Zufriedenheit, werden wir eine Menge gegen die Fülle der kleineren Probleme tun können, die Kinder und Erwachsene mit dem Essen haben, ganz zu schweigen von den größeren Problemen wie extremer Lebhaftigkeit und Lernschwächen.

Die erste Nahrung haben wir fast alle zu uns genommen, während wir im Arm gehalten und gestreichelt worden sind, deshalb bringen wir Nahrungsaufnahme immer mit Liebe und Sicherheit in Verbindung. Daher ist es außerordentlich wichtig, Mahlzeiten zu etwas Angenehmem zu machen und das zu bewahren. Dabei sollten so wenig wie möglich Strafpredigten über die Manieren bei Tisch gehalten werden. Es ist aber genauso wichtig, daß Kinder erfahren, daß die Mahlzeiten auch für Erwachsene eine angenehme Angelegenheit sein sollen. Kinder sollten lernen, bei Tisch nicht zu zeigen, wie gut sie rülpsen können, oder ihre Geschwister nicht unter dem Tisch zu treten. Anstatt sich das Essen durch Bestrafungen oder lange Predigten zu verderben, sollte man lieber zu verstehen geben, daß derjenige, der diese unliebsamen Geräusche von sich gibt oder die gymnastischen Höchstleistungen vollbringt, wohl keinen Hunger hat und doch lieber den Tisch verlassen sollte. Wenn er wirklich hungrig ist, dann wird er schon von selbst darauf kommen und sich ganz ruhig am Tisch niederlassen. Wenn er nicht hungrig ist, sollte er auch nicht zum Essen gezwungen oder am Tisch festgehalten werden.

Wenn Babyspeck nicht verschwinden will

Während wir über die typischen Probleme der Eltern sprechen, die versuchen, ihre Kinder zu mästen, sollten wir nicht diejenigen vergessen, die völlig enttäuscht sind, daß sie ihren Kindern nicht helfen können abzunehmen. Die meisten Kinder sind deshalb übergewichtig, weil sie mehr Kalorien zu sich nehmen, als sie durch ihre Bewegung verbrauchen. Jede Kalorie, die nicht durch Bewegung verbrannt wird, lagert sich in dem Körper des Kindes als Speck ab. Ein übergewichtiges Kind schleppt nicht nur unnötiges Fett mit sich herum, sondern es entwickelt eine Neigung zur Fettleibigkeit, die es sein ganzes Leben lang begleiten wird.

Viele Fachleute versuchen bei übergewichtigen Kindern eher das Gewicht eines Kindes zu halten, als daran zu arbeiten, daß das Gewicht abnimmt. Ihre Grundidee ist ganz einfach: ein Kind mit 1,20 Meter Größe und 40 Kilogramm wird noch wachsen, und bei einer Größe von 1,50 Meter sind die 40 Kilogramm dann angemessen. Deshalb sollte die Ernährung für ein fettleibiges Kind den Zweck haben, eine weitere Gewichtszunahme zu verhindern, anstatt zu einem Gewichtsverlust zu führen.

Ein Ernährungswissenschaftler könnte eine Diät zusammenstellen, die speziell auf das Alter, das Gewicht und die Größe des Kindes abgestimmt ist; doch Sie können selbst kaum etwas verkehrt machen, wenn Sie sich an eine Ernährung halten, die sich aus vernünftigen Mengen an magerem Fleisch, frischem Obst und Gemüse, Vollkornprodukten und aus kleineren Mengen Eiern und Molkereiprodukten zusammensetzt. Es ist ziemlich unmöglich, bei einer Ernährung zuzunehmen, die kein weißes Mehl und keinen raffinierten Zucker enthält, solange die anderen Nahrungsmittel in vernünftigen Mengen gegessen werden.

In sehr seltenen Fällen kann es vorkommen, daß ein Kind weiter zunimmt, obwohl es nur ein Minimum an Kalorien zu sich nimmt. Wenn das Kind keine Hormonstörungen hat und auch sonst gesund ist, kann eine solche außergewöhnliche Gewichtszunahme auf das Fehlen eines bestimmten Enzyms zurückzuführen sein, das die Umwandlung von Nahrung in Energie regelt. Der Bostoner Mediziner Dr. Jeffrey Flier und seine Mitarbeiter arbeiten zur Zeit an einem Projekt, dieses Enzym synthetisch herzustellen. Damit könnte den unglücklichen Menschen, denen es nicht möglich ist, ihr gewünschtes Gewicht durch eine Diät zu erreichen, durch eine chemische Substanz geholfen werden. Bis es aber diese Hilfe aus dem Labor geben wird, müssen sich übergewichtige Kinder und Erwachsene weiterhin auf körperliche Ertüchtigung und eine Ernährung mit einem Mindestmaß an Kalorien verlassen, um bei guter Gesundheit zu bleiben.

Ich kann nicht genug betonen, wie ungeheuer wichtig es für Sie als Eltern ist, der Ernährung im Leben Ihrer Kinder einen positiven und gesundheitsfördernden Platz einzuräumen. Der Verstand eines Kindes entwickelt sich entscheidend in den ersten beiden

Lebensjahren; danach entwickelt er sich noch über mehrere Jahre weiter. Fehlen jedoch in diesen frühen Jahren die notwendigen Nährstoffe, die für das optimale Wachstum des Geistes benötigt werden, so wird es später nie mehr die Möglichkeit geben, volles Wachstum von Hirnzellen nachzuholen. Das Kind wird unter Umständen nicht in der Lage sein, seine vollständige intellektuelle, soziale und emotionale Kraft zu entfalten. Deshalb ist es für Ihr Kind lebenswichtig, daß Sie ihm gute nährstoffreiche Nahrung anbieten, damit es sich so gut wie möglich entwickeln kann. Während dieser ersten entscheidenden Entwicklungsjahre ist es für Ihr Kind viel wichtiger, vollwertige Ernährung zu bekommen, als schöne Kleidung oder buntes Spielzeug zu besitzen. Wenn Sie also mit dem Geld sorgfältig haushalten müssen, lassen Sie Ihr Kind mit selbstgemachtem Spielzeug spielen und abgelegte Kleidung tragen, und geben Sie von Ihrem Haushaltsgeld, soviel Sie können, für vollwertige Nahrungsmittel aus.

Genauso wichtig ist es, daß Sie die Mahlzeiten in einer ruhigen und vernünftigen Weise auf den Tisch bringen, in einer Atmosphäre von Liebe und Verständnis, so daß das Essen auf gesunde Weise angenommen und gegessen werden kann. Wenn Sie nährstoffreiche Lebensmittel einkaufen und zubereiten und dann später eine Atmosphäre schaffen, die dazu führt, daß Ihr Kind den Appetit verliert oder eigenartige Abneigungen gegenüber bestimmten Gerichten entwickelt, hat das zur Folge, daß Sie ihre eigenen guten Absichten zunichte machen und sich Probleme schaffen, die es nicht zu geben braucht.

Es ist nicht nötig, Essen zur Glaubensfrage zu machen; aber wenn die Mahlzeiten fröhlich verlaufen, mit lächelnden Gesichtern, mit freundlichen Unterhaltungen, und wenn das Essen so einfach und unbehandelt wie möglich ist, wird es für Kinder und ihre Eltern weniger seelische Probleme und weniger Lernschwierigkeiten geben. Es besteht wirklich kein Grund, warum unsere Wohlstandsgesellschaft nicht dazu in der Lage sein sollte, dieses Grundbedürfnis im Leben jedes Kindes sicherzustellen.

Im Anfang lieben Kinder ihre Eltern einfach;
wenn sie älter werden, urteilen sie über sie;
manchmal vergeben sie ihnen auch.

Oscar Wilde

Kapitel vier

Bleiben Sie ganz ruhig: Alle Kinder stehlen

Lassen Sie mich Ihnen zu Anfang eine wahre Geschichte erzählen. Es war einmal ein kleiner Junge, er war etwa vier Jahre alt und sehr liebevoll und empfand gegenüber jedermann große Zuneigung. Er fand es ganz toll, wenn er seinen Eltern oder seinem älteren Bruder kleine Geschenke machen konnte, und bastelte, zeichnete, formte und malte stundenlang an seinen Kunstwerken in seinem Zimmer, um sie dann zu verschenken. An einem Herbsttag, als er mit seiner Mutter in einem Kaufhaus bummeln ging, kamen sie an einem Stand mit protzigem Modeschmuck vorbei. Die bunten Glasscherben und falschen Diamanten glänzten und glitzerten. Der Junge war völlig hingerissen und zeigte aufgeregt auf eine besonders protzige Brosche und sagte zu seiner Mutter: „Mami, schau mal, ist das nicht schöööön?" Seine Mutter stimmte ihm freundlich zu, mehr, um nicht seine Gefühle zu verletzen, und zog ihn dann schnell in eine andere Ecke des Ladens. Im stillen wunderte sie sich nur über die Scheußlichkeit dieser grellbunten Steine.

Es vergingen einige Wochen, und die Mutter hatte die Auslage mit dem scheußlich-schönen Modeschmuck völlig vergessen, bis zum Heiligabend. Dann öffnete sie ein ungeschickt eingewickeltes Geschenkpäckchen von ihrem Jüngsten. Seine Augen funkelten dabei so strahlend wie die bunten Glasscherben der Brosche, und er rief ganz aufgeregt: „Die habe ich für dich mitgenommen, Mami, und du hast es nicht gemerkt!"

Mit einem Gefühl völliger Niedergeschlagenheit machte sich die Mutter klar, daß sie soeben die Empfängerin eines „heißen" Schmuckstücks geworden war. Während ihr Gefühl für Ehrlichkeit ihr sagte, daß sie ihn wegen des „Diebstahls" ausschimpfen sollte, wußte sie, daß er sich überhaupt keines Unrechts bewußt war. Sie konnte nur mit leisem Stolz bewundern, daß er in der Lage gewesen war, die Brosche vor ihr über Wochen zu verstecken, daß er sein Geheimnis nicht preisgegeben hatte und daß er eine solche Findigkeit und Selbstkontrolle hatte. Das Herz wäre ihr zersprungen, wenn sie das Gefühl seiner Zuneigung und Freude dadurch zerstört hätte, wenn sie das Geschenk zurückwies. Als letzter Ausweg erschien ihr, den Jungen herzlich zu küssen, sich die Brosche anzustecken und stolz zu Weihnachten zu tragen und nach den Feiertagen in das Kaufhaus zu gehen, dem Geschäftsführer alles zu erklären und die Brosche nachträglich zu bezahlen.

Heute, 30 Jahre später, liegt die Brosche noch immer mit ihrem protzigen Glanz in der mit Watte ausgepolsterten Schachtel in der Schublade meiner Frisierkommode.

Wenn Eltern entdecken, daß sie einen kleinen Dieb in ihrer Mitte beheimaten, reagieren sie gewöhnlich mit Ärger, Schuld und Furcht. Eltern, die selbst einen Pfennig zuviel Wechselgeld zurück in den Laden bringen, merken, daß sie einen Jungen haben, der ohne Schuldgefühle plündert und direkt aufs Gefängnis zusteuert. Dagegen regen sich solche Eltern, die bei zuviel herausgegebenem Wechselgeld ganz ruhig sind oder ein wenig an ihrer Einkommensteuererklärung herumbasteln, ganz schrecklich über ihren kleinen Ladendieb auf.

Ich erinnere mich an eine Mutter, die erzählte, wie sie mit ihrem sechsjährigen Sohn aus einem Supermarkt gekommen war und bemerkte, daß ihr Sohn irgend etwas unter seiner Jacke versteckte. Sie erinnerte sich daran, daß er in der Spielwarenabteilung gefragt hatte, ob sie ihm ein Buch kaufen würde. Mißtrauisch fragte sie ihn, ob er das Buch mitgenommen habe. Der Junge stritt es ab. Zu Hause angekommen, lief er sofort in sein Zimmer und schloß die Tür. Jetzt war die Mutter erst recht alarmiert und ging in sein Zimmer. Sie sagte ihm, daß sie ihn nicht bestrafen würde, wenn er zugebe, das Buch genommen zu haben. Sie würde ihn aber ganz bestimmt bestrafen, wenn er es genommen habe und es nicht zugeben würde. Mit weit aufgerissenen Augen und einem Unschuld beteuernden Protestgeschrei erklärte er seiner Mutter, daß er wirklich kein Buch habe. Die Mutter, die sich vorkam wie ein Spitzel, sah unter dem Bett nach und fand, wie erwartet, das gestohlene Buch.

Mit wachsender Wut und Abscheu schnappte sie sich ärgerlich Kind und Buch, fuhr zu dem Supermarkt zurück und brachte ganz selbstgerecht den Jungen dazu, sich bei dem Filialleiter zu entschuldigen und das Buch zurückzugeben. Sie fuhr ziemlich betroffen nach Hause und erzählte dem Jungen die ganze Fahrt über, daß man so etwas nicht tue. Wieder zu Hause, fühlte sie sich schon erheblich erleichtert. Sie wollte gleich ein ausgiebiges heißes Bad nehmen und sich einen kühlen Drink genehmigen, um den ganzen Vorfall zu vergessen. Zu ihrem blanken Entsetzen fiel dem Jungen ein gestohlenes Spielzeug aus der Jacke, als er aus dem Auto stieg.

„Ich schämte mich einfach viel zu sehr, um noch einmal zu dem Supermarkt zurückzufahren", sagte sie bedauernd, als sie die ganze Geschichte schilderte, „und ich war zu nachgiebig, um ihn richtig zu bestrafen. Schließlich habe ich meinen Mann angerufen, geweint und ihm gesagt, daß unser Sohn ein Dieb sei. Ich habe ihm vorgeworfen, daß es alles nur seine Schuld sei, weil er so selten zu Hause war. Ich habe dieses Spielzeug nie wieder gesehen. Vielleicht hat er es weggeworfen oder auch verloren. Ich weiß bis heute nicht, was ich damals mit dem Jungen hätte unternehmen sollen."

Da ihr Sohn mittlerweile Student an einem College geworden war, der alle Kennzeichen eines ehrlichen, verantwortungsbewußten, gewissenhaften Mitglieds der Gesellschaft hatte, war es wohl nicht mehr nötig, daß sie etwas mit dem Jungen unternahm. Aber ihre Verwirrung über das, was fünfzehn Jahre zuvor passiert war, war noch immer lebendig. Es war die typische Verwirrung, das Gefühl ihrer eigenen Unzulänglichkeit und ihrer Fehler, die alle Eltern in ähnlichen Situationen empfinden.

Was heißt hier Eigentum?

Tatsächlich stehlen fast alle Kinder einmal irgend etwas, und die meisten Kinder stehlen verschiedene Dinge sogar verschiedene Male. Deshalb ist es ein normales Verhalten, das in der Kindheit auftritt und kein Anzeichen für eine spätere Mißachtung aller Gesetze darstellt. Trotzdem wird ein Kind nur dann verstehen, daß

Stehlen nicht geduldet werden kann, wenn man ihm beibringt, daß man das Eigentum anderer achten muß. Während dieser Stufe der kindlichen Entwicklung müssen die Eltern darauf achten, daß sie nicht zu leichtfertig auf das Treiben ihrer Kinder reagieren. Aber sie sollten sich gleichzeitig der Normalität der Situation bewußt sein. Eine Überreaktion kann Schuld- und Minderwertigkeitsgefühle aufkommen lassen, die vielleicht dazu führen, daß sich das Kind selbst als „Dieb" abstempelt. Wenn man das Ganze herunterspielt oder das Thema völlig unter den Teppich kehrt, kommt das Kind vielleicht noch auf den Gedanken, daß sein Verhalten hingenommen wird, und es könnte damit sogar noch weitermachen, wenn es seiner Entwicklungsstufe längst nicht mehr angemessen ist.

Um richtig reagieren zu können, müssen Sie sich zunächst vor Augen halten, was für ein Kind Eigentum und Besitz heißt. Für ein zweijähriges Kind gibt es kein Eigentum anderer, weil es der festen Überzeugung ist, daß alles in der Welt ihm gehört. Das Kind wird ungehalten schreien, wenn ein anderes Kind etwas in der Hand hat, das unser Kind gerne haben möchte. Daß das andere Kind seine eigene Puppe in der Hand hält, ist unserem Kind völlig egal, und es ist fest davon überzeugt, daß sein Eigentumsrecht aufs schwerste beeinträchtigt wird, wenn man ihm nicht seinen Willen läßt. In diesem Alter hat es so viel mit Diebstahl zu tun, einem anderen etwas wegzunehmen, wie es Diebstahl ist, wenn Sie Ihren eigenen Gartenrechen im Hof herumliegen sehen und ihn abends in die Garage stellen.

Ihr kleiner Tolpatsch glaubt vielleicht, die Spielsachen der anderen Kinder gehörten ihm, wenn Sie ihn dann nur anlächeln und weitermachen lassen, während er einem anderen etwas wegnimmt. So werden Sie seine normale Entwicklung hemmen. Genauso werden Sie seine Entwicklung hemmen, wenn Sie Ihr Kind in der gleichen Situation schlagen oder anschreien, daß Sie es bestrafen werden für ein Verhalten, das für einen Zweijährigen absolut normal und angemessen ist.

Sie können beginnen, Ihrem Kind zu erklären, was Eigentum heißt, indem Sie ihm das gewünschte Spielzeug freundlich, aber entschlossen aus der Hand nehmen und ihm sagen: „Ich weiß, daß du gerne diese Schaufel hättest, aber sie gehört Joachim." Weil Ihr Kind nun versuchen wird, auf Joachim loszugehen, um seine

Schaufel zurückzuholen, täten Sie gut daran, es auf den Arm zu nehmen, sobald Sie Joachim das Spielzeug zurückgegeben haben. So vermeiden Sie ein Tauziehen und ersparen sich einigen Ärger.

Sie können sicher sein, daß es jetzt lautes Protestgeschrei und Tränen geben wird; aber wenn Sie rechtzeitig etwas finden, das die Stelle des anderen Spielzeugs einnehmen kann, und dabei wiederholt sagen: „Schau mal, dieses Sieb gehört dir", vermeiden Sie mit ein bißchen Glück eine längere Szene. Wenn nicht, dann machen Sie ruhig weiter, freundlich, aber bestimmt, zählen Sie Ihrem Kind ein paar seiner Spielsachen und ein paar Spielsachen seiner Freunde auf: „Schau, dieser Trecker gehört Andreas, der Ball hier gehört Susi, das Auto gehört Stefan." Sie können eher damit rechnen, öfter solche Erlebnisse zu haben, als daß Ihr Kind in der nächsten Zeit ein Verhältnis zu dem Eigentum anderer entwickelt; aber Sie sollten so weitermachen und sich nicht in Ärger oder Apathie flüchten.

Wenn Ihr Sprößling so etwa vier Jahre alt ist, wird er begreifen, daß verschiedene Spielsachen verschiedenen Kindern gehören. Aber er wird immer noch das Gefühl haben, daß ihm diese Dinge gehören, wenn er sie in seinem Besitz hat. Er wird dann nicht mehr versuchen, die Sachen, die er gern haben möchte, so unverhohlen aggressiv in Besitz zu nehmen, aber auch nur, weil die Erwachsenen ihn davon abhalten würden. Daher nimmt ein Vierjähriger heimlich das Spielzeug eines anderen Kindes mit und spielt zu Hause ganz offen damit. Er glaubt jetzt, daß es ihm gehört, daß er es ganz „ehrlich und anständig" erworben hat. Er wird sehr erstaunt und verletzt sein, wenn Sie verlangen, daß er die Sachen ihrem rechtmäßigen Eigentümer zurückgeben soll.

Auch hier hat es keinen Zweck, wütend oder aufgeregt zu werden. Begleiten Sie Ihr Kind einfach, wenn es die Sachen zurückgibt, und sagen Sie ihm: „Ich weiß, daß du gerne so einen schönen Ball haben möchtest, aber dieser Ball gehört nun einmal Tobias. Vielleicht bekommst du einen solchen Ball zum Geburtstag, und dann hast du einen, der dir gehört."

Da es einem Vierjährigen aber herzlich schwerfällt, zwischen Wunschdenken und Wirklichkeit zu unterscheiden – darüber wird noch im Kapitel über das Lügen zu sprechen sein –, kann es vorkommen, daß er Ihnen ungehalten entgegnet: „Das is' aber mein

Ball!" Versuchen Sie wieder bestimmt, aber mit guter Laune zu wiederholen: „Du hättest gerne, daß es dein Ball wäre, aber der gehört Tobias."

Wenn er sechs Jahre alt ist, hat er gelernt, daß er bestimmte Sachen gut verstecken muß, die er anderen weggenommen oder in einem Laden mitgenommen hat. Er wird weiter verwirrt und verletzt reagieren, wenn man ihn dafür bestraft, daß er etwas weggenommen hat, das anderen Leuten gehört. Er wird sehr wahrscheinlich abstreiten, daß er etwas weggenommen hat, wenn Sie ihn damit konfrontieren. Er hat nämlich immer noch eine recht unbestimmte Vorstellung von Eigentum. Ihr Kind bemerkt, daß seine Eltern sich furchtbar darüber aufregen, wenn er Dinge mit nach Hause bringt, die nicht dorthin gehören; aber er versteht noch immer nicht genau, warum es nicht in Ordnung ist, daß er sich einfach Dinge aneignet, die er gerne haben möchte.

In diesem Alter wird er häufig kleine Dinge wegnehmen, die leicht in seine Tasche passen: Schulkreide, ein Püppchen aus der Puppenstube einer Freundin, ein Markstück, ein Modellauto oder ähnliche Dinge. Sie werden sie früher oder später beim Waschen aus den Hosentaschen herauskramen können. Wenn Sie ihn dann fragen, woher die Gegenstände stammen, wird er höchstwahrscheinlich gekonnt antworten: „Weiß ich nicht", oder er wird sagen: „Klaus hat es mir gegeben", oder „Hab' ich auf dem Bürgersteig gefunden", oder etwas ähnlich Unbestimmtes. Da ein Kind in diesem Alter auch seine Probleme damit hat, zwischen Vorstellungskraft und Erinnerung zu unterscheiden, glaubt er ganz bestimmt, was er Ihnen erzählt, und wird ziemlich niedergeschlagen sein, wenn Sie seine Glaubwürdigkeit auch noch in Frage stellen.

Da Sie in den meisten Fällen nicht nachprüfen können, woher diese Dinge stammen, da außerdem eine gewisse Chance besteht, daß er die Wahrheit sagt, und da darüber hinaus die Eltern seiner Freunde in den Taschen ihrer Kinder Sachen finden, die Ihrem Kind gehören, sollten Sie gelassen reagieren und ihm – im Zweifel für den „Angeklagten" – Glauben schenken. Wenn Sie aber Dinge in seinen Taschen finden, von denen Sie ohne Zweifel wissen, daß sie der Schule oder einem Freund gehören, sagen Sie fest und bestimmt, daß er sie zurückgeben muß und daß es unfair ist, anderen etwas wegzunehmen. Ob er es wohl haben möchte, daß ihm jemand sein Eigentum wegnimmt?

Im Alter von acht Jahren hört ein Kind normalerweise damit auf, Dinge mit- und wegzunehmen, die ihm nicht gehören; vielleicht gibt es nur noch einmal den einen oder anderen Ausrutscher. In diesem Alter wird das Kind mit der Miene eines geborenen Unschuldslammes und einem selbstgerechten Ausdruck der Entrüstung erzählen, daß ein anderes Kind in der Schule „geklaut" hat.

Wenn ein Junge dann zehn Jahre alt ist, hat er wahrscheinlich die gleichen Wertvorstellungen über Eigentum gewonnen, die seine Eltern haben. Dazu ist es aber erforderlich, daß seine Eltern ihm geduldig den richtigen Weg zeigen.

Wie zeigen Sie ihm nun den richtigen Weg? Indem Sie vor allem Ihren Humor nicht verlieren und Ihrem Kind mit Achtung begegnen, wenn es von einer Entwicklungsstufe zur nächsten aufsteigt. Indem Sie ihm freundlich, aber bestimmt, immer wieder, notfalls tausendmal, sagen: „Das gehört nicht dir. Du hättest gerne, daß es dir gehört. Weißt du, etwas gehört einem, wenn man es in einem Laden gekauft und dafür bezahlt hat, oder wenn man es von jemandem geschenkt bekommt, wie zu Weihnachten oder zum Geburtstag."

Wenn Ihr Kind etwas weggenommen hat, was einem anderen gehört, dann machen Sie daraus keine Angelegenheit des Bundeskriminalamtes, und sagen Sie auch nicht so etwas Unsinniges wie: „Die Polizei kommt und steckt solche Leute wie dich ins Gefängnis", „Jesus weint jetzt, weil du etwas weggenommen hast, das dir nicht gehört", oder: „Der Teufel hat dir gesagt, das zu tun, nicht wahr?"

Machen Sie sich klar, daß das Wort „stehlen" ein abstraktes Wort ist, das für ein Kind unter sechs Jahren keinerlei Bedeutung hat, und selbst für ein älteres Kind ist es nur ein Wort, das Erwachsene gebrauchen; aber seine Bedeutung ist ihm noch immer nicht klar. Kinder verbinden mit einem Wort nur etwas, das sie sehen, begreifen und hören können; abstrakte Begriffe haben für sie geringe Bedeutung. Die Bedeutung von Eigentum muß einem Kind viele Male vor Augen geführt werden, bevor es sie voll verstehen wird. Sie können Ihrem Kind helfen, indem Sie ihm erklären, wie man Eigentum erwirbt, und anbieten, daß es sich ein wenig Geld verdienen kann, um sich die Dinge zu kaufen, die es gerne haben möchte. Sie können ihm auch helfen, eine Liste der Dinge aufzustellen, die es sich zum Geburtstag oder zu Weihnachten wünscht.

Viele Eltern nehmen es mit erstaunlichem Gleichmut hin, daß sich ihre Lieben das Spielzeug von anderen Kindern aneignen. Aber sie brechen plötzlich in Geschrei aus, wenn sie feststellen, daß Kleingeld aus ihrer Börse fehlt. Es kommt einem so vor, als sei es schwerwiegender, Geld wegzunehmen als Gegenstände aus dem Eigentum anderer Leute. Wenn ihre Kinder Geld wegnehmen, gewinnen die Eltern leicht den Eindruck, sie seien rettungslos der Kriminalität verfallen.

Wenn unser kleiner Übeltäter drei oder vier oder vielleicht auch noch acht Jahre alt ist, dann brauchen Sie nicht zu verzweifeln. Aber seien Sie sich dessen sicher, daß Sie nirgendwo unvorsichtig Wechselgeld in der Küche liegen lassen, um Ihren Jüngsten mit seinen dreckigen Fingern erst gar nicht dazu zu verleiten. Sagen Sie ganz ernst, daß er weder Ihr Geld in der Brieftasche oder Börse noch irgendwo sonst im Haus anfassen darf.

Wenn der Übeltäter allerdings schon über acht oder sogar über zehn Jahre ist, dann ist das ein Grund für Besorgnis, und Sie täten gut daran, sein Verhalten genau zu beobachten.

Es ist möglich, daß Ihr Sohn versucht, Ihnen etwas durch sein Verhalten mitzuteilen: Kummer, Angst oder Einsamkeit. Er möchte vielleicht, daß Sie sich mehr Zeit für ihn nehmen. Vielleicht spürt er, daß es Schwierigkeiten in Ihrer Ehe gibt. Vielleicht hat er Angst, Sie zu verlieren.

Sie sollten außerdem einmal überprüfen, wie Ihr eigenes Verhältnis zum Geld ist. Freuen Sie sich innerlich, wenn Ihnen eine Kassiererin im Supermarkt für einen Artikel weniger berechnet, als er eigentlich kostet? Lachen Sie vielleicht laut vor Bewunderung, wenn der Nachrichtensprecher von einem Bankräuber erzählt, der in der Hauptgeschäftszeit mit einem Haufen Geld unerkannt entkommen konnte? Oder prahlen Sie vor Ihrer Familie damit, wie Sie einem Kaufmann, Schuster oder Blumenhändler etwas vorgeschwindelt haben, damit er Ihnen einen guten Preis machte? Mit anderen Worten: Machen Sie es Ihrem Kind vielleicht noch vor, nicht ehrlich zu sein, und bestrafen es dann später dafür?

Ob Sie Ihrem Kind nun unabsichtlich vormachen, wie man unehrlich ist oder nicht – ein Kind, das älter als zehn Jahre ist und noch immer bestimmte Dinge wegnimmt, braucht dringend Hilfe. Zwanghaftes Stehlen, besonders, wenn das Kind Dinge wegnimmt, die es gar nicht gebrauchen kann, zeigt an, daß das Kind tiefsitzende seelische Probleme hat, die man so bald wie möglich behandeln lassen sollte.

Wenn Sie selbst im großen und ganzen glücklich, wohlgeraten und ehrlich sind und dem Problem des „Stehlens" bei kleineren Kindern als eine notwendige Tatsache ins Auge sehen, ohne in hysterische Moralpredigten oder aber in völliges Schleifenlassen zu verfallen, sind die Chancen ziemlich gering, daß Ihr Kind je ein ernsthaftes Problem mit dem „Stehlen" haben wird.

Demütigung ist ein schlechter Lehrmeister

Wenn Sie verstanden haben, daß Ihre Kinder keine Vorstellung von Eigentum haben, bevor sie zehn Jahre alt sind, und daß es ein ganz natürliches Verhalten ist, daß sie schon einmal etwas mitgehen lassen, was ihnen nicht gehört, schafft das noch nicht das Problem aus der Welt, wie Sie sich verhalten sollen, wenn Sie bemerken, daß Ihr Sprößling ganz glücklich etwas stibitzt hat. Sie können ihm jetzt sagen, daß er ein schlimmes, schreckliches Kind ist, ihn in den Laden zurückschieben und dazu bringen, daß er seinen Diebstahl bekennt. Oder Sie können auch darauf bestehen, daß er sich auf den Boden kniet und Gott anfleht, daß er ihm seine Sünde vergeben möge. Sie können sich aber auch in den Laden zurückschleichen und versuchen, das Objekt unbemerkt wieder ins Regal zu stellen, und dann nach Hause gehen und sich erst einmal richtig ausheulen.

Sie können aber auch wieder den direkten Weg gehen und sagen: „Ich weiß, daß du das gerne haben möchtest, aber es gehört nicht dir. Wir müssen es jetzt zurückbringen. Ich kann dir nicht erlauben, daß du etwas behältst, das dir nicht gehört. Wenn du dir später einmal so ein Spiel kaufen möchtest, helfe ich dir dabei. Du kannst dir mit ein paar Hausarbeiten ein wenig Geld verdienen. Dann gehört dir das Spiel wirklich selbst."

Machen Sie um Himmels willen keine dramatische Szene, wenn Sie Ihr Kind zurück in den Laden schicken, indem Sie Ihr Kind durch erzwungene Entschuldigungen und Geständnisse erniedrigen. Es genügt, wenn Sie ganz einfach sagen: „Wir möchten Ihnen das hier zurückgeben. Meine Tochter hat es aus Versehen mitgenommen." Haben Sie keine Angst, daß Ihr Kind nie lernen wird, fremdes Eigentum zu achten, wenn Sie es nicht in der geschilderten Weise zu erniedrigen versuchen. Tatsächlich bemühen sich Kinder jedoch, einsichtig zu sein, und sie werden zu umgänglichen, ehrbaren Menschen heranwachsen, wenn sie freundlich und fest in die richtige Richtung geführt werden, ohne daß man ihnen ihre Selbstachtung nimmt.

Ganz sicher muß man Kindern zeigen, daß man niemandem etwas wegnehmen darf, was einem anderen gehört, nur weil man es einfach haben möchte. Man muß ihnen auch beibringen, daß alle Dinge in einem Supermarkt einem anderen gehören, daß alle Dinge in einem fremden Garten einem anderen gehören. Das Kind muß begreifen lernen, daß einem etwas nur gehört, wenn man es gekauft, gegen etwas anderes getauscht oder geschenkt bekommen hat. Wenn man einem Kind dies nicht verständlich machen kann, wird es wahrscheinlich weiterhin einfach die Dinge nehmen, die es haben möchte. Dabei wird es nicht einmal Schuld oder Unrecht empfinden.

Wenn die Bedeutung von Eigentum mit solcher Härte und verletzend vermittelt wird, kann das Ergebnis ein tiefes, durchdringendes Schuldgefühl sein, das einen Menschen ein Leben lang verfolgt und das die natürliche Entwicklung des Kindes im Umgang mit anderen Menschen erschwert. Psychotherapeuten haben immer wieder mit Patienten zu tun, die das Opfer von elterlichen Versuchen sind, ihren Kindern mit Gewalt einzutrichtern, daß man das Eigentum anderer zu achten habe. Solche rabiaten Erziehungsmethoden haben meistens zur Folge, daß diese Kinder ein Leben lang ein unbestimmtes Schuldgefühl mit sich herumschleppen.

Jemand, dem die Eltern seine Schuld immer wieder eingeredet haben, wird sich sofort fragen, wenn er hört, daß in seiner Nachbarschaft eingebrochen wurde, ob er vielleicht verdächtigt wird. Wenn er einen Ladendetektiv sieht, denkt er sofort, dieser habe ihn in Verdacht, etwas zu stehlen. Er lebt in der ständigen

Angst, er könne eines Verbrechens verdächtigt werden, obwohl er niemals etwas gestohlen hat und bis auf die Knochen ehrlich ist.

Männer und Frauen, die diese unbestimmten Schuldgefühle und irrationalen Sorgen entwickeln, sind häufig die Opfer von Eltern, die ihren Kindern dieses Schuldbewußtsein eingepflanzt haben, noch bevor diese überhaupt ein klares Verständnis für Ehrlichkeit und Eigentum entwickeln konnten. Indem sie zu streng auf die natürlichen kindlichen Verhaltensweisen wie das Besitzergreifen und die Ichbezogenheit reagierten, haben diese Eltern ihre Kinder dazu gebracht, daß sie sich den Rest ihres Lebens als Kriminelle fühlen müssen, und ihnen damit einen Teil ihrer Menschenwürde geraubt.

Um einen Eindruck davon zu gewinnen, wie sich Kinder fühlen müssen, wenn sie nach den Maßstäben der Erwachsenen gerichtet werden, bevor sie sich bewußt sind, was Eigentum bedeutet, stellen Sie sich doch einmal die folgende Szene vor: Sie sind zu Besuch in einem fernen Land, ohne vorher die Gesetze dieses Landes studiert zu haben. Die Bewohner dieses Landes sind ungewöhnlich großgewachsen und sprechen eine Sprache, von der sie annehmen, daß Sie sie verstehen, die Ihnen aber zu einem großen Teil unverständlich ist.

Stellen Sie sich jetzt vor, Sie gehen durch die Straßen einer Stadt und schauen sich die Sehenswürdigkeiten an. Dabei müssen Sie ständig den großen Leuten ausweichen, denen Sie wie ein Zwerg erscheinen. Wie Sie so durch die Gegend schlendern, bemerken Sie plötzlich ein paar Steine auf dem Bürgersteig, die prächtig und bunt funkeln. Die Steine glänzen und sind so wunderbar durchsichtig, daß Sie richtig gefesselt sind. Sie bücken sich, heben einen Stein auf, um ihn näher zu untersuchen. Es ist ein wirklich schöner Stein, von einer ganz besonderen Art, und Sie wundern sich, daß er einfach so auf dem Bürgersteig im Dreck liegt. Sie glauben, daß dieser Stein ein besonders schönes Andenken an diese Stadt sei, und stecken ihn in Ihre Tasche.

Sofort stürzen sich einige dieser riesigen Menschen auf Sie, schubsen Sie herum und schreien Sie an. Einer reißt Ihnen den Stein aus der Tasche, ein anderer schlägt Sie, wieder andere machen Ihnen schwere Vorwürfe: „Sie sollten eigentlich wissen, daß man keine Dinge an sich nehmen darf, die einem nicht gehören", oder: „Sie sind ein Dieb! Diese Steine gehören dem König!" oder: „Sie sind nicht wert, auf unseren Straßen zu gehen, Sie Straßenräuber!"

Ohne Zweifel würden Sie dieses Land am liebsten sofort verlassen, weil Sie sich dort sehr unwohl und verängstigt fühlen. Sie müßten ständig fürchten, unabsichtlich wieder ein anderes unbekanntes Gesetz zu verletzen. Wenn Sie das Land nicht verlassen könnten oder dürften, fühlten Sie sich sehr wahrscheinlich völlig frustriert, schuldig und verwirrt, da man Sie dafür bestraft und gescholten hat, daß Sie ein Gesetz übertreten haben, das Sie gar nicht kannten.

Wenn dagegen einer der Bewohner des Landes auf Sie zugekommen wäre und Ihnen gesagt hätte: „Ich sehe, Sie sind fremd hier. Dann können Sie auch nicht wissen, daß diese Steine auf dem Bürgersteig dem König gehören. Ich kann mir gut vorstellen, daß Sie gerne einen behalten möchten; aber wir dürfen die Steine nicht behalten oder anfassen. Der König möchte nämlich, daß sie einfach hier liegen und sich jeder daran freuen kann, wie schön sie glänzen und glitzern", dann hätten Sie den Stein ganz sicher aus Ihrer Tasche genommen, sich bei dem Mann bedankt, daß er Ihnen dieses Gesetz erklärt hat, und alle Steine auf der Straße liegen lassen. Am wichtigsten wäre es Ihnen sicherlich gewesen, daß Sie sich respektiert fühlen konnten, daß man Sie ermahnt, aber nicht verurteilt hatte, daß man Sie mit Höflichkeit behandelt hatte, wie es einem Menschen zukommt.

Wenn Sie mit Kindern zu tun haben, denken Sie immer daran, daß Sie auch Fremde in einer Welt sind, die Ihnen völlig neu ist. Deshalb bedenken Sie, daß Gesetze und Regeln dieser Welt einem Kind auch erst erklärt werden müssen, bevor es sie befolgen kann. Halten Sie sich vor Augen, daß Kinder in ihrer ganz besonderen Weise denken, daß Worte, die für uns eine bestimmte Bedeutung haben, für Kinder etwas völlig anderes bedeuten können. Man wird Kindern die Gesetze und Regeln unserer Welt wieder und wieder geduldig erklären müssen, bevor sie in der Lage sind, sie zu verstehen und sie in ihre Gedankenwelt zu übernehmen. Sie werden viel eher bereit sein, die Regeln anzunehmen, und für sich selbst und andere mehr Respekt empfinden, wenn ihnen die Regeln auf eine sanfte, objektive Weise beigebracht werden. Wenn man Kinder dagegen wie Kriminelle behandelt, werden sie nicht lernen, die Rechte anderer zu achten, sondern sie werden allenfalls lernen, sich schuldig zu fühlen.

Wann Stehlen normal ist und wann nicht

Es hängt vom Alter eines Kindes und von den besonderen Umständen ab, welches das beste Verhalten ist, auf die „Diebstähle" Ihres Kindes zu reagieren. Wenn ein kleiner Ladendieb zehn Jahre oder älter ist, hat er sehr wahrscheinlich schwere innere Konflikte, die behandelt werden sollten. Sein Stehlen kann ein Ausdruck von Minderwertigkeits- und Einsamkeitsgefühlen sein, die ihn dazu bringen, durch seine Tat Ihre Aufmerksamkeit auf sich zu lenken; es kann aber auch ein gewisses Machtbedürfnis sein, was ihn dazu treibt. Vielleicht stiehlt er auch, weil er zu Hause oder durch den Einfluß irgendeines anderen Stehlen gelernt hat.

Wenn Ihr Kind etwa acht Jahre alt ist und es nur äußerst selten vorkommt, daß es etwas mitnimmt, was nicht ihm gehört, deutet das Stehlen nur auf einen zeitweiligen Rückfall bei einem noch nicht völlig ausgereiften Unrechtsbewußtsein hin. Im Falle des Achtjährigen sollten Sie sich in Ruhe mit ihm zusammensetzen und ihn daran erinnern, daß jeder das Recht hat, sein Eigentum zu behalten. Sie sollten Ihr Kind auch angemessen dafür bestrafen, daß es in diesem Alber noch etwas stiehlt: ein Abend ohne Fernsehen, eine Woche lang kein Taschengeld, um damit gestohlenes Geld zurückzuzahlen, oder etwas Vergleichbares. Aber flüchten Sie sich nicht in endlose Strafpredigten und Belehrungen. Wenn ein Kind bemerkt, daß Sie über sein Verhalten verärgert sind, reicht das im allgemeinen aus, einen Achtjährigen davon zu überzeugen, seine Karriere als kleiner Gelegenheitsdieb aufzugeben. Wenn Ihr Achtjähriger allerdings regelmäßig und zwanghaft stiehlt, braucht er tatsächlich Hilfe, um den verdeckten Problemen zu begegnen, die sich in seinen Diebstählen äußern.

Im Alter von sechs Jahren geschieht das Stehlen einmal heimlich und mit Bedacht, ein anderes Mal offen und ganz spontan. Wenn Sie zum Beispiel immer wieder in einem Getränkedepot an der Kasse im voraus bezahlen und beim Hinausgehen einen Kasten Limonadeflaschen mitnehmen, kann es vorkommen, daß Ihr sechsjähriger Sohn es Ihnen einmal gleichtut und ein paar Limonadeflaschen mitnimmt, ohne zu bezahlen. Dabei wird er sich nicht im geringsten bewußt sein, etwas gestohlen zu haben.

In diesem Alter genügt es, ihn daran zu erinnern, daß man im Laden für die Dinge bezahlen muß, die man haben möchte, und Sie immer im voraus für die Limonade bezahlt haben. Erklären Sie ihm, daß Ladenbesitzer auch für ihre Waren bezahlen müssen und daß sie wieder von ihren Kunden Geld einnehmen. Anstatt Ihrem Kind vor dem Ladeninhaber zu zeigen, wie schlecht es sich benommen hat, und es damit zu demütigen, sollten Sie mit ihm zurück in den Laden gehen, es liebevoll bei der Hand nehmen und zu dem Verkäufer sagen: „Entschuldigen Sie bitte, wir haben ganz vergessen, diese Flasche hier zu bezahlen." Ihr Kind lernt dabei verschiedene Dinge: daß Sie treu zu ihm stehen, daß Sie Verständnis für seine Gefühle haben, daß Sie ehrlich und gerecht sind und daß man seine Limonade zuerst bezahlen muß!

Bei einem Vierjährigen ist das ganz anders. Ein Vierjähriger lebt in einer Welt, in der alles so ist, wie man es sich wünscht, daß es sein solle, wo Besitz gleich Eigentum ist. Ein Vierjähriger ist aber sehr empfindsam, und man kann seine Gefühle sehr leicht verletzen. Einem vierjährigen Kind, das gestohlen hat, sollte man ganz ernst und aufrichtig sagen: „Es tut mir leid, aber du kannst das nicht behalten. Es gehört dir nicht, es gehört Andreas, und der möchte es gerne behalten."

Wenn Ihr Kind dann trotzig sagt, daß es die Sache aber behalten will, dann müssen Sie ihm streng entgegnen, daß es sie nicht behalten kann, weil sie ihm nicht gehört. Erinnern Sie es daran, wie es seine Lieblingspuppe, seine Bauklötze, seinen geliebten Teddybären bekommen hat, und machen Sie ihm klar, wie es sich wohl fühlen würde, wenn ihm jemand seine Lieblingsspielsachen wegnehmen würde.

Verlieren Sie bloß Ihren Humor nicht dabei, und regen Sie sich nicht allzusehr auf, wenn Ihr Gespräch damit endet, daß Ihr Kind Ihnen erklärt, es würde sich die Sachen schon wieder holen, die Sie gerade erst dem rechtmäßigen Eigentümer zurückgegeben haben. In solchen Momenten haben Sie vielleicht die Stimme Ihrer Mutter im Ohr, wie sie zu Ihnen als Kind sagte: „Ich wünsche dir, daß du auch einmal ein so dickköpfiges, trotziges Kind hast!"

90

Ein zweijähriges Kind reagiert ganz einfach so, wie es ihm gerade einfällt, und es kümmert sich nur um die Dinge, die um es herum sind. Wenn Sie versuchen, ihm etwas über Eigentum und Stehlen zu erklären, verschwenden Sie nur unnötig Kraft.

Zu jeder Zeit sollten Sie versuchen, Ihren erzieherischen Kurs zwischen Scylla und Charybdis, zwischen einer Gleichgültigkeit und einem Dramatisieren, zu steuern. Versuchen Sie nicht von „Stehlen" in unserem Sinne des Wortes zu sprechen, wenn sich Ihr Kind etwas aneignet, was ihm nicht gehört! Betrachten Sie es einfach als eine kindliche, ichbezogene Weise, seine Welt zu entdecken.

Denken Sie auch daran, daß es für das Kind eine angemessene Verhaltensweise ist, so egozentrisch zu sein, und daß der Gedanke „Alles, was es gibt, gehört mir" für die Entwicklung eines Kindes nicht nur angemessen, sondern auch notwendig ist. Für einen Erwachsenen dagegen ist der Gedanke unangemessen! Wenn ein Kind wächst und langsam reifer wird, lernt es Stück für Stück, sich Gedanken über andere Menschen und ihre Rechte zu machen. Ihr Kind wird von selbst hilfsbereit, höflich, aufrichtig und verantwortungsbewußt im Umgang mit anderen Menschen werden.

Machen Sie nicht den häufigen Fehler, zu glauben, daß Kinder einfach nur kleine Erwachsene seien, die genauso wie die Großen denken und fühlen. Kinder denken und urteilen völlig anders als Erwachsene. Um sie zu völliger Reife und Verständnis anzuleiten, müssen Sie die Welt mit den Augen eines Kindes sehen und lernen zu verstehen, wie es denkt, fühlt und handelt. Ansonsten säen Sie vielleicht schon in jungen Jahren die Saat für eine spätere Zwietracht, die Sie, wenn Ihre Kinder groß geworden sind, vielleicht sogar größer als Sie, reuevoll ernten müssen.

Wir müssen eine aufrichtige Welt schaffen,
bevor wir unseren Kindern aufrichtig sagen können,
daß Aufrichtigkeit die beste Lebensweise ist.

George Bernard Shaw

Kapitel fünf

Ich sage es Ihnen nur ungern:
Aber alle Kinder lügen auch

Sie sagen, daß Ihr Kind nicht nur stiehlt, sondern auch lügt? Wenn
Sie danach fragen, wer das Hoftor offen gelassen hat, so daß der
Hund auf die Straße laufen konnte, antwortet es Ihnen dann, daß
es der Hund selbst war? Vielleicht kommt es von der Schule nach
Hause und erzählt Ihnen eine unglaubliche Geschichte von einer
Gangsterbande, die versucht habe, es zu entführen, und daß es mit
einer Hand gegen den Anführer der Gangster, der lange schwarze
Haare hatte und einen Ohrring trug, gekämpft habe? Sagt es Ihnen, daß es in Mathe eine Eins bekommen hat, und wenn Sie dann
das Zeugnis sehen, stellen Sie fest, daß es eine Fünf ist? Erzählt
es Ihnen, daß seine Noten in der Schule so schlecht seien, weil
der Lehrer es haßt und auf ihm herumhackt, und stellen Sie dann
fest, daß es nie seine Hausaufgaben gemacht hat? Verlieren Sie
dann Ihre Achtung vor dem Kind und glauben Sie, daß es ein
krankhafter Lügner ist?

Wenn Sie auf die ersten zwei Fragen mit „Ja" geantwortet haben, sind Sie ganz normale Eltern mit einem ganz normalen Kind.
Aber wenn Ihre Antwort auf die anderen Fragen auch „Ja" lautet,
dann haben Sie möglicherweise ein Problem. Besonders dann,
wenn Ihr Kind älter als zehn oder elf Jahre ist. Wie bei allen
anderen Aspekten des kindlichen Verhaltens hängt es auch beim
Lügen oder Nicht-Lügen vom Alter des Kindes und von den
Umständen der Lüge ab, ob Anlaß zu Besorgnis besteht.

Um kindliche Unaufrichtigkeit zu verstehen, muß man die normalen Entwicklungsstufen der Kindheit kennen und berücksichtigen. Diese gehen von einer Stufe der reinen Ichbezogenheit zu
einer sozial orientierten Stufe über. Diese Entwicklungsstufen

sollten nicht verändert oder beschleunigt werden, da jede für das Kind wichtig ist, um eine gesunde eigene Persönlichkeit und eine normale Beziehung zur Außenwelt aufzubauen.

Erwachsene können sich nur schwer vorstellen, in einer völlig ichbezogenen Welt zu leben. In dieser Welt existiert alles, was man sich nur vorstellt. Was man sich ausdenkt, wird als Erinnerung empfunden, und die Welt und alles in ihr dreht sich um die eigene Person. Aber auf diese Weise erfährt ein Kind am Anfang sich selbst und die Welt um sich herum. In der Zeitspanne von der Kindheit bis zum Erwachsenwerden legt es in einem langsam fortschreitenden Prozeß ein Stückchen seiner Egozentrik nach dem anderen ab. Es kann nicht die Aufgabe der Eltern sein, diese Entwicklung zu verändern, sondern sie zu erleichtern. Sie sollten versuchen, Ihr Kind davor zu bewahren, daß es auf einer Entwicklungsstufe „einfriert" und sich nicht weiterentwickelt.

Wir alle kennen Erwachsene, die gewissen egozentrischen Verhaltensstufen nie entwachsen sind, die selbstsüchtig, egozentrisch und übertrieben anspruchsvoll sind und die anscheinend mit Verachtung für die Durchschaubarkeit ihrer Lügen krankhaft weiter die Unwahrheit erzählen. Es sind Menschen, die sich auf eine Weise verhalten, die für Kinder, nicht aber für Erwachsene angemessen ist. Sie sind einfach nie richtig erwachsen geworden.

Wie man Kinder an Ehrlichkeit heranführt

Sie können Ihren Kindern helfen, erwachsen zu werden, wenn Sie selbst reif genug sind, um die Angemessenheit kindlichen Verhaltens zu akzeptieren. Außerdem müssen Sie auch reif genug sein, um Ihre Kinder sanft an die Verhaltensweisen von Erwachsenen heranzuführen, ohne sie ihnen zu früh oder zu streng aufzuzwingen. Sie dürfen nicht erwarten, daß Ihre Kinder gleich mit dem vollen Verständnis für die Normen der Erwachsenen in Hinsicht auf die Wahrheit zur Welt kommen; sie erwarten ja genausowenig, daß Ihr Kind mit einem vollständigen Gebiß bleibender Zähne zur Welt kommt.

Ein Kind, das für ein Verhalten, das seinem Entwicklungsstand entspricht und angemessen ist, streng bestraft wird, wird möglicherweise nie ein volles Verständnis für die Wahrheit entwickeln, sondern auf einer unreifen Entwicklungsstufe stehenbleiben. So erscheint ihm die Wahrheit nur als etwas, das andere Menschen fordern, und nicht als notwendiges Mittel des Zusammenlebens zwischen den Menschen. Andererseits entwickeln Kinder, die nicht zur Wahrheit angehalten werden, auch nie einen ausgeprägten Wahrheitsbegriff. Es sei denn, sie lernen es mühsam von ihrer Umwelt.

Eltern werden oft ängstlich oder verwirrt, wenn ihr Kleinkind zum erstenmal lügt, weil sie sich nicht darüber im klaren sind, daß das ein gesundes und normales Anzeichen dafür ist, daß das Kind den ersten Schritt der Ablösung von seiner Mutter gemeistert hat. Von frühester Kindheit bis etwa zum Zeitpunkt des Spracherwerbs ist das Kind nicht in der Lage, sich von seiner Mutter zu unterscheiden. Es ist sich sicher, daß seine Mutter seine Gedanken denkt und seine Gefühle fühlt.

An einem bestimmten Punkt erkennt das Kind, daß es getrennt von seiner Mutter existiert, daß es ein Individuum mit eigenen Rechten ist. An diesem Punkt spürt das Kind, daß es sich selbst ausprobieren und bestätigen muß; es wird zum erstenmal lügen oder ungehorsam sein. Gewöhnlich erscheinen die ersten Anzeichen für seine Individualisierung in Form des Wortes „Nein", das es laut, entschlossen und oft entgegen aller Vernunft gebraucht.

Bieten Sie einem Kleinkind, das unter dem ungestümen Einfluß seiner Individualisierung steht, sein Lieblingsspielzeug an, so wird es das Spielzeug ablehnen und „Nein!" sagen. Fragen Sie es, ob es das „Bächlein" auf den Boden gemacht hat, dann steht es mit nasser Hose vor Ihnen und wird schamlos „Nein!" antworten. Wenn Sie es fragen, ob es mit Ihnen fahren möchte, wird es trotzig „Nein!" erwidern, während es auf das Auto zugeht. Verzweifeln Sie nicht und fürchten Sie nicht, daß Sie ein widerspenstiges Monster gezeugt haben! Ihr Kind entdeckt einfach nur, daß es einen eigenen Willen hat.

Kinder, die zwei oder drei Jahre alt sind, glauben unkritisch an jeden Gedanken, der ihnen in den Kopf kommt, und erleben die eigenen Gedanken als Erinnerung. Bis sie vier Jahre alt sind, glauben sie auch alles, was sie erzählen. Also kann sich ein Kind in diesem Alter das Bild eines Pferdes anschauen und dann völlig überzeugt sagen: „Das ist mein Pferd", oder „Das ist Papis

Pferd", und es zweifelt keinen Moment lang daran, daß das Pferd wirklich ihm oder seinem Vater gehört. Tatsächlich kennt es Pferde vielleicht nur aus der Ferne oder hat erst ein- oder zweimal in seinem Leben ein Pferd gesehen.

In diesem Alter setzen sich im Verstand des Kindes oft Vorstellungen als Erinnerungen fest, an die es fest glaubt und die es vehement verteidigt. Ein Beispiel dafür gibt die Unterhaltung zwischen dem vierjährigen Daniel, einem kleinen Freund von mir, und der siebenjährigen Angelika, einem Mädchen aus der Nachbarschaft, die gerade von einem Besuch in „Phantasialand"* zurückgekommen war.

„Ich bin mit einem Boot gefahren", erzählte Angelika einer Gruppe von Kindern, „und in dem Teich gab es auch Krokodile·"
„Ich war gestern im Phantasialand", warf Daniel eifrig ein. „Ich bin auch mit einem Boot gefahren, und ein Krokodil ist gekommen und hat ein Loch in das Boot reingemacht, und das Wasser ist in das Boot gekommen."

Seine älteren Spielkameraden drehten sich entrüstet zu ihm um und riefen: „Das stimmt nicht! Du lügst!"

„Tu'ich nicht!" jammerte Daniel. „Ich war dort auch! Gestern! Mit meinem Papi!"

Und während seine hochmütigen Spielkameraden, deren eigenes Verständnis von Wahrheit auch nicht so viel mehr gefestigt war, weiter über seine offensichtliche Lüge spotteten, empörte er sich ganz selbstgerecht darüber, daß sie ihm nicht glaubten.

An den Normen der Erwachsenen gemessen, log Daniel natürlich. Aber nach den Normen eines kleinen Kindes hat der Bericht über ein Erlebnis mit Worten genau so viel Wert wie jeder andere. Deshalb war Daniels Ausflug nach „Phantasialand" genauso wirklich wie der seiner kleinen Nachbarin; denn er konnte weder den einen noch den anderen richtig vor sich sehen oder miterleben.

Sehr kleine Kinder haben sehr große Schwierigkeiten, ihre eigene Wahrheit von der der anderen zu unterscheiden. Wenn Sie Ihrem Jüngsten etwa erzählen, was Sie angestellt haben, als Sie klein waren, ist es wahrscheinlich, daß er entgegnet: „Ich war doch dabei, als du das gemacht hast." Dabei lügt er nicht, er will

*) „Phantasialand" ist ein Freizeitpark in Nordrhein-Westfalen.

Sie auch nicht veralbern. Das Erlebte wurde für ihn in dem Moment wahr, als Sie es ihm erzählten und er es hörte. Auf einmal kommt es ihm dann so vor, als würde er sich daran erinnern, obwohl er es doch gerade erst gehört hat. Da kleine Kinder sich nicht vorstellen können, daß es eine Zeit gab, wo sie noch nicht auf der Welt waren, und sie die Erzählungen anderer als ihre eigenen Erinnerungen erleben, ist es für sie nur logisch, daß sie auch dabei waren, als ihre eigenen Eltern klein waren.

Erst wenn Kinder einen stärkeren Sinn für die eigene Identität entwickelt haben und wissen, daß sie selbständig von allen anderen leben, nehmen sie ihr Leben als getrennt vom Leben ihrer Eltern wahr. Dann merken sie, daß sie ihre Erlebnisse nur allein haben und niemand sonst und daß andere Menschen ihre eigenen Erlebnisse haben.

Irgendwann im Alter von fünf oder sechs Jahren wird es Kindern schrittweise bewußt, daß sie manchmal Dinge aussprechen, die den Eltern mißfallen, aber der Begriff „Lüge" ist ihnen fremd. Die Worte „Lüge" und „Wahrheit" sind abstrakte Begriffe und haben für sie überhaupt keine Bedeutung. Viele Kinder glauben, daß eine Lüge ein unanständiges Wort ist, weil sie sowohl für das Erzählen einer Lüge als auch für ein unanständiges Wort bestraft werden. Da sie nicht verstehen, was eine Lüge oder was ein unanständiges Wort ist, aber wissen, daß beides aus ihrem Munde kommt, schließen sie daraus, daß beides das gleiche ist.

Gewöhnlich fehlt Eltern das Verständnis für die Unfähigkeit kleinerer Kinder, die Bedeutung abstrakter Begriffe zu begreifen. Und sie glauben, daß ein Kind sie versteht, wenn sie verlangen: „Jetzt sagst du mir aber die Wahrheit." Das Kind wird ernst nicken und versprechen, die Wahrheit zu sagen, oder es wird erklären, daß es doch gerade die Wahrheit gesagt hat. Tatsache ist, daß Kinder nicht einmal die leiseste Ahnung haben was „Wahrheit" wirklich bedeutet. Denn für sie ist etwas „wahr", weil man es sagt.

Aus diesem Grund sollten Sie äußerst vorsichtig sein, wenn Sie kleine Kinder befragen, um deren Antworten als Aussagen für oder gegen ein anderes Kind oder einen Erwachsenen zu verwenden. Schon mehr als einmal sind ältere Kinder oder Erwachsene unbegründet wegen sexuellen Mißbrauchs eines Kindes angeklagt worden, nur weil ein Erwachsener nicht begriffen hatte, wie der Verstand eines Kindes arbeitet. Er hatte vielleicht einen unbegründeten Verdacht geschöpft und gleichzeitig dem Kind bestimmte Gedanken als Erinnerungen eingepflanzt. Dies kann allein durch die Art geschehen, wie man einem Kind Fragen stellt.

Wenn Sie ein Kind fragen: „Erzähl mir, was passiert ist", und Sie dann eine plastische Beschreibung davon hören, wie es jemand befummelt hat oder ihm jemand seine Genitalien gezeigt hat, ist der Bericht wahrscheinlich sachlich wahr. Wenn Sie aber fragen, „Hat er ...?" oder „Hast du ihn ...?", bekommen Sie bestimmt ein „Ja" zur Antwort, einfach weil die von Ihnen aufgebrachte Idee sofort in eine „Erinnerung" umgewandelt wurde. Das Kind wird dann sogar ernsthaft glauben, die „Wahrheit" zu sagen.

Alle kleinen Kinder drückten ihre Wünsche oder Hoffnungen so aus, als seien es Tatsachen. Das kommt zum einen Teil daher, daß sie nicht den Wortschatz haben, um zu sagen „Ich wünschte, ich könnte ..." oder „Ich finde, daß ...", und zum anderen Teil, weil sie alle Eindrücke, die ihnen in den Sinn kommen, als Wirklichkeit ansehen. Die Erinnerung an einen Hund, den es wirklich gesehen hat, die Vorstellung von einem Hund, von dem ihm jemand erzählt hat, und der Wunsch nach einem eigenen Hund sind für ein kleines Kind allesamt Wirklichkeit. Deshalb erzählt es einem Fremden alles über seinen nicht vorhandenen Hund, beschreibt dabei genau Rasse, Farbe, Name, Größe und Alter des Tieres. Weil der Hund nur zu dem Zeitpunkt des Erzählens existiert, ist das Kind nicht überrascht, wenn es ihn zu Hause nicht vorfindet. Wenn das Kind jedoch von dem Fremden begleitet wird, mag dieser allerdings darüber erstaunt und verlegen sein, daß er der Erzählung des Kindes so leicht geglaubt hat.

Im Alter von fünf Jahren wird es den meisten Kindern langsam bewußt, daß es einen Unterschied zwischen konkreter Wirklichkeit und dem gibt, was sie sich als Wahrheit wünschen. Aber sie drücken ihre Wünsche weiterhin so aus, als seien sie Tatsachen. Das ist ein Teil jenes zauberhaften kindlichen Denkens, das immer davon ausgeht, daß alle Wünsche Wahrheit werden, und diese Erwartung wird augenblicklich zur Überzeugung.

Kleine Kinder drücken sogar ihre Ängste als Tatsachen aus. Deshalb sind die Träume von Kindern so verwirrend. Für sie ist das, was während des Schlafs geschieht, genauso wahr wie das, was sie am Tage erleben. Wenn man sich mit offensichtlichen Unwahrheiten von Kindern auseinandersetzt, die jünger als sieben oder acht Jahre sind, muß man immer im Auge behalten, daß Kinder in den Geschichten, die sie erzählen, oder in ihren Erklärungen ihre Wünsche, Gefühle oder Ängste ausdrücken und daß sie nicht immer ihre wahre Überzeugung zum Ausdruck bringen.

Auch wenn Eltern den Unterschied zwischen einer Lüge und der kindlichen Art, Gedanken auszudrücken, die nur um das eigene Ich kreisen, erkennen, fühlen sie sich doch nicht wohl dabei, die Unwahrheit einfach hinzunehmen, als sei sie wahr. Weil sie die Gefühle des Kindes nicht verletzen wollen – „Das glaube ich dir nicht, du lügst!" – oder weil sie sein Selbstwertgefühl nicht zerstören wollen – „Du flunkerst doch nur!" –, fühlen sich die Eltern unbehaglich und lächeln mit schmalen Lippen, während ihr Kind weiter vor sich hinplappert und erzählt, wie es gerade auf den Flügeln eines großen Vogels geflogen und im Hof gelandet ist. Es wird den Eltern jetzt möglicherweise zu bunt, und dann sagen sie vielleicht so etwas wie: „Das hast du doch nur erfunden, nicht wahr?"

Das Kind versteht genausowenig, was „erfinden" bedeutet, wie es die Bedeutung der Begriffe „Lüge" und „Wahrheit" versteht; und es wird zustimmen, weil es glaubt, daß die Eltern es von ihm erwarten. Die Eltern werden ein wenig beruhigter sein, und das Wort „erfinden" hat dem Kind bestimmt nicht weh getan; aber es hat dem Kind die Bedeutung von Wahrheit auch nicht gerade nähergebracht.

Es ist viel wirkungsvoller, das, was das Kind gesagt hat, so umzuformulieren, daß es alles versteht. Dabei sollte man die Wortwahl des Kindes, seine Gefühle auszudrücken, nicht kritisieren. Wenn Sie beispielsweise sagen: „Es wäre bestimmt ein toller Spaß, auf einem Vogel zu fliegen", erkennen Sie damit die Tatsache an, daß Ihr Kind seine Phantasie benutzt, um Sie zu unterhalten.

Wenn das Kind aber versucht, mit dieser Geschichte eine unbestimmte Angst auszudrücken, sollte Ihre Antwort entsprechend sein: „Einige Vögel sehen so aus, als wären sie groß und stark genug, um dich hochzuheben und mit dir davonzufliegen; aber in Wirklichkeit können sie es nicht. Vögel können keine Kinder wegtragen." Ihre Antwort sollte nicht sein: „Ich glaube dir nicht!", sondern Sie sollten sagen: „Ich verstehe, daß du mir etwas erzählst, wovor du Angst hast." Ihr Kind wird Ihre Bestätigung seiner Gefühle dankbar annehmen.

Wenn Sie damit fortfahren, die „Lügen" Ihrer Kleinen zu verstehen und zu interpretieren und die Wünsche und Ängste, die hinter diesen Lügen stehen, in anderen Worten wiederzugeben, helfen Sie Ihren Kindern damit, Tatsachen von der Phantasie zu unterscheiden, was ein erster wichtiger Schritt ist, ein ausgeprägtes Verständnis für die Wahrheit zu gewinnen.

Der fünfjährige Jochen zum Beispiel stellte sich bei seinem neuen Nachbarn, einem verständigen, feinen älteren Herrn mit mehreren Enkelkindern, folgendermaßen vor: „Ich bin Jochen und bin in der dritten Klasse."

Sein neuer großer Freund lächelte verschmitzt und entgegnete Jochen freundlich: „Du wünschst dir wohl, schon in der dritten Klasse zu sein?" Jochen grinste zurück und sagte wieder: „Ich bin in der dritten Klasse." So begann eine Freundschaft, die sich auf Verständnis und Anerkennung gründete. Der Nachbar verstand, daß Jochen seine Wünsche ausdrückte und nicht einfach irgendwelche Lügen auftischte, und Jochen verstand, daß der Nachbar seine Geschichte als den Ausdruck berechtigter Gefühle anerkannte, und fühlte sich angenommen und verstanden. Hätte der Nachbar mit Auseinandersetzung, Ablehnung und Anklagen geantwortet, wie es Erwachsene meistens tun, hätte er Jochen höchstens verletzt und verwirrt; aber der Junge wäre auch nicht „ehrlicher" geworden.

Ungefähr im Alter von sechs Jahren erklären sich Kinder eine Lüge als etwas, das nicht wahr ist. Aber für sie ist im Anfang jede falsche Aussage eine Lüge, egal ob sie geeignet ist, jemand anderen zu täuschen oder nicht. Ein Sechsjähriger wird wahrscheinlich glauben, seine Mutter hätte ihn angelogen, als sie ihn seinen Regenmantel in dem Glauben anziehen ließ, es könne Regen geben, und es dann doch nicht geregnet hat.

In diesem Alter glauben Kinder, daß Lügen, für die sie bestraft worden sind, viel schlimmer als solche sind, deretwegen sie nicht bestraft worden sind. Wenn die Strafe sehr hart war, glauben Kinder, daß es eine besonders schlimme Lüge war. Sie versuchen daher bewußt, bei der Wahrheit zu bleiben; aber nur weil sie wissen, daß die Erwachsenen das von ihnen erwarten, und weil sie bestraft werden, wenn sie die Unwahrheit erzählen.

Sie fühlen sich also langsam verantwortlich dafür, einem Erwachsenen die Wahrheit zu sagen – nicht weil sie selbst glauben, daß es moralisch nicht in Ordnung ist zu lügen, sondern weil die Erwachsenen finden, daß es falsch ist zu lügen. Sie verstehen immer noch nicht, warum Lügen verboten sind; aber sie wollen die Erwachsenen zufriedenstellen und eine Bestrafung vermeiden. So werden sie sich bewußt, daß sie bei der Wahrheit bleiben müssen.

Seltsamerweise entwickeln sich Sechsjährige häufig im Hinblick auf die Wahrheit wieder ein wenig zurück. Während sie sich vielleicht dessen bewußt sind, daß sie ehrlich sein müssen, werden sie wahrscheinlich völlig unvernünftig, wenn sie bei irgend etwas Verbotenem erwischt werden. Sie streiten dann frech jede Verantwortung einfach ab, obwohl die Beweise ganz eindeutig sind. Wenn man ihnen dann noch vorwirft, daß sie lügen, werden sie völlig verwirrt.

Das liegt wahrscheinlich daran, daß auf einen Sechsjährigen von allen Seiten so viel Druck ausgeübt wird, daß er nicht mit allem fertig werden kann und deshalb auf eine etwas unreifere Entwicklungsstufe zurückfallen muß. Zu einer Zeit, in der er in eine Welt von Klassenzimmern und Lehrern hineingedrängt wird, in der man erwartet, daß er lesen lernt, daß er still sitzt und zuhört und viele seiner kindlichen Vergnügen aufgibt, ist es einfach zuviel von ihm verlangt, daß er auch noch absolut bei der Wahrheit bleibt. Eltern sollten dem gestörten seelischen Gleichgewicht eines sechsjährigen Kindes etwas toleranter gegenüberstehen und ihm einen gewissen Rückschritt bei der Liebe zur Wahrheit zugestehen. Wenn Ihnen Ihr Kind also in diesem Alter erzählt, daß jede Nacht ein großer brauner Bär in den Garten kommt und durch sein Zimmerfenster schaut, nehmen Sie es als Ausdruck seiner Angst und seines Bedürfnisses nach einigen zusätzlichen Streicheleinheiten und nach Sicherheit hin. Werfen Sie ihm nicht vor, Sie angelogen zu haben.

Ein Kind, das sieben oder acht Jahre alt ist, ist für gewöhnlich schon ziemlich ehrlich und fast immer sehr an der Aufrichtigkeit der anderen interessiert. Ein Achtjähriger wird schnell einen Klassenkameraden einer Lüge bezichtigen, aber selbst manchmal noch seine Gefühle durch eine Unwahrheit ausdrücken. Sein Hauptinteresse bleibt es, die Eltern und Lehrer zufriedenzustellen; aber es wird ihm immer noch schwerfallen, die genaue Eigenschaft einer Lüge zu erkennen.

Ein Achtjähriger kann Lügen erzählen, um jemanden zu foppen oder um zu zeigen, daß er ja weiß, was Wahrheit bedeutet, aber auch um zu testen, ob seine Eltern eine Lüge erkennen können. In diesem Alter ist er auch ziemlich ehrlich, wenn es darum geht, einzugestehen, daß er irgend etwas angestellt hat. Er begreift allmählich, daß die Wahrheit notwendig ist, wenn man wissen will, was man von anderen Menschen zu erwarten hat.

Wenn Kinder einmal neun Jahre alt sind, sind sie fast völlig ehrlich, aber sie beziehen Ehrlichkeit noch immer auf die Leute, die für sie am wichtigsten sind. Ihre neunjährige Tochter lügt vielleicht noch einmal ihre Klassenkameradinnen an, um sich wichtig zu tun, aber zu Ihnen wird sie meistens ehrlich sein, es sei denn, daß Sie ihre Lügen fördern durch die Art, wie Sie bestimmte Fragen stellen und mit der Bestrafung umgehen.

Sie fördern das Lügen zum Beispiel, indem Sie fragen: „Hast du die Kekse gegessen?", wenn die Keksdose vorn auf dem Küchentisch steht und eine verräterische Spur von Krümeln darum herum und auf dem Boden zu sehen ist und sich nur ein Kind im Haus befindet. Die meisten Kinder werden versuchen, sich vor der Strafe durch eine Lüge zu drücken und antworten: „Nein!" Es ist nicht fair, eine Frage zu stellen, wenn man die Antwort darauf schon kennt, und sich dann noch aufzuregen, wenn man angelogen wird. Geben Sie Ihrem Kind gar keine Möglichkeit zu lügen! Nennen Sie die Dinge einfach beim Namen. „Du hast Kekse gegessen, obwohl du vor dem Essen keine Kekse essen sollst. Sammle die Krümel, die du gemacht hast, vom Tisch und vom Boden auf!"

Betrachten Sie es einmal so: Wenn Sie bei Rot über die Ampel fahren und ein Polizist Sie stoppt und fragt: „Haben Sie das Rotlicht nicht gesehen?", würden Sie dann nicht auch vielleicht „Nein" sagen? Vielleicht würden Sie ja die Wahrheit sagen; aber wenn Sie so wie die meisten von uns sind, dann geht Ihnen wenigstens für einen Moment die Versuchung zu lügen durch den Kopf, besonders dann, wenn Sie eine Chance sehen, daß man Ihnen glaubt. Sie hatten im Gegensatz zu Ihrem Kind viele Jahre

Zeit, eine spontane Aufrichtigkeit zu entwickeln; testen Sie also nicht seinen erst kürzlich erlangten Sinn für Ehrlichkeit, indem Sie ihm die Möglichkeit für eine Lüge eröffnen.

Es ist genauso ein Fehler und ein Beispiel für Nutzlosigkeit und Frustration, wenn man versucht, einen Schuldigen zu finden, wenn mehrere Kinder im Hause sind. Sie entdecken den Streich mit der Keksdose; niemand hat auch nur den kleinsten Krümel am Mund, dann fragen Sie: „Wer von euch war an den Keksen?" und werden nur enttäuscht sein.

Erwarten Sie wirklich, daß der Schuldige so ehrenhaft wie George Washington aufsteht und sagt: „Ich kann nicht lügen. Ich war's"? Ich bin mir nicht sicher, ob ich glauben soll, daß George Washington wirklich so aufrichtig gewesen ist, aber ich glaube nicht, daß sehr viele Kinder von heute oder von gestern ihre Schuld so einfach eingestanden hätten.

Es ist viel wahrscheinlicher, daß Sie ein einstimmiges „Ich war's nicht!" anstelle eines Geständnisses zu hören bekommen. Wenn Sie dann nicht lockerlassen, werden Sie in einen Zirkus von gegenseitigen Anklagen und Verleumdungen geraten. Sie wären besser beraten, einfach alle möglichen Schuldigen antanzen zu lassen, damit sie gemeinsam die Krümel aufsammeln, egal ob schuldig oder nicht. Ihre Kinder werden Sie zwar beschuldigen, ungerecht zu sein und sie als Dienstboten zu mißbrauchen, aber Sie haben die Situation wenigstens unter Kontrolle und haben nicht das Bedürfnis, den nächsten Flieger nach Rio zu besteigen, nur weil Sie Ihre Kinder einfach nicht dazu bringen können, ihre Schuld einzugestehen.

Irgendwann mit zehn oder elf Jahren beginnen Kinder das gesamte Konzept der Ehrlichkeit als Grundlage gegenseitigen Vertrauens unter Menschen zu verstehen. In diesem Alter sind Kinder ziemlich weit sozialisiert und weniger ichbezogen, so daß sie ihre eigenen Fehlvorstellungen oder die der anderen von Lügen unterscheiden können, genauso wie sie ihre Wünsche oder Ängste von Tatsachen unterscheiden können. Von diesem Punkt an lügen Kinder nur noch aus den gleichen Gründen wie auch Erwachsene: aus Angst, aus Unsicherheit, mit dem Wunsch zu täuschen oder sich selbst vor einem Unrecht zu schützen.

Alle Kinder entwickeln sich von einer Entwicklungsstufe der reinen Ichbezogenheit, wo sie alles glauben, woran sie denken, und wo sie Ängste, Wünsche oder Träume völlig überzeugt als Tatsachen äußern, zu einer Stufe, wo sie den tieferen Grund für das Bedürfnis der Gesellschaft nach Ehrlichkeit zwischen Menschen und Völkern vollständig verstehen. Eltern können helfen, ihre Kinder an die Ehrlichkeit heranzuführen, indem sie ihren gesunden Menschenverstand benutzen und dem sozialen Entwicklungsprozeß so vertrauen, wie sie auch der körperlichen Entwicklung ihres Kindes vertrauen.

Bleiben Sie erwachsen, wenn Ihre Kinder kindisch sind

Eltern fürchten selten, daß ihre Kinder keine normale Körpergröße erreichen, und sie vertrauen gewöhnlich darauf, daß ihre Kinder zur richtigen Zeit ausgereifte Geschlechtsmerkmale entwickeln. Aber sie haben häufig nur sehr wenig Vertrauen in die normale soziale Entwicklung – vielleicht weil sie selbst ihre Schwierigkeiten damit haben. Je stärker die soziale Reife der Eltern entwickelt ist, um so mehr Vertrauen haben sie in die künftige Reife ihrer Kinder und um so leichter nehmen sie den gesamten Entwicklungsprozeß.

Wenn Sie zu großen Wert darauf legen, daß Ihre Kinder geradezu rücksichtslos ehrlich sind, bevor sie voll verstehen können, was Ehrlichkeit bedeutet, kann es sein, daß Sie selbst auf einer nicht voll ausgereiften Entwicklungsstufe stehengeblieben sind und Ihren Kindern dadurch mehr schaden als nützen.

Wenn Sie die Erinnerung an einen Elternteil haben, der Sie wütend angeschrien hat: „Lüg mich nicht an!", und sich unwohl fühlen, wenn Sie einem Lehrer Ihres Kindes oder einer anderen Autoritätsperson in Ihrem Leben eine Erklärung abgeben müssen, und Sie sich dabei fragen, ob man Ihnen Glauben schenken wird, dann haben Sie möglicherweise selbst einige ungelöste Probleme, die Beachtung verdienen. Ansonsten schaffen Sie vielleicht selbst wieder Probleme für Ihre Kinder. Viele Eltern fürchten, auf Mißtrauen oder Argwohn zu stoßen, egal wie aufrichtig sie auch sind, weil ihre eigenen Eltern sie zu hart und zu früh für ihre kindliche Unehrlichkeit bestraft haben. Sie neigen dann vielleicht dazu, ihre Kinder genauso zu behandeln, und verdrängen ihr eigenes Unbehagen.

Wenn Sie sich dabei ertappen, wie Sie mit Ihrem Kind im Vorschulalter ärgerlich über die Wahrheit einer seiner Aussagen streiten, ist Ihre eigene Selbsteinschätzung vielleicht fraglich, und Sie sollten Ihr Bedürfnis, einen anderen, der nur etwa ein Fünftel Ihres Lebensalters hat, von Ihrer Ansicht überzeugen zu müssen, noch einmal überdenken.

Ihr Jüngster erzählt Ihnen zum Beispiel stolz, daß er gerade gebadet hat, dabei ist er immer noch so staubig und schmutzig wie vorher. Haben Sie jetzt das Bedürfnis, ihn für seine Lüge zu bestrafen? Oder finden Sie sein kindliches Verhalten irgendwie nett, so daß Sie ihm einen Kuß auf die schmutzige Wange drücken und sagen: „Du wünschst dir wohl, daß du schon gebadet hättest; aber du warst doch noch nicht in der Wanne. Komm, ich hole dir deine Spielsachen für die Badewanne", und ihn wieder sachte ins Badezimmer schieben?

Sind Sie wirklich um die Aufrichtigkeit Ihres Kindes bemüht, oder fürchten Sie insgeheim, nur an der Nase herumgeführt zu werden? Und wenn Sie Angst davor haben, daß Ihr Kleiner in einem Streit über die Wahrheit einer nicht weiter wichtigen Aussage „gewinnen" könnte, sollten Sie sich zunächst fragen, wie es überhaupt zu dem Streit kommen konnte. Warum müssen Sie eine solche Auseinandersetzung mit einem Kind überhaupt „gewinnen"? Versuchen Sie immer noch, die Anerkennung Ihrer Eltern, die nur irgendwo in Ihrem Kopf sind, zu erhalten?

Ein Maßstab für die Reife von Eltern ist gewöhnlich das Maß an Gleichmut, mit dem sie dem ichbezogenen Verhalten von Kindern begegnen, das ihrem Alter angemessen ist. Wenn Sie beispielsweise Ihren fünfjährigen Sohn dafür hart bestrafen, daß er leugnet, absichtlich in eine Pfütze getreten zu sein, obwohl seine Schuhe offensichtlich klatschnaß sind, ist sein Verhalten angemessen, wogegen Ihres unreif ist.

Wenn Sie andererseits sein Leugnen als eine Tatsache einfach hinnehmen, ermutigen Sie Ihr Kind vielleicht, sein ichbezogenes Verhalten auch dann beizubehalten, wenn es seinem Alter nicht mehr angemessen ist. Eine vernünftige und hilfreiche Reaktion ist es zu sagen: „Du wünschst dir, daß du nicht in die Pfütze getreten wärst, das wünschte ich auch! Aber deine Schuhe sind naß, und du ziehst sie wohl besser aus und trocknest dir deine Füße ab."

Vermeiden Sie Anklagen und Aussagen, aus denen man eine Anschuldigung heraushört, wie: „Wir wissen beide, daß du lügst", oder: „Du sagst bestimmt nicht die Wahrheit." Ihr Kind wird die Realität von nassen Schuhen verstehen, aber nicht die abstrakte Bedeutung Lügen oder Wahrheit. Es wird verwirrt reagieren und vielleicht einfach nur Angst empfinden.

Wenn es sich bei dem Kind allerdings um einen Zehnjährigen handelt, ist es ein Fehler, seine Lüge so zu behandeln, als sei sie ein seinem Alter angemessener Ausdruck seiner Wünsche. Wenn das Kind zehn Jahre alt ist, intellektuell normal entwickelt und Ihnen eine solche offensichtliche Lüge auftischt, schauen Sie sich einmal das Umfeld Ihres Kindes genauer an: Messen Sie Ihrem Kind vielleicht so harte Strafen zu, daß es in der verzweifelten Hoffnung lügt, der Strafe zu entgehen? Ermutigen Sie Ihr Kind zu lügen, indem Sie die ziemlich dumme Frage „Bist du in die Pfütze getreten?" stellen, wenn Sie es genau gesehen haben? Hat Ihr Kind solche Angst, Ihre Liebe oder Anerkennung zu verlieren, daß es glaubt, immer vollkommen sein zu müssen, und lieber lügt, anstatt seine Unvollkommenheit zuzugeben?

Lügen, wenn es um Schulnoten geht

Lügt ein Kind, das älter als zehn Jahre ist, hängen seine Lügen gewöhnlich mit Klassenarbeiten oder schulischen Leistungen zusammen. Im allgemeinen versucht ein Kind, das in diesem Alter lügt, fleißiger, intelligenter oder wichtiger zu erscheinen. Vielleicht versucht es auch, der Verantwortung für seine Leistungen zu entgehen. Wenn Ihr Kind also lügt und behauptet, es habe eine Eins in einer Arbeit, während es tatsächlich eine viel schlechtere Note hat, kann das bedeuten, daß es fürchtet, von Ihnen weniger geliebt zu werden, wenn es keine Eins hat.

Wenn Sie die Bedeutung von Schulnoten überbewerten und selbst durch die Leistungen Ihres Kindes an Selbstwertgefühl gewinnen wollen, bringen Sie Ihr Kind unwissentlich dazu zu lügen. Die Lösung besteht hier darin, daß Sie Ihre eigenen Gebiete finden müssen, wo Sie gewisse Leistungen erbringen können, und nicht versuchen dürfen, Anerkennung über Ihre Kinder zu erlangen. Jedes Kind möchte Erfolg haben; aber sein Erfolg sollte ihm allein gehören und nicht mit den Eltern geteilt werden, die vielleicht eine Anerkennung in ihrem Leben nur stellvertretend durch das Leben ihrer Kinder erfahren.

Achten Sie darauf, daß Sie Ihr Kind nicht nur dann loben, wenn es etwas geleistet hat. Wenn Sie das nämlich tun, bekommt Ihr Kind den Eindruck, als sei es Ihnen nur etwas wegen seiner Leistung wert; seine Leistungen würden dann nicht mehr ihm, sondern Ihnen gehören.

Jedes Kind braucht das Gefühl, daß es um seiner selbst willen akzeptiert und geschätzt wird und nicht nur für das, was es leistet oder erreicht. Wenn es nur dann angenommen und geliebt wird, wenn es Erfolg hat, wird es dazu neigen zu lügen, wenn es einmal versagt oder nicht den ganz großen Erfolg erzielt hat. Es versucht zu verhindern, daß seine Eltern es eines Tages als Versager hinstellen.

Paradoxerweise fördern Eltern das Versagen ihrer Kinder, indem sie die Bedeutung von Erfolg zu sehr betonen. Ein Kind wird sich vielleicht so sicher sein, die Erwartungen seiner Eltern nicht erfüllen zu können, daß es das erst gar nicht versucht. Es wird seine Hausarbeiten nicht machen, weil es davon überzeugt ist, daß sie den Ansprüchen seiner Eltern nicht genügen. In der Schule wird es dann lügen und sagen, daß es sie verloren hat, um vor dem Lehrer nicht eingestehen zu müssen, daß es sie gar nicht gemacht hat. Die Angst vor dem Versagen wird es so unsicher machen, daß es in Prüfungen alles vergißt, was es weiß. Durch die verpatzte Prüfung wird es sich dann so gedemütigt vorkommen, daß es den Lehrer dafür verantwortlich macht, weil er den Unterrichtsstoff nicht richtig erklärt oder völlig unklare Fragen gestellt habe. Dann wird es schließlich eine falsche Schulnote vorlügen und auf das Wunder hoffen, daß seine Eltern niemals die Wahrheit entdecken.

Manchmal gibt ein Kind aus Angst zu versagen, Unwissenheit oder Desinteresse vor, in dem Glauben, daß es besser ist, es werde als dumm oder faul gebrandmarkt, als die Eltern oder Lehrer wissen zu lassen, daß man es vergeblich versucht hat. Wie immer ist der Mittelweg zwischen zuviel und zuwenig Betonung der schulischen Leistungen der beste. Wenn Sie die Schulnoten eines Kindes völlig ignorieren, also weder loben noch bestrafen, hat es wenig Ansporn, gute Leistungen zu erbringen. Wenn Sie ihm erlauben, seine Hausaufgaben nicht zu machen und neuen Stoff nicht zu lernen, und dann so tun, als ob Sie ihm die Lügen über seinen Lehrer glaubten, der es angeblich haßt und ihm schlechte Noten gibt, dann haben Sie als Eltern in mehreren Punkten versagt.

Am besten können Sie Ihrem Kind helfen, sich wichtig und angenommen zu fühlen, ohne eine Notwendigkeit zu lügen, indem Sie es für seine Noten loben und ganz besonders die Noten herausheben, die sich seit dem letzten Zeugnis verbessert haben. Wenn es beispielsweise von einer Vier auf eine Drei gekommen ist, freuen Sie sich und gratulieren ihm für die gute Leistung. Sagen Sie nicht: „Ich schätze, daß du das nächste Mal sogar eine Zwei erreichen könntest!" Verschlucken Sie, was Sie sagen möchten über das, was Ihr Kind schaffen könnte, wenn es sich wirklich anstrengen würde! Konzentrieren Sie sich auf die gegenwärtige Leistung.

Wenn es in einem Fach von einer Drei auf eine Vier abfällt, zeigen Sie ihm Ihr Verständnis. Sagen Sie, daß Sie wissen, daß es deswegen traurig sei. Fragen Sie, ob Sie ihm irgendwie helfen können. Braucht es vielleicht mehr Zeit und Ruhe zum Lernen? Sollten Sie seine kleineren Geschwister von ihm fernhalten, wenn es seine Hausaufgaben macht? Hinkt es so sehr hinter der Klasse her, daß es Nachhilfe braucht? Kann es von seinem Sitzplatz aus die Tafel gut sehen? Kann es alles hören, was der Lehrer sagt? Möchte es, daß Sie ihm bei der Wiederholung des Stoffes helfen?

Neben Ihrem Verständnis und Ihrer Sorge sollten Sie Ihr Kind wissen lassen, daß die Note hinter Ihren Erwartungen zurückbleibt, aber daß Sie ihm deswegen nicht böse sind. Bieten Sie Hilfe statt Strafe an. Reden Sie mit dem Lehrer über die Beurteilung, damit Ihr Kind merkt, daß Sie sich darum kümmern; aber seien Sie wegen der Note ihm gegenüber nicht verärgert.

In einigen Fällen werden Sie feststellen, daß es in dem einen oder anderen Fach tatsächlich nur eine schlechte Note erreichen kann. Wenn Ihr Kind in den meisten Fächern ganz gut ist, aber in einem oder zwei Fächern übermäßige Schwierigkeiten hat, kann es sein, daß es eine geistige Sperre gegen das betreffende Fach oder eine spezifische Lernschwäche hat. Manches gescheite Kind hat zum Beispiel Schwierigkeiten, Fremdsprachen zu lernen, und ist nicht in der Lage, mit der Aussprache oder den Vokabeln zurechtzukommen. Ganz egal, wie sehr es sich auch anstrengt. Picasso war beispielsweise nicht in der Lage, die Reihenfolge des Alphabetes zu lernen. Andere Kinder haben Probleme mit Mathematik.

Wenn sich Ihr Kind wirklich anstrengt, wenn sein Lehrer ihm den Lehrstoff gut vermittelt, wenn Sie ihm jede erdenkliche Hilfe gegeben haben, um ihm das Lernen zu erleichtern, und es trotz allem nur eine schlechte Note bekommt, akzeptieren Sie es! Ermutigen Sie Ihr Kind und sagen Sie ihm, daß dieses Fach vielleicht einfach nicht zu seinen ganz großen Interessengebieten gehört. Wir können nicht in allen Fächern gut sein, und wenn Sie auf allen Gebieten hohe Leistungen verlangen, werden Sie Ihrem Kind damit nicht nur die Angst vor dem Versagen vermitteln; Sie werden es vielleicht auch dazu bringen, daß es anfängt, zu lügen und zu mogeln.

Lügen, um sich wichtig zu machen

Als Eltern sind Sie dafür verantwortlich, daß Ihre Kinder lernen, wie man sich bei Tisch benimmt, wie man sich anzieht, wie man sich gegenüber anderen Menschen verhält und so weiter. Dabei müssen Sie in Kauf nehmen, daß Ihr Kind spielerisch nach dem Motto „Darf ich oder darf ich nicht?" vorgeht. Wenn Sie allzu kritisch mit Ihrem Kind sind, werden Sie ihm das Gefühl vermitteln, unbedeutend und unwichtig zu sein, so daß es seine Freunde und Klassenkameraden anlügen wird, um sich wichtig zu machen.

Ein pummeliges ungeschicktes Mädchen, dessen Mutter ständig an ihm herumnörgelt, weil es zuviel ißt, Teller zerbricht, durch die Wohnung stolpert und seine Kleider zerreißt, kann ungeniert seine Phantasie schweifen lassen. Es wird vielleicht erzählen, daß es mit seiner reichen Großmutter eine Reise nach

England gemacht hat, auf der es der Königin vorgestellt wurde. Es wird die Geschichte mit genauen Beschreibungen des Palastes ausschmücken und den Klassenkameraden erzählen, daß es von der Königin eingeladen wurde, sie im nächsten Sommer wieder zu besuchen.

Für ein Kind, das älter als zehn Jahre ist, sind solche Lügen eher Selbstverteidigung als krankhafte Veranlagung. Wenn die anderen Kinder bemerken, daß alles nur eine Lüge war, werden sie das Mädchen zurückweisen und als Lügnerin beschimpfen, was zu einem noch stärkeren Gefühl der Unsicherheit und Unfähigkeit führt.

Jedes Kind hat das Bedürfnis, wichtig zu sein, und wenn Sie herausfinden, daß Ihr Kind seinen Mitschülern Lügen über persönliche Leistungen, das Vermögen oder die soziale Stellung der Familie oder ähnliches erzählt, sind das gefährliche Signale, und Sie sollten sich sofort darum kümmern. Vermeiden Sie Anklagen oder Urteile; aber finden Sie gemeinsam mit Ihrem Kind die Gründe für seine Lügen und seine Bedürfnisse, das Selbstwertgefühl zu steigern, auf verständnisvolle und liebevolle Weise heraus. Kein Kind sollte dafür bestraft werden, daß es Achtung braucht oder sucht; statt dessen sollte man ihm einen vernünftigen Weg zeigen, um Anerkennung zu erlangen.

Vielleicht ist Ihre Tochter keine besonders gute Schülerin; aber sie kann dafür zum Beispiel eine ausgezeichnete Schwimmerin oder Turnerin sein. Vielleicht ist sie aber auch weder eine gute Schülerin noch Sportlerin; aber sie wird dafür wegen ihres ruhigen und freundlichen Wesens von allen geschätzt. Keiner von uns ist perfekt, und wenn Sie feststellen, daß Ihre Tochter in dem Versuch lügt, perfekt zu erscheinen, dann sollten Sie Ihre eigene Einstellung überprüfen. Achten Sie darauf, daß Sie keine Gefühle von Minderwertigkeit und Unfähigkeit in ihr hervorrufen, die sie dazu veranlassen könnten, ihre Selbstachtung künstlich aufzubauen.

Wenn Sie sich nicht erklären können, warum ein Kind im Alter von zehn Jahren oder mehr lügt, zögern Sie nicht, Hilfe bei einem Experten zu suchen, und wundern Sie sich auch nicht, wenn Sie dabei einiges über sich erfahren. Lügt ein Kind in diesem Alter, so zeigt das immer ein Bedürfnis nach irgend etwas an, und dieses Bedürfnis sollte im Mittelpunkt Ihres Interesses stehen, und nicht die Lüge. Während sich das Kind bewußt sein sollte, daß Sie nicht bereit sind, seine Lügen hinzunehmen, sollten Sie ihm trotzdem eher helfen, einen vernünftigen Weg zu finden, um Anerkennung, Ansehen und Selbstwertgefühl zu erlangen, anstatt es als Lügner zu verurteilen.

Bringen Sie Ihrem Kind das Lügen bei?

Ich glaube nicht, daß es besonders betont werden muß, daß Sie nicht von Ihrem Kind erwarten können, ehrlicher zu sein, als Sie es selbst sind. Wenn Sie gewohnheitsmäßig lügen – auch wenn Sie glauben, daß es sich dabei nur um kleine „Notlügen" handelt, die nicht weiter wichtig sind –, bringen Sie Ihrem Kind damit genau so sicher das Lügen bei, als wenn Sie ihm Unterricht im Lügen geben würden, und was noch schlimmer ist: Wenn Sie Ihrem Kind die Anweisung geben, für Sie zu lügen, wie können Sie dann erwarten, daß Ihr Kind Ihnen glaubt, wenn Sie ihm sagen, daß Sie Aufrichtigkeit schätzen?

Wenn es auch verführerisch ist, ein Kind zu bitten, am Telefon zu sagen, Sie seien nicht zu Hause, wenn Sie einem lästigen Menschen entkommen wollen, müssen Sie damit rechnen, daß es Sie daran erinnert, wenn Sie es ein anderes Mal wegen einer Lüge tadeln, und Sie fügen Ihrem Kind noch mehr Schaden zu, wenn Sie ihm auftragen, einen ehrlichen Eindruck dabei zu machen, wenn es an die Haustür geht und sagt, daß Sie nicht zu Hause sind, um Sie vor Kassierern, unwillkommenen Nachbarn oder fliegenden Händlern zu schützen.

Wenn Sie von Ihren Kindern Aufrichtigkeit verlangen, seien Sie sich sicher, daß Sie selbst immer aufrichtig sind! Wenn Sie von den führenden Leuten von morgen Ehrlichkeit erwarten, müssen Sie auch von der heutigen Regierung Ehrlichkeit verlangen. Das Beispiel, das Sie Ihren Kindern geben, und die Art, wie Sie sie an einen ausgeprägten Wahrheitsbegriff heranführen, wird nicht nur Ihre Familie beeinflussen, sondern die Zukunft der ganzen Welt.

Manchmal kann Lügen ein Zeichen von seelischer Gesundheit sein!

Nachdem ich diese bewundernden Worte über den Wert der Aufrichtigkeit verloren und gezeigt habe, wie man Kindern helfen kann, zur Ehrlichkeit zu finden, fühle ich mich verpflichtet, eine kurze Bemerkung zur Verteidigung angemessener Unehrlichkeit zu machen. Manchmal ist die Fähigkeit zu lügen ein Zeichen einer gesunden seelischen Einstellung. Jemand, der völlig unfähig ist zu lügen, ist zu verletzlich und kann zu leicht unter die Kontrolle skrupelloser Leute geraten und von ihnen sehr einfach manipuliert werden.

Ich sage nicht, daß eine Lüge, durch die man jemanden täuschen oder betrügen möchte oder durch die man einer Verantwortung entgehen will, ein Zeichen für seelische Reife ist. Im Gegenteil, sie ist gewöhnlich ein Zeichen für Unreife. Aber als Mittel des Selbstschutzes ist die Fähigkeit zu lügen ein notwendiges Werkzeug jedes ausgereiften Menschen.

Um dieses an einem Beispiel zu verdeutlichen, das sehr weit hergeholt ist und jenseits all dessen liegt, was Ihnen je passieren wird, stellen wir uns jetzt einmal eine Gaunerbande vor, die eines Ihrer Kinder entführen wollte. Nehmen wir an, Sie hätten das Kind in einem Geheimversteck untergebracht, das geschickt verborgen ist und von dem Sie annehmen können, daß es die Entführer nie finden werden.

Jetzt stellen wir uns weiter vor, die Bande wäre in Ihr Haus eingebrochen und die Gauner verlangen von Ihnen, daß Sie das Versteck Ihres Kindes verraten. Wenn Sie sich jetzt dem Einfluß der Entführer nicht entziehen können, hätten Sie sicherlich das schreckliche Gefühl, daß diese Ihre Gedanken lesen können und alles wissen, was Sie vor ihnen zu verbergen suchen. Dann würden Sie ihnen auch widerstandslos das Versteck Ihres Kindes zeigen. Wenn Sie sich stärker und selbstbewußter fühlen würden, aber Schuldgefühle wegen einer Lüge hätten, würden Sie vielleicht nur kurz in die Richtung des Verstecks blinzeln und würden damit Ihr Kind auch ohne Worte verraten.

Wenn Sie sich aber völlig selbstbewußt und stark fühlten und Vertrauen hätten in Ihre Fähigkeit, Wahrheit und Lüge auf vernünftige und angemessene Weise ohne Rücksicht auf eine

Regel oder ein festgelegtes Dogma zu verwenden, könnten Sie den Entführern entschlossen in die Augen sehen und ihnen sagen, daß Ihr Kind an einen sicheren Ort gebracht worden ist.

Es ist völlig klar, daß Eltern nicht glauben, daß sie so dumm oder so schwach seien, die Sicherheit ihrer eigenen Kinder zu gefährden, weil sie sich gezwungen sähen, in einer so bizarren Situation die Wahrheit zu sagen. Dennoch sind Eltern manchmal so eifrig darauf bedacht, sich selbst und ihren Kindern solche Ehrfurcht vor dem „Gesetz" der Wahrheit und der Ehrlichkeit einzuflößen, daß sie den wahren „Sinn" von Ehrlichkeit dabei vergessen. Sie können damit bei ihren Kindern, die überhaupt nicht mehr lügen können, nicht einmal mehr zu ihrem eigenen Schutz, eine gewisse Hilflosigkeit und eine lähmende Verletzlichkeit hervorrufen. Wie viele Kinder oder auch Erwachsene würden wohl lügen oder die Antwort umgehen, wenn sie am Telefon von einem Fremden gefragt werden, wie viele Personen tagsüber bei ihnen zu Hause sind? Die meisten Menschen sind so darauf eingestellt, die Wahrheit zu sagen, daß sie wahrscheinlich mit einer ehrlichen Antwort, ohne nachzudenken, herausplatzen und sich dann mehrere Tage ängstlich fragen, ob ihr Haus jetzt in ihrer Abwesenheit ausgeraubt wird.

Während es im allgemeinen vorzuziehen ist, lieber zu ehrlich als zu argwöhnisch und nur auf Selbstschutz bedacht zu sein, ist es wichtig, Kindern die Tatsache zu erklären, daß Ehrlichkeit als Vertrauensbasis zwischen Menschen mit guten Absichten notwendig ist. Daß es aber auch Fälle gibt, wo Lügen oder das Umgehen der Wahrheit angebracht und notwendig sein kann, wenn es darum geht, sich selbst, sein Heim oder seine Familie vor Schaden zu bewahren.

Diese Unterscheidung zwischen Aufrichtigkeit und notwendiger Unaufrichtigkeit ist für Kinder, die älter als zehn oder elf Jahre sind, wichtiger als für kleinere Kinder. Diese verstehen weder das eine noch das andere völlig. Sie brauchen nicht zu fürchten, daß Ihre zehnjährige Tochter glaubt, Sie hätten eine doppelte Moral, was Ehrlichkeit angeht, wenn Sie sie davor warnen, die Fragen eines Fremden nach ihrem Heim oder nach ihrer Familie wahrheitsgetreu zu beantworten. Die meisten Kinder sind eher erfreut, in eine so erwachsene Verhaltensweise eingeweiht zu werden, und sie verstehen bereits den wahren Unterschied zwischen einer Lüge und der Wahrheit.

Grundsätzlich ist der beste Rat, den ich Ihnen zum Thema Ehrlichkeit im Hinblick auf Ihre Kinder geben kann, der gleiche, den ich Ihnen zu den anderen Themen auch gebe: Beruhigen Sie sich. Vertrauen Sie Ihren Kindern! Behalten Sie Ihren Sinn für Humor. Und führen Sie Ihre Kinder an die gleichen Wertvorstellungen von Aufrichtigkeit heran, die auch Sie haben. Wenn Sie feststellen, daß Sie überreizt, zu besorgt oder zu abweisend sind, wenn es um die Auffassung Ihrer Kinder von Wahrheit geht, dann sollten Sie Ihre eigene Ängstlichkeit in diesem Zusammenhang einmal überprüfen. Wahrscheinlich schleppen Sie nur unnötige Schuldgefühle oder Ängste aus Ihrer eigenen Kindheit mit sich herum, die Ihnen Ihre Eltern aufgebürdet haben. Wenn dem so ist, können Sie Ihren Kindern am meisten damit helfen, daß Sie sich selbst von Ihrer Schuld und Angst befreien und sich selbst als das annehmen, was Sie wahrscheinlich sind: als einen aufrichtigen, verantwortungsbewußten Menschen, dem man traut und der von anderen geschätzt wird.

Ein Kind wird den Fehler niemals ablegen,
für den es am schwersten bestraft worden ist.

Cesare Beccaria

Kapitel sechs

Regen Sie sich nicht auf: Ihr Kind mogelt vielleicht auch

Lassen Sie uns also mit etwas fortfahren, was Sie schon lange vermuten: Alle Kinder mogeln beim Spielen. Sehr kleine Kinder mogeln in einer fröhlichen Selbstvergessenheit und spielen ihr eigenes Spiel mit den Spielfiguren. Sie spielen nur zu ihrer eigenen Unterhaltung und sind sich der Art, wie ihre Mitspieler spielen – wie ein Betrunkener bei einem Festbankett –, gar nicht bewußt.

Etwas ältere Kinder bekommen irgendwie schon mit, daß die Erwachsenen nach „Regeln" spielen; aber sie verstehen nicht, was eine „Regel" eigentlich ist. Sie denken, daß die Regel eines Spielers ebenso gut und richtig wie die Regel eines anderen ist, und schaffen sich ihre eigenen Spielregeln.

Wenn Kinder dann ins schulpflichtige Alter kommen, verstehen sie langsam, daß man in einem Spiel gewinnen kann, obwohl sie noch nicht verstehen, was „Gewinnen" bedeutet. Sie machen die anderen einfach nach, von denen sie glauben, daß sie nach den Regeln spielen, und dann rufen Sie auf einmal triumphierend: „Ich habe gewonnen! Ich habe gewonnen!" Sie glauben ganz einfach, daß Gewinnen etwas damit zu tun hat, eine Ankündigung zu machen, und sie werden ganz verlegen, wenn es jemand in Frage stellt, daß sie gewonnen haben.

Erwachsene mogeln beim Spielen, um ihre Mitspieler um den Sieg zu bringen, weil es nach ihren Maßstäben nur einen Gewinner geben kann. Kinder sind da großzügiger; sie „mogeln" auch, um zu gewinnen, aber sie erlauben den anderen ganz gönnerhaft, ebenfalls zu gewinnen. Wir können es außerdem nicht „Mogeln" nennen, wenn Kinder nicht nach den eigentlichen Spielregeln

115

spielen; sie haben diese Spielregeln vorher gar nicht als ihre eigenen Regeln verstanden und angenommen.

Vom Standpunkt eines Kindes ist es in Ordnung, nach bestimmten vorgeschriebenen Spielregeln des Herstellers zu spielen; aber Ihr Kind erwartet von Ihnen, daß Sie auch Toleranz dafür aufbringen, wenn Ihr Kind nach seinen Regeln spielen möchte. Das Kind sieht auch keinen Grund, warum Ihre und seine Spielregeln nicht zur gleichen Zeit gültig sein sollen. Ihm gefällt ein solches Nebeneinander, man genießt die Gesellschaft der anderen Mitspieler, ohne daß man das Spiel des anderen stört.

Wenn ein Kind neun oder zehn Jahre alt ist, hat es gewöhnlich begriffen, daß ein Spiel nur dann Sinn macht, wenn sich alle Spieler auf gemeinsame Regeln einigen und sich daran halten. Erst ab dieser Altersstufe kann man ein kindisches Verhalten beim Spielen als „Mogeln" bezeichnen. Selbst dann ist jedoch ein solcher Ausrutscher eher ein Zeichen für einen Rückfall auf eine unreifere Entwicklungsstufe als ein ernsthaftes „Mogeln", wie es Erwachsene definieren.

Ein etwas ängstliches oder unreifes Kind wird vielleicht auch dann noch mogeln, wenn es schon älter ist; aber die Versuchung, gewinnen zu wollen, ist nicht mehr ganz so groß wie bei einem kleinen Kind, das die Idee von Spielregeln noch nicht verstanden hat. Für ein Kind, das in der Lage ist, Spielregeln zu begreifen, kann Mogeln ein Ausdruck tiefer Unsicherheit und der Angst sein, erwachsen zu werden und Verantwortung tragen zu müssen. Wenn dieses Mogeln andauert oder wenn ein Kind überempfindlich darauf reagiert, ein Spiel zu verlieren, dann deutet das an, daß Ihr Kind zuviel Wert auf das Gewinnen beim Spielen legt und nicht einfach nur so zum Spaß spielen kann. Wenn Sie Ihr Kind also ständig bei einem zwanghaften Mogeln ertappen, sollten Sie sich selbst einmal die folgenden Fragen stellen: Teilen Sie Ihrem Kind diesen Wettkampfeifer selbst mit? Glaubt Ihr Kind, ein Versager zu sein, wenn es verliert? Sind Sie selbst beim Spielen erbarmungslos und kosten Sie es voll aus, wenn Sie gegen Ihr Kind gewonnen haben? Wenn dem so ist, sollten Sie Ihre Bedürfnisse, gegen ein Kind gewinnen zu müssen, einmal herunterschrauben. Erlauben Sie Ihrem Kind, Kind zu sein!

Wie man lernt, Spielregeln zu befolgen

So wie Kinder Schwierigkeiten haben, die abstrakte Idee von „Wahrheit" und „Eigentum" zu verstehen, ist es schwer für sie, die Grundidee von „Regeln" oder „Gesetzen" zu begreifen. Wie wir gesehen haben, entwickeln sich Kinder von einem ichbezogenen Denken zu einem ausgereiften Verständnis der Natur von Wahrheit und von Eigentum weiter. Genauso kommen sie von einem egozentrischen Spielverhalten, wo sie völlig losgelöst ohne den kleinsten Gedanken an die Mitspieler vor sich hinspielen, zu einer Entwicklungsstufe, wo sie verstehen, daß Spielregeln sich auf einem gegenseitigen Übereinkommen zwischen den Mitspielern gründen müssen. Mit zunehmendem Alter erlangen Kinder auch die Reife, durch gegenseitiges Einverständnis Regeln zu verändern. Dabei verinnerlichen sie auch langsam die Regeln und Gesetze, die zum Wohle der Menschheit aufgestellt worden sind.

Genauso wie ein Mensch auf jeder anderen Stufe der Entwicklung stehenbleiben kann und nicht über ein ichbezogenes Denken hinauskommt, kann es vorkommen, daß ein Mensch eine bestimmte Denkungsart in bezug auf die Begründetheit von Regeln und Gesetzen sein Leben lang nie ablegt. Wenn Sie einmal eine Zeitlang an einem Stop-Zeichen die verschiedenen Reaktionen von Autofahrern beobachten, können Sie ziemlich genau sagen, wie weit es mit der Reife der Fahrer her ist.

Der völlig unreife Fahrer wird das Stop-Zeichen rücksichtslos mißachten. Er kommt sich dabei vor, als sei selbst das Gesetz, ganz wie ein Zweijähriger, der auch glaubt, alles in der Welt drehe sich um ihn. Ein Fahrer, der eine Spur mehr Reife hat, wird kurz vor der Kreuzung leicht abbremsen – er gibt zumindest vor, den Sinn des Verkehrszeichens zu beachten –, weil er sieht, daß andere auch anhalten. Wenn er aber erkennt, daß er gerade noch eine Lücke im Verkehr erwischen kann, wird er, ohne erst richtig angehalten zu haben, durchstarten.

Derjenige, der schon ein wenig weiterentwickelt ist, wird an der Kreuzung anhalten und dabei vor Wut kochen, als wenn das Stop-Zeichen irgendeine lebendige und ungerechte Autorität sei, die dort nur stände, um speziell ihn zu behindern und zu ärgern. Er wird seinen Motor aufheulen lassen, um seine Verachtung für das Zeichen zum Ausdruck zu bringen.

Wer auf einer Stufe stehengeblieben ist, wo man Regeln nur gezwungenermaßen einhält, ohne sich über den Sinn solcher Regeln im klaren zu sein, wird ängstlich vor dem Zeichen stehen, während die Fahrer der nachfolgenden Fahrzeuge schon ungeduldig hupen. Dieser Fahrer wird sich nur schwer entscheiden können, ob ihm das Zeichen jetzt die Erlaubnis gibt, weiterzufahren oder nicht.

Der seelisch reife Autofahrer mit vollem Verständnis für die Regeln des Straßenverkehrs weiß, daß das Stop-Zeichen an die Kreuzung gestellt worden ist, um ein sicheres Überqueren der Straße zu ermöglichen. Er wird anhalten, die Autos auf der Vorfahrtsstraße passieren lassen, rücksichtsvoll wieder anfahren, ohne länger als nötig stehenzubleiben, und weder Ungeduld noch Ärger über die kurze Verspätung empfinden.

Alle Regeln, seien es nun Verkehrsregeln, Spielregeln, Regeln in der Schule oder bei der Arbeit, sind aus dem gleichen Grund aufgestellt worden. Sie ermöglichen einen gewissen Grad an Ordnung und angemessenem Verhalten, das für einen reibungslosen Umgang innerhalb der Gesellschaft erforderlich ist. Ganz sicher gibt es einige Regeln noch lange Zeit, nachdem der Grund für ihre Beachtung entfallen ist. Solche Regeln sollten von erfahrenen Menschen aufgehoben oder angepaßt werden, die verstehen, daß Gesetze nicht heilig sind, sondern daß sie zu dem Zweck existieren, den Menschen, die sie geschaffen haben, das Leben und ihre Zielvorstellungen zu erleichtern.

Kinder lernen beim Spielen

Spielregeln begegnen einem Kind gewöhnlich zum erstenmal, wenn es zu Weihnachten oder zum Geburtstag ein Spiel geschenkt bekommt. Ein Bruder, eine ältere Schwester oder ein Elternteil setzt sich dann mit dem jüngeren Kind hin und fängt an, mit ihm das Spiel zu spielen. Zunächst liest er ihm einmal die Regeln vor, dann versucht er, ihm die Regeln zu erklären. Wenn das Kind aber zwischen vier und sechs Jahren alt ist, könnte ihm genauso gut etwas auf spanisch erzählt werden. Wenn die älteren Geschwister oder die Eltern dann ungeduldig werden, weil das

Kind natürliche Schwierigkeiten mit den Regeln hat, wird das Kind tief verletzt sein. Im allgemeinen gibt es dann Tränen, und das Spiel ist aus; es wird vielleicht nie wieder gespielt.

Die meisten Spiele, die für Kinder auf dem Markt angeboten werden, haben alberne Regeln, die wahrscheinlich von einem kinderlosen Spielentwickler aufgestellt worden sind oder von einem, der noch nie in seinem Leben mit Kindern gespielt hat. Ob die Regeln nun vernünftig sind oder nicht, man könnte einem Kind die einzelnen Spielsteine genausogut einfach in die Hand drücken, und es würde damit zu seinem eigenen Vergnügen spielen.

Wenn Eltern nicht in der Lage sind, zu verstehen, wie der Verstand eines Kindes arbeitet, werden sie beunruhigt sein, wenn ihre Kinder die Spielregeln mißachten, und verderben ihnen dann den ganzen Spaß am Spiel. So zum Beispiel der Vater eines Fünfjährigen, der sich entschließt, seinem Sohn das Damespielen beizubringen. Wahrscheinlich wird sich folgende Szene entwickeln:

Vater: „Bernd, sieh mal, die Steine bewegen sich nur auf den schwarzen Feldern."

Bernd: „Ich stelle meine Steine aber auf die weißen Felder."

Vater: „Nein, beim Damespielen können die Steine nur auf den schwarzen Feldern bewegt werden."

Bernd: „Ich will sie aber auf die weißen Felder stellen."

Vater: „Hör mal, ich habe keine Lust, hier meine Zeit zu verplempern, wenn du nicht nach den Regeln spielen willst. Geh jetzt raus spielen, und stör mich nicht mehr!"

Das Ende dieses „Spiels" sind Tränen, verletzte Gefühle, Mißverständnisse und vielleicht sogar ein lebenslanger Riß zwischen Vater und Sohn.

Wenn Bernds Vater verstanden hätte, wie die Gedankengänge von Bernd ablaufen, und wenn er mehr Interesse daran gehabt hätte, einfach nur Spaß zu haben und mit seinem Sohn zusammenzusein, anstatt ihm seine Erwachsenen-Regeln vom Damespielen beizubringen, wäre die Szene vielleicht ganz anders abgelaufen:

Vater: „Alle Steine können nur auf den schwarzen Feldern bewegt werden."

Bernd: „Meine Steine können nur auf den weißen Feldern bewegt werden."

Vater: „Du möchtest also, daß die weißen Steine nur auf den weißen Feldern und die schwarzen nur auf den schwarzen Feldern bewegt werden können."

Bernd: „Genau!"

Vater: „Gut. Schau her, man bewegt jetzt jeden Stein nur um ein Feld nach vorne." (Er zeigt ihm, wie man die Steine bewegt.)

Bernd: „Ich bewege meine Steine so." (Er zeigt es, indem er einen Stein im Zickzack über das Brett springen läßt.)

Vater: „Gut. Du fängst an."

Das Spiel könnte nun beginnen. Der Vater versucht vielleicht, Bernd spielerisch beizubringen, daß es doch vernünftiger ist, wenn er immer nur einen Stein um ein Feld nach vorne bewegt. Der Sohn entscheidet sich vielleicht, seine Steine auf einmal anders zu setzen und bewegt sie zumindest nicht mehr im Zickzack. Aber im großen und ganzen hat ihr Spiel nicht viel mit den Regeln des eigentlichen Damespiels zu tun. Wenn die beiden dann zum Schluß entscheiden, daß das Spiel zu Ende ist, können Vater und Sohn das Damebrett fröhlich beiseite legen, und Bernd könnte nach draußen zum Spielen gehen. Durch diese Spielart hätten Bernd und sein Vater fünfzehn schöne Minuten miteinander verbracht, wären sich einander mit Achtung und Anerkennung begegnet und sich dabei nähergekommen.

Wenn Eltern es nicht zulassen, daß ihr Kind einfach so ohne Regeln spielt und sich nicht an die Spielregeln der Erwachsenen hält, fürchten sie, daß solche Nachgiebigkeit dazu führt, daß die Kinder egozentrisch werden und niemals die Regeln kennenlernen. Ganz offensichtlich geht diese Einstellung an der Realität vorbei. Kinder spielen ohne Regeln oder nach ihren eigenen Regeln, weil sie egozentrisch sind! Will man ein Kind zwingen, sich reifer zu verhalten, führt das nicht zur Reife des Kindes. Es führt nur zu verletzten Gefühlen, Verwirrung, Ablehnung und vielleicht sogar zu einer gehemmten oder unvollkommenen sozialen Entwicklung.

Eltern, die selbst einen Sinn für Wettkampf haben, sind oft völlig über die ungezwungene Einstellung zum Gewinnen verdutzt, die Kinder im Alter zwischen fünf und sieben Jahren haben. Obwohl auch die Kinder in dieser Altersstufe gewinnen möchten, haben sie keine Vorstellung davon, daß nur jeweils einer gewinnen kann. Sie sind sich nicht bewußt, daß nur der gewinnt, der als erster fertig ist, die meisten Punkte hat oder irgendein anderes Gewinnkritierium der Erwachsenen erfüllt. Für ein Kind in diesem Alter ist Spielen und Gewinnen eins, und alle Kinder, die zusammen ein Spiel spielen – ganz egal, wie willkürlich sie ihre Steine bewegen –, glauben, daß sie alle Gewinner sind, ganz einfach, weil sie es sagen. Sie glauben auch, daß ein Spiel dann zu Ende ist, wenn sie anfangen, sich zu langweilen.

Wenn Sie versuchen, einer Gruppe von Kindern im Kindergartenalter oder gerade schulpflichtigen Alter zu erklären, daß sie nicht alle Gewinner sein können, wenn sie alle durcheinander schreien: „Ich habe aber gewonnen! Ich habe gewonnen!", verderben Sie ihnen den Spaß daran. Sie fühlen sich dann veletzt und herabgesetzt, aber sie verstehen nicht, was Sie eigentlich gemeint haben. (Und Ihr Verhalten zu den Kindern wäre wirklich gemein.)

Kinder im Alter von sieben oder acht Jahren entwickeln langsam ein Verständnis für Spielregeln und Wettbewerb. In dieser Entwicklungsphase können Sie Ihren Kindern helfen, indem Sie ein wenig Zeit mit ihnen verbringen, um ab und zu ein Gesellschaftsspiel mit ihnen zu spielen.

Spiele werden in diesem Alter eine erstnahfte Angelegenheit. Sie können Ihrem Kind eine Menge dabei helfen, Selbstachtung, Selbstvertrauen, Sinn für Humor und die Fähigkeit, schöpferisch zu denken, zu erlangen, indem Sie mit ihm einfache Spiele spielen. Nehmen Sie sich nur eine Stunde oder länger pro Woche Zeit, um ein Brettspiel, das Sie beide mögen, zu spielen! Vielleicht können Sie es sich auch einrichten, mit Ihrem Kind zu spielen, wann immer einer von Ihnen dazu Lust hat.

Wenn Sie mit Ihren Kindern Spiele machen, tun Sie das immer bereitwillig und gut gelaunt. Wenn Ihnen die Zeit mit Ihrem Kind zu schade ist, brauchen Sie irgendeine Betätigung, die Sie ausfüllt und die es Ihnen erlaubt, anschließend völlig entspannt mit Ihrem Kind zusammenzusein. Vielleicht lassen Sie aber auch an Ihrem Kind nur den Ärger aus, den Sie über ganz andere Dinge in Ihrem Leben empfinden. Wie dem auch sei, werden Sie sich über Ihre eigenen Gefühle klar, und versuchen Sie zunächst, Ihre Probleme zu lösen, bevor Sie Ihrem Kind vermitteln, sich schuldig zu fühlen, weil es Ihre Zeit und Aufmerksamkeit in Anspruch nimmt.

Wählen Sie ein Spiel aus, das möglichst einfach ist, ohne ein großes Regelwerk und verwirrende Spielverläufe! Ein einfaches Brettspiel, wo die Strecke zwischen Start und Ziel recht kurz ist und es nur wenige Möglichkeiten für Umwege und Rückstufungen gibt, erscheint mir am besten. Versuchen Sie erst gar nicht, die Spielstunde zu einem Bildungsausflug zu nutzen, indem Sie sich in arithmetischen oder grammatikalischen Aufgaben ergehen. Ein Spiel soll dazu da sein, Spaß zu haben – für Sie beide! Alles, was einer von Ihnen lernt, ergibt sich nur aus dem, was sich zwischen ihnen ereignet, und nicht aus dem Aufbau des Spiels.

Erklären Sie Ihrem Kind die einfachen Spielregeln, indem Sie zum Beispiel sagen: „Wir bewegen unsere Steine um die Augenzahl, die der Würfel anzeigt, und wer zuerst auf dem Zielfeld ankommt, hat gewonnen." Wenn Sie mit einem Würfel spielen, helfen Sie Ihrem Kind, die Punkte zu zählen, und wenn Sie an der Reihe sind, sagen Sie laut und deutlich Ihre Punktezahl, damit das Kind nicht das Gefühl hat, übergangen zu werden.

Wenn Sie Ihre Spielfigur auf dem Brett bewegen, zählen Sie dabei laut und machen Sie langsame Bewegungen, um Ihrem Kind vorzumachen, wie das Spiel vor sich geht. Wenn Ihr Kind an der Reihe ist, sollten Sie seine Hand leicht führen, dabei wieder so zählen, wie Sie das vorher getan haben, bis es ein Gefühl dafür bekommen hat, wie man von einem Feld oder Punkt oder Loch zum nächsten geht. Wenn Sie es einfach nicht ertragen, nur so zum Spaß zu spielen, wenn Sie das Gefühl haben, Ihrem Kind unbedingt etwas beibringen zu müssen, wird es Sie vielleicht beruhigen, daß selbst diese einfachen Spiele helfen, die Koordination zwischen Augen und Händen und die Zählfähigkeit zu fördern und einen Orientierungssinn zu erreichen.

Vergessen Sie alles, was Sie vom Gewinnen und von Wettbewerben wissen, wenn Sie mit einem Kind spielen. Wenn das Kind seine Spielfigur zuerst ins Ziel bringt, freuen Sie sich für Ihr Kind. Wenn es einmal ein paar Felder oder vielleicht sogar bis zum Anfangspunkt zurückgehen muß, zeigen Sie ihm Ihre Sympathie und muntern Sie es auf. Denken Sie immer daran, daß Sie miteinander spielen, um dem Kind ein paar positive Gefühle mitzuteilen, und nicht, um zu zeigen, daß es nur wichtig ist zu gewinnen.

Lassen Sie sich nicht entmutigen, wenn es auf einmal zur Halbzeit den gerade erst erworbenen Respekt für die Spielregeln sausen läßt und plötzlich beginnt, den Stein wie wild über das Spielfeld auf das Ziel zuzubewegen. Sie brauchen auch nicht mit finsterer Miene auf das Geschehen zu starren. Bewegen Sie Ihre Spielfigur ganz einfach auch einmal so verrückt, wie Ihr Kind das tut. Vielleicht werden Sie feststellen, wie gut das tut und daß Sie plötzlich ein Gefühl der Freiheit gegenüber den Spielregeln empfinden.

Wenn Sie dann dem Ziel näher kommen, gratulieren Sie Ihrem Kind, wenn es gewonnen hat, und legen Sie das Spiel zur Seite, um an einem anderen Tag wieder damit zu spielen. Halten Sie die Spielzeit kurz, behalten Sie ein ruhiges und sonniges Gemüt, und Sie werden das Spiel wahrscheinlich sogar genießen, obwohl es ein bißchen albern ist.

Bei zukünftigen Spielen können Sie sich entscheiden, entweder weiter nach den Regeln zu spielen oder auch Ihre Steine völlig willkürlich auf dem Brett zu bewegen, wenn Ihr Kind das tut, und einfach Ihr eigenes Spiel zu spielen. Aber fangen Sie Ihr Spiel immer nach den Regeln an, bewegen Sie Ihre Steine langsam vorwärts, sagen Sie die Punkte laut an, zählen Sie die Felder und so weiter, damit Ihr Kind auch eine Chance hat, das Spiel so zu lernen, wie man es normalerweise spielt. Wenn es allerdings immer wieder in eine alberne Spielweise zurückfällt, sollten Sie sich darüber Gedanken machen, ob Sie vielleicht ein Spiel ausgewählt haben, das zu viele Regeln oder Einschränkungen enthält, oder ob Ihr Kind für dieses Spiel einfach noch nicht reif genug ist.

Versuchen Sie es doch einmal mit einem leichteren Spiel und sehen Sie, ob Ihr Kind mehr Geduld aufbringt und mehr Spaß daran hat. Wenn nicht, macht das auch nichts. Spielen Sie weiterhin geduldig ab und zu mit ihm. Sie werden sehen, daß Ihr Kind ganz allmählich Ihrem Vorbild nacheifert, wenn es älter wird. Achten Sie darauf, daß Sie ihm nicht vorschreiben, wie man zu spielen hat, obwohl Sie natürlich im Plauderton sagen können: „Ich möchte auf diese Weise spielen." Wenn es sich dennoch entscheidet, auf seine Art zu spielen, seien Sie nicht beunruhigt darüber. Wenn Ihr Kind alt genug ist, nach den Regeln der Erwachsenen zu spielen, wird es das tun. In der Zwischenzeit genießen

Sie es doch einfach, mit Ihrem Kind zu spielen, und lassen Sie ihm die Freude, mit Ihnen zu spielen.

Die meisten Kinder in diesem Alter lieben Spiele, bei denen es Karten gibt, die ihnen sagen, wie sie sich zu verhalten haben, Karten, die zum Beispiel sagen: „Geh zwei Felder zurück!", „Nimm noch eine Karte!" oder „Einmal mit Würfeln aussetzen!" Spiele, bei denen ein Mitspieler die Spielsteine des anderen zurück an den Anfangspunkt schicken kann, mögen sie dagegen nicht so sehr.

Kinder stehen diesem Verhalten sehr mißtrauisch gegenüber, bis sie etwa neun Jahre alt sind; dagegen akzeptieren sie die Autorität einer unpersönlichen Karte. Sie genießen es auch, daß diese Karten sie und die Erwachsenen gleich behandeln; auch ein Erwachsener kann eine Ereigniskarte ziehen und muß dann vielleicht drei Felder zurückgehen.

Wenn Sie solche Spiele mit Ihren Kindern machen, denken Sie immer daran, daß Ihr Kind sich nach Ihnen richtet und so reagiert wie Sie. Sind Sie verärgert, wenn Sie Ihren Stein einige Felder zurücksetzen müssen, werden Ihre Kinder ebenfalls mit Verärgerung oder Enttäuschung reagieren; wenn Sie das Spiel genießen, aber scherzhaft bei einem Rückschlag vor Entsetzen maulen, wird Ihr Kind sich auch so verhalten. Am wichtigsten ist es, sich zu vergegenwärtigen, daß Kinder schon beim Spielen lernen, wie man mit Enttäuschungen, Frustration, Siegen und dem Streben nach Zielen fertig wird, und daß sie diese Erfahrungen mit in ihr späteres Leben nehmen. Wie Sie und Ihr Kind sich beim Spielen verhalten, gibt einen Eindruck davon, wie Sie und Ihr Kind sich im Leben verhalten.

Sie werden Ihrem Kind beim regelmäßigen Spielen mehr von Ihren eigenen Wertvorstellungen vermitteln als durch lange Reden und Predigten. Charakterzüge wie Großzügigkeit, Gerechtigkeit, Ernsthaftigkeit, Flexibilität und gute Laune werden alle bereits beim Spielen vermittelt. Andererseits werden auch Charakterzüge wie Egoismus, Kleinlichkeit, Unnachgiebigkeit, Eifersucht und Oberflächlichkeit dabei vermittelt. Es wäre also vernünftig, zunächst sein eigenes Verhalten zu überprüfen, bevor man versucht, die Charakterzüge seines Kindes positiv zu beeinflussen.

Ist ein Kind über das Alter hinaus, in dem Mogeln angemessen ist – das ist etwa mit neun Jahren –, sollten Sie das Spiel in dem

Moment abbrechen, wo Sie das erste Anzeichen von Mogeln bemerken. Drücken Sie bei kleineren Ausrutschern mal ein Auge zu, aber wenn Sie feststellen, daß es ungeniert mogelt, Sie betrügt und sich selbst einen ungerechtfertigten Vorteil verschafft, sollten Sie das Spiel sofort zur Seite legen und sagen: „Ich glaube, du bist müde. Wir machen ein anderes Mal damit weiter."

Erwähnen Sie nichts davon, daß es gemogelt hat. Sie würden es damit nur in Verlegenheit bringen, und Ihr Kind weiß auch so ganz genau, warum Sie das Spielen unterbrochen haben. Lassen Sie es sein Gesicht wahren und denken, daß Sie seine Müdigkeit, Langeweile oder Verschlafenheit für sein Verhalten verantwortlich machen. Achten Sie darauf, daß Sie nicht verärgert sprechen oder wirken, sondern gehen Sie fröhlich an Ihre Beschäftigung zurück. Die meisten Kinder genießen es so sehr, mit ihren Eltern zusammenzusein und zu spielen, daß sie das Mogeln recht schnell sein lassen, wenn sie merken, daß Sie andernfalls nicht mehr weiter mit ihnen spielen wollen.

Wenn das Kind zehn Jahre oder älter ist und ständig und bewußt mogelt, Spiel für Spiel, dann hat es ein Problem, das behandelt werden sollte. Zuerst müssen Sie sich aber sicher sein, daß Sie nicht daran schuld sind, weil Sie nämlich selbst zu sehr aufs Gewinnen aus waren oder den spielerischen Wettstreit übertrieben haben. Dann sollten Sie das Spiel beiseite legen und mit Ihrem Kind reden. Vielleicht ist es glücklich darüber, daß das Thema endlich offen besprochen wird. Erklären Sie ihm, daß es Sie beunruhigt, daß es so versessen darauf ist zu gewinnen. Erzählen Sie ihm, daß man mehr zum Spaß spielen und sich nicht so viel um das Gewinnen kümmern sollte.

Glauben Sie selbst, daß es in Ihrer eigenen Karriere oder im Berufsleben darauf ankommt zu gewinnen, um sich selbst zu bestätigen? Dann sollten Sie ihm Ihren eigenen Kampf im Berufsleben erklären; aber machen Sie ihm klar, daß es genauso wichtig im Leben ist, gewisse Dinge einfach aus Spaß zu tun, ohne gewinnen zu müssen. Sie werden bei dem Gespräch bestimmt interessante Informationen und Erkenntnisse über Ihr Kind und sich selbst gewinnen.

Sollte es zwanghaft mogeln und auch nach Ihrem Gespräch damit weitermachen, wäre es vernünftig, die Hilfe von Fachleuten in Anspruch zu nehmen. Es geht nicht um das Mogeln an sich, es geht dabei um die versteckten Gründe, die Ihr Kind dazu bewegen zu mogeln. Es ist das beste, wenn Sie Ihrem Kind helfen können, seine irrationalen Ängste und Befürchtungen, die es vielleicht veranlassen zu mogeln, noch in der Kindheit abzulegen. Es ist wesentlich schwieriger, diese Gefühle später als Erwachsener loszuwerden.

Mogeln in der Schule

Damit Sie nicht glauben müssen, mit Ihren Hausaufgaben schon fertig zu sein, wenn Sie Ihren Kindern das Mogeln beim Spielen abgewöhnt haben, denken Sie doch noch einmal nach. Erinnern Sie sich an Klassenarbeiten in der Schule, an die Notizen, die Sie sich mit Tinte auf die Handflächen oder auf die Fußknöchel geschrieben haben. Wenn Sie sich dann die Socke herunterkrempelten, um sich am Knöchel zu kratzen, konnten Sie dort die Antwort auf 7 × 6 lesen. Erinnern Sie sich noch daran?

Und erinnern Sie sich noch daran, wie aufrecht Sie plötzlich auf Ihrem Stuhl saßen und wie Ihre Augen hin und her gingen in dem verzweifelten Versuch, die Antworten auf alle Ihre Fragen von der Arbeit Ihres Nachbarn zu ergattern? Oder wie verkrampft Sie sich über Ihre Arbeit gebückt haben, damit Ihr Nachbar nur nicht einen Buchstaben Ihrer Arbeit erkennen konnte? Oder vielleicht waren Sie auch großzügiger und haben Ihre richtigen Antworten so weit an den Rand Ihres Tisches geschoben, daß Ihre weniger gut vorbereiteten Klassenkameraden Ihre Arbeit abschreiben konnten? Es hat sich zu damals nicht viel verändert, und auch die Schüler haben sich in dieser Beziehung nicht geändert.

Es gibt immer noch diejenigen, die keine vernünftigen Arbeiten abliefern können oder wollen und die versuchen, von besseren oder klügeren Schülern zu profitieren. In der Grundschule, in der Haupt- und Realschule, auf dem Gymnasium, an den Hochschulen und Universitäten gibt es immer noch die gleiche Situation: Entweder man hat's, oder man hat's nicht. Da sind die einen, die lernen, ihre Hausaufgaben machen und sich für ihre Klassenarbeiten vorbereiten, und da sind die anderen, die das nicht können oder wollen und die dann die anderen um Hilfe bitten.

126

Oft sind die Fleißigen nicht unbedingt die besten Schüler, aber die gewissenhaftesten. Manchmal sind die Besten direkt gelangweilt von der schlichten Natur ihrer Hausaufgaben; sie erledigen sie einfach nicht, weil sie sich für unterfordert halten. Es ist traurig: Aber ob Schüler nun nicht in der Lage sind zu lernen oder sich auf den Unterricht vorzubereiten, weil sie zu dumm sind, die Informationen zu verarbeiten, oder weil sie nun zu schlau sind, so daß sie sich sehr leicht langweilen – das Ergebnis bleibt das gleiche: Sie sind nicht in der Lage, die angebotenen Informationen aufzunehmen.

Aus diesem Grunde und aus Gründen der Aufrichtigkeit sollten Kinder davon abgehalten werden, in der Schule zu mogeln. Sie können eine Prüfung vielleicht mit Mogeln bestehen; aber sie werden ihren Lernstoff ganz sicher nicht beherrschen. Wenn Ihr Kind bei Prüfungen und bei den Hausaufgaben mogelt, weil es sich langweilt und glaubt, die ganzen Aufgaben seien völlig unwichtig, betrügt es sich selbst vielleicht um eine erfolgreiche Zukunft.

Oft ermutigen Eltern ihre Kinder auch noch, so arrogant und unwissend zu bleiben, indem sie sich über das Wissen der Lehrer lustig machen, unterschwellig oder ganz offen sagen, daß die Lehrer eifersüchtig oder ängstlich auf das größere Wissen ihrer Schüler reagieren. So gibt es dann Kinder, die in der Schule nicht einmal in der Lage sind, die einfachsten Dinge zu lernen, während sie zu Hause einen ungewöhnlich altklugen Eindruck machen. Kurzsichtige Eltern solcher Kinder stöhnen häufig: „Mein Georg ist ja so viel intelligenter als seine Lehrer, daß er mit ihnen gar nicht auskommt. Aus Wut geben sie ihm immer ganz schlechte Noten."

So ein Kommentar bringt dem ach so intelligenten Georg eines bei, nämlich, daß sein Versagen in der Schule nicht sein Fehler ist, sondern der seiner Lehrer. Er lernt, daß er ein besonders intelligentes Wesen ist, das nur dann etwas lernen kann, wenn sich seine Lehrer auf seine besondere Art einstellen.

Diese Eltern möchten vielmehr nur, daß ihr Kind ein gut ausgeprägtes Selbstwertgefühl hat; aber sie erreichen auch, daß ihr Kind denkbar schlecht vorbereitet für ein späteres Studium oder eine Karriere ist, wo bestimmt jeder andere ebenso intelligent, wenn nicht noch intelligenter ist. Niemand ist dann mehr von Georgs besonderer Intelligenz beeindruckt.

Viele Menschen beschäftigen sich nicht mit den alltäglichen Dingen des Lebens, weil sie sie für sehr gewöhnlich halten – das, was eben jeder macht! In ihrer Einschätzung, etwas Besseres zu sein, sind sie nicht in der Lage, die grundlegenden Fähigkeiten zu erwerben, die es ihnen erlauben würden, wirklich etwas Hervorragendes in ihrem Leben zu leisten. Manche dieser hochintelligenten Versager ermutigen ihre Kinder auch noch geradezu, in ihre Fußstapfen zu treten, dabei bemerken sie niemals die Dummheit ihrer Lebenseinstellung und die Tragödie, die sie ins Endlose verlängern.

Wenn Ihr Kind wirklich intellektuell hochbegabt ist, sollten Sie ihm die Möglichkeit geben, eine Schule zu besuchen, die seinen geistigen Fähigkeiten gerecht wird und gleichzeitig weiter bestimmte Anstrengungen von ihm verlangt. Wenn ein Ansporn durch eine veränderte schulische Umgebung nicht möglich ist, erlauben Sie Ihrem Kind nicht, seine höhere Intelligenz als Ausrede dafür zu benutzen, daß es im Grunde genommen nichts dazulernt.

Zeigen Sie ihm Ihr Verständnis dafür, wenn die Art des Unterrichts und der Hausaufgaben es langweilt, aber verlangen Sie von ihm, daß es seine Aufgaben erledigt und auch die grundlegenden Dinge lernt, selbst wenn es sie so verachtet. Geben Sie ihm zu bedenken, daß langweilige Arbeiten zwar ein wenig stumpfsinnig sind, daß es aber so schlimm auch wieder nicht ist und daß jeder von Zeit zu Zeit immer wieder weniger anregende (Tätigkeiten und) Aufgaben erfüllen muß. Bringen Sie zum Ausdruck, daß auch wirklich hochbegabte Menschen sich dazu zwingen, notwendige Aufgaben selbst dann zu erfüllen, wenn diese alles andere als anregend sind, und daß Menschen, die nur Aufgaben erfüllen, die anregend sind, im Grunde genommen sehr gewöhnliche Menschen bleiben.

Vielleicht mogelt Ihr Kind aber auch gar nicht aus Faulheit oder aus Unlust, eine Arbeit anzupacken, die nicht anregend und fordernd genug ist. Vielleicht mogelt es, weil es tatsächlich weniger begabt ist oder weil es nur befürchtet, weniger begabt zu sein. In beiden Fällen sollte das Problem sofort angegangen werden.

Bevor Sie allerdings versuchen, das Problem zu lösen, sollten Sie sich einige ganz direkte Fragen stellen und diese ehrlich beantworten. Wenn Sie nun feststellen, daß die Intelligenz Ihres Kindes nur durchschnittlich ausgebildet ist oder sogar noch darunter liegt, sind Sie bereit, das zu akzeptieren und Ihrem Kind zu helfen, seine volle geistige Kraft zu entwickeln? Wenn Sie Akademiker und überdurchschnittlich intelligent sind, können Sie dann ein Kind annehmen, das vielleicht nicht über den Hauptschulabschluß hinauskommt?

Wenn Sie andererseits nicht dazu in der Lage waren, eine weiterführende Schule zu besuchen, sei es aus finanziellen Gründen oder weil Sie nicht begabt genug waren, und Sie hätten nun immer gehofft, daß Ihr Kind Ihren Traum von einer Hochschulausbildung verwirklichte, könnten Sie die Möglichkeit akzeptieren, daß Ihr Kind einfach nur so leben möchte, wie Sie leben?

Gesetzt den Fall, daß Ihr Kind keine Lernschwäche hat, können Sie glücklich mit einem Kind sein, dessen schulische Leistungen nur durchschnittlich oder sogar unterdurchschnittlich sind? Sie müssen sich ganz sicher sein, daß Ihre Antwort auf diese Frage „Ja" lautet, weil es unsagbar wichtig ist, daß Ihre Anerkennung für das Kind wirklich fest gegründet ist, ganz egal, welche geistigen Fähigkeiten Ihr Kind hat, bevor Sie mit dem Problem fertig werden können, ob Ihr Kind tatsächlich wegen geringer Begabung mogelt oder weil es sich nur fürchtet, weniger begabt als die anderen zu sein.

Nehmen Sie die Hilfe von Fachleuten in Anspruch!

In vielen Fällen wird es die Aufgabe von Fachleuten sein festzustellen, ob das Kind wirklich weniger begabt ist oder ob das Kind nur befürchtet, weniger begabt zu sein als andere. Am besten kann das ein Psychologe herausfinden, besser noch als ein Berater von der Schule, ganz einfach, weil diese Berater nicht die Zeit haben, die für eine ausführliche Untersuchung erforderlich ist, um ein bestimmtes Problem genau ins Auge zu fassen. Außerdem hat ein Psychologe Übung darin, die verschiedenen Muster von vielen verbundenen Testergebnissen zu interpretieren, anstatt nur einige Testergebnisse für sich zu bewerten. Er wird auch eher als ein Berater von einer Schule dazu in der Lage sein, solche Testergebnisse herauszufinden, die aufgrund von Furcht, Depression oder einer neurologischen Funktionsstörung schlecht ausgefallen sind.

Ein Psychologe, der in solchen Untersuchungen und in der Arbeit mit Kindern geübt ist, sieht sich auch das Schema der einzelnen Antworten genau an. Antwortet das Kind vielleicht bis zu einem bestimmten Niveau ständig richtig und versagt ab dann bei jeder darauffolgenden Frage? Oder sind seine richtigen Antworten über sämtliche Fragen verstreut, läßt es ein paar einfachere schon einmal aus, während es die schwereren mit Leichtigkeit beantwortet? Weiß es beispielsweise, wer Dschingis-Khan war, aber nicht, wie viele Eier in einem Dutzend sind? Kann es eine geometrische Figur abzeichnen, wenn es sie ansieht, aber kann es sich vielleicht nicht mehr daran erinnern, wie die Figur aussah, wenn die Karte umgedreht wird? Ist das Kind nicht in der Lage, einfachste Rechenaufgaben zu lösen, kann sich aber dafür sieben- oder achtstellige Zahlenkombinationen einprägen? Kann es diese Zahlenkombination vielleicht nur rückwärts aufsagen, aber nicht vorwärts? Werden seine Augen feucht, wenn es versucht, ein Modell aus farbigen Bauklötzen nachzubauen, nicht dagegen, wenn es zeichnet?

All diese und viele andere Fragen und Anzeichen, nach denen ein Psychologe Ausschau hält, wenn er feststellen will, ob ein Kind wirklich geistig ein wenig schwach ist oder nur unter Ängsten, Depressionen, Sehschwierigkeiten, Problemen mit der Klassengemeinschaft, organischen Funktionsstörungen oder anderen Problemen leidet.

Manchmal zeigt ein Kind ruhig und gleichmäßig sein Wissen bis zu einem bestimmten Punkt, und auf einmal kommen von da an nur noch abwechselnd richtige und falsche Antworten. Mit einem gewissen Spürsinn kann man vielleicht feststellen, daß mit der bestimmten Frage ein Zeitpunkt während der Entwicklungsstufen oder der schulischen Laufbahn korrespondiert, zu dem das Kind ein traumatisches Erlebnis hatte: ein schwerwiegender Streit zwischen den Eltern, die Scheidung der Eltern, ein Todesfall in der Familie, ein Umzug mit Trennung von Freunden oder sonst ein Ereignis, das dem Kind angst gemacht hat.

Vergleichbar mit einem Langstreckenläufer, der ganz ruhig und gleichmäßig losläuft, bis er auf einem Stein ausrutscht und sich den Fuß verstaucht, wird das Kind von dem Zeitpunkt dieses traumatischen Erlebnisses an gefühlsmäßig „lahmen" und wird nicht wieder zu seinem ruhigen und kräftigen Trab zurückfinden. Da der Lernstoff in jeder Klasse schwieriger wird, türmen sich die Lücken aus den vorhergehenden Schuljahren mehr und mehr auf, bis das Kind eines Tages feststellt, daß es dem Unterricht nur mehr folgen kann, wenn es die Lücken aufgefüllt hat.

In einem solchen Fall bietet sich eine Kombination aus Nachhilfeunterricht für die Ausbildungslücken und aus Psychotherapie zur Behandlung der seelischen „blauen Flecken" an, um das Kind, das nicht mehr in der Lage ist, schulische Leistungen zu erbringen, wieder auf die richtige Bahn zu setzen. Manchmal muß die Psychotherapie auch dem Nachhilfeunterricht vorausgehen, weil die Ängste und Depressionen, die bisher zu Lernschwierigkeiten in der Schule geführt haben, dazu führen können, daß auch bei einem Nachhilfelehrer Probleme beim Lernen auftreten.

Ein gemeinsames Gespräch zwischen dem Psychotherapeuten, dem Berater der Schule, Lehrern und Eltern ist in diesem Stadium recht nützlich, so daß alle Beteiligten ihre Anstrengungen koordinieren können, dem Kind über seine Probleme hinwegzuhelfen. Geduld, Verständnis und gute Zusammenarbeit von seiten aller beteiligten Erwachsenen ermöglichen es einem Kind mit derartigen Problemen, seine Selbstachtung und seine Lernfähigkeit wiederzugewinnen.

In anderen Fällen kann die Untersuchung zutage bringen, daß das Kind kontinuierlich die Informationen aufgenommen hat, die ihm akustisch vermittelt worden sind; aber daß es in dem Moment Schwierigkeiten mit dem Lernen bekommen hat, sobald der Lehrstoff visuell vermittelt wurde. Diese Lernstörungen treten zumeist in der dritten Klasse auf, wenn Kinder auf einmal weniger Aufgaben an ihrem Sitzplatz bei geringerer Seh-Entfernung erledigen und mehr von den Informationen abhängen, die an der Tafel in größerer Entfernung angeschrieben sind. Ein Kind, dessen Sehvermögen nicht ausreichend ist, lernt plötzlich schlechter und weniger; dabei ist es sich aber nicht bewußt, daß die anderen Kinder vielleicht nur besser sehen können.

Viele von diesen Kindern sind bestürzt und entmutigt, weil ihre Klassenkameraden die richtigen Antworten geben können, und schließen daraus, daß sie selbst von Natur aus nur unzureichend begabt sind. Gewöhnlich sind sie traurig und ängstlich, wenn sie für sich zu diesem Schluß gelangen, und fürchten sich zugleich vor der Reaktion ihrer Eltern, wenn diese merken, wie dumm ihr Kind ist. Die Kinder reagieren oft sehr ausgelassen, um ihre eigene Traurigkeit zu überspielen, oder sie werden sehr zurückhaltend und ziehen sich in sich selbst zurück.

Bei manchen Kindern handelt es sich vielleicht nicht um eine Sehschwäche, so daß man bei den üblichen Sehtest-Tafeln keine Abnormität feststellen kann, sondern sie leiden möglicherweise unter gestörter visueller Aufnahmefähigkeit, mangelnder visueller Erinnerungsfähigkeit oder schwacher visueller Assoziationsfähigkeit. Das sind völlig verschiedene Dinge. Ein Kind kann zum Beispiel die Buchstaben oder Zahlen auf der Tafel klar erkennen, aber Schwierigkeiten haben, sich die Zeichen so lange einzuprägen, bis es diese in sein Heft übertragen hat. Vielleicht kommt es ihm auch so vor, als bewegten sich die Zeichen an der Tafel auf und ab, so daß es sich nur schwer darauf konzentrieren kann. Möglicherweise sieht das Kind auch alle Zeichen nur für sich ohne jede Verbindung dazwischen, so daß sie ihm eigentlich völlig bedeutungslos erscheinen.

Um es noch einmal zu sagen: All diese Probleme werden von einer Klassenstufe zur anderen immer größer und ballen sich zusammen. Ein Kind hat bis zu dem Moment, wo seine Eltern oder Lehrer auf seine Schwierigkeiten aufmerksam werden, schon so viele seelische Probleme wegen seiner Lernschwierigkeiten oder seines Glaubens an die eigene Unfähigkeit aufgebaut, daß eine psychotherapeutische Hilfe neben dem Nachhilfeunterricht dringend geboten erscheint.

Wenn Sie entdecken, daß Ihr Kind irgendwelche seelischen oder organischen Schwierigkeiten hat, die von Fachleuten behandelt werden sollten, dann tun Sie nicht so, als handele es sich um ein fehlerhaftes Gerät, das nur repariert werden muß. Behandeln Sie die Notwendigkeit psychotherapeutischer Hilfe so, wie Sie die Notwendigkeit einer Allergiebehandlung oder einer Korrektur für ungleichmäßig entwickelte Muskelausbildung behandeln würden. Bleiben Sie sachlich, fröhlich und verständnisvoll, machen Sie sich keine Selbstvorwürfe, und seien Sie auch nicht neugierig. Die Therapie Ihres Kindes, sei es nun eine Spezialbehandlung zur vollen Entwicklung der Seh-, Sprach- oder Hörfähigkeit oder die Psychotherapie, ist etwas, das nur Ihr Kind und den Therapeuten etwas angeht. Fragen Sie Ihr Kind also nicht über die Behandlung aus und diskutieren Sie nicht mit ihm darüber!

Liegen Sie nachts schlaflos im Bett und plagen Sie sich mit Vorwürfen darüber, daß Sie Ihr Kind tatsächlich oder auch nur in Ihrer Einbildung abgelehnt oder vernachlässigt haben, und fürchten Sie jetzt, dies könne zu den Problemen Ihres Kindes beigetragen haben? Dann sollten Sie vielleicht selbst einen Psychotherapeuten aufsuchen und mit ihm über Ihre Probleme sprechen. Aber bürden Sie Ihrem Kind nicht neben seinen eigenen auch noch Ihre Probleme auf.

Zwingen Sie Ihre Kinder zu mogeln?

Wenn Sie feststellen, daß Ihr Kind keine Lernschwierigkeiten und keine organischen Störungen hat, die ein Grund für Schulangst und mögliches Mogeln bei Klassenarbeiten sein könnten, richtet sich das Hauptinteresse wieder einmal auf „Papi" und „Mami". Sie müssen sich sowieso damit abfinden, daß die Eltern mit Tadel geradezu überschüttet werden, selten dagegen mit Lob. Aber mal ganz ehrlich! Legen Sie vielleicht so großen Wert auf Noten und schulische Leistungen, daß Ihre Kinder glauben, daß Sie sie nicht annehmen, wenn sie nur durchschnittliche oder gar schlechtere Schüler sind? Erkennen Sie Ihre Leistungen nur an, wenn sie gute Noten nach Hause bringen? Bestrafen Sie sie vielleicht sogar, wenn sie Leistungen erbringen, von denen Sie glauben, daß sie hinter dem zurückbleiben, was sie erreichen könnten, wenn sie sich nur ein wenig anstrengen würden?

Wenn dem so ist, zwingen Sie Ihr Kind geradezu zu mogeln, um Ihren Ansprüchen gerecht zu werden. Seien Sie einmal ehrlich zu sich, und werden Sie sich klar darüber, was Ihnen und Ihrem Kind Noten bedeuten. Beginnen Sie, Ihr Augenmerk auf das Kind zu richten anstatt auf seine Schulnoten. Ein Kind kann bei einer Prüfung aus ganz anderen Gründen schlecht abschneiden als nur wegen Unfähigkeit. Eltern sollten sich das auch einmal vor Augen führen.

Vielleicht war es erkältet und hat sich so schlecht gefühlt, daß es keinen klaren Gedanken fassen konnte. Möglicherweise war das Aufgabenblatt einmal so schlecht vervielfältigt, daß man die Fragen nicht genau lesen konnte, oder aber Ihr Kind hat sich mit Fleiß und Ausdauer prompt auf das falsche Thema vorbereitet. Aus Prüfungsangst hat es vielleicht alles vergessen, was es eigentlich gelernt hatte. Es gibt viele Gründe, warum ein Schüler bei Prüfungen ein schlechtes Ergebnis bekommt, und das hat nicht immer etwas mit Unfähigkeit, zu lernen und sich zu konzentrieren, zu tun.

Eltern, die selbst später noch einmal die Abendschule besuchen, um ihre eigene Ausbildung zu verbessern, ändern ihre Einstellung zu den Prüfungsergebnissen ihrer Kinder drastisch, wenn sie feststellen, daß sie plötzlich die gleichen Erfahrungen mit Prüfungen machen. Ständiges Versagen ist natürlich ein Anzeichen für irgendwelche Probleme; aber ein gelegentlicher Patzer sollte einfach als das gesehen werden, was er ist. Es kann schon mal peinlich sein, aber es ist doch kein Beinbruch! Es kann bedeuten, daß ein Kind sich nicht genug auf eine Arbeit vorbereitet hat; aber es bedeutet doch nicht, daß das Kind dumm oder faul ist. Selbst ein Versagen in einem Fach über das ganze Schuljahr bedeutet noch nicht, daß man sein Leben lang ein Versager bleibt.

Ich glaube, es wäre gut, wenn sich alle Kinder und alle Eltern vor Augen führen würden, daß selbst viele der berühmten und sehr erfolgreichen Menschen auf der Welt schon mal oder überhaupt schlecht in der Schule waren. Winston Churchill, der ehemalige englische Premierminister, und der Physiker Albert Einstein, sie beide waren beispielsweise in mehreren Schulfächern schlecht. Der Erfinder der Zeichentrickserie „Die Peanuts" hat einmal in einem Schuljahr in keinem Unterrichtsfach bestanden.

Einigen Kindern, die unter Prüfungsangst leiden, sollte man es zugestehen, in Prüfungen zu versagen, bis sie irgendwann in der Lage sind, Leistungen zu erbringen, die ihren Fähigkeiten entsprechen. Man sollte ihnen freundschaftlich zu verstehen geben: „Weißt du, viele Menschen können sehr gut lernen und verstehen, aber sie können keine Prüfung bestehen. Das ist nicht so schlimm. Das wichtigste ist, daß du lernst, und nicht, daß du unbedingt auch eine gute Note bekommst. Du weißt und ich weiß und auch deine Lehrer wissen, daß du den Unterrichtsstoff gelernt hast. Auf deine Note kommt es jetzt nicht an, nur darauf, daß du gut gelernt hast."

Einem solchen Kind kann man am besten helfen, wenn man versucht, es ein wenig abzulenken, damit es sich entspannen kann. Sie sollten vielleicht am Tag vor der Klassenarbeit oder einer Prüfung mit dem Kind am Nachmittag ins Kino gehen oder mit ihm ein lustiges und entspannendes Spiel spielen oder mit der ganzen Familie ausgehen. Wenn das Kind kurz vor einer Prüfung eine beruhigende Abwechslung hat, wird es entspannter sein und weniger dazu neigen, bei der Prüfung zu versteinern und eine Hemmschwelle gegenüber den Aufgaben aufzubauen. In ganz extremen Fällen von Prüfungsangst kann man dem Kind vielleicht durch eine spezielle Hypnose helfen lassen, sich bei Prüfungen zu entspannen und sich den gelernten Unterrichtsstoff wieder wachzurufen.

Wenn die Versetzung in einen A-Kurs zum Mogeln führt

Es gibt zwei andere Situationen, wann Kinder versucht sein könnten, in der Schule zu mogeln: Zum einen, wenn ein Schüler bei einer Versetzung in einen A-Kurs oder einen Leistungskurs feststellt, daß dort der Unterrichtsstoff für ihn zu schnell durchgenommen wird, um ihn richtig verarbeiten zu können. (Ein A-Kurs ist gewöhnlich bei verschiedenen parallel ausgerichteten Kursen in einem Fach derjenige mit den höchsten Ansprüchen und der kürzesten verfügbaren Bearbeitungszeit.) Zum anderen kann Mogeln sogar seinen Grund darin haben, daß sich ein Schüler über mehrere Jahre ohne größere Anstrengungen durchschlagen konnte und sich auf einmal in einer Lage wiederfindet, wo er sich plötzlich anstrengen muß, um mit den Anforderungen mithalten zu können.

A-Kurse sind ein Segen und ein Fluch zugleich. Sie machen gescheiten und wißbegierigen Schülern mehr Spaß, sind interessanter und herausfordernder für sie. Aber diese Kurse können Lehrern, die etwas für eigenes Selbstbewußtsein und ihren Ruf als besonders begabte Pädagogen tun wollen, als Experimentierfeld dienen. Sie werden vielleicht mit anderen Lehrern darum wetteifern, wer in der kürzesten Zeit das größte Pensum des Lehrstoffs herunterrattern kann. Die Unterteilung in A- und B-Kurse kann auch zu einem akademischen Kastenwesen führen, in dem die Schüler in den A-Kursen mit dem Etikett „intelligent" und die Schüler in den anderen Kursen mit dem Etikett „unbegabt" versehen werden.

Wenn in einem A-Kurs der Unterricht von einem Lehrer gehalten wird, der schöpferisches Denken fördert und dem eigentlichen Lehrstoff interessante und innovative Projekte hinzufügt, werden die Schüler sich natürlich schnell weiterentwickeln und Spaß am Lernen finden, weil sie angeregt und gefordert werden.

Ein Lehrer dagegen, der seine Schüler in einem A-Kurs lediglich mit Informationen füttert, ohne sich Gedanken um die Aufnahme des Stoffes zu machen oder sich um die Anregung seiner Schüler zu kümmern, wird bei ihnen wahrscheinlich ein Gefühl freudloser Verzweiflung hervorrufen und sie dazu veranlassen, auch nur das zu tun, was nötig ist, um mit dem Lernstoff mithalten zu können. In einer solchen Lage gibt es die Versuchung zu mogeln, nur, um in dem A-Kurs verbleiben zu können. Das gilt ganz besonders dann, wenn die Lehrer auch noch betonen, daß nur die intelligenten Schüler in den A-Kursen sind und daß es ein Statussymbol für Schüler und Eltern ist, in einem A-Kurs zu sein.

Einige Kinder können sehr gut mit einem schnell voranschreitenden Unterrichtsstoff Schritt halten, manche können das nur auf bestimmten Gebieten. Und selbst besonders gescheite Kinder brauchen manchmal mehr Zeit für alle Unterrichtsfächer, um die angebotenen Informationen richtig und vollständig umzusetzen, bevor sie in der Lage sind, etwas Neues aufzunehmen. Wenn es aber mit dem Makel des Versagens oder der Dummheit behaftet ist, in einem normalen Kurs zu sein, wird ein Kind ständig versuchen, in dem A-Kurs bleiben zu können. Es wird fast verzweifeln, wenn es von dem A-Kurs in einen anderen zurückgestuft wird.

Haben Sie ein Kind, das in einem A-Kurs ist und jedesmal anfängt zu weinen und nervös wird, wenn eine Prüfung ins Haus steht, dann sollten Sie sich einmal fragen, wie wichtig es eigentlich für Sie ist, sagen zu können: „Mein Kind ist in Mathematik in einem A-Kurs." Haben Sie vielleicht selbst das Gefühl, intelligenter zu sein, wenn Ihr Kind so intelligent ist? Wäre Ihr Kind eigentlich so viel weniger intelligent, wenn es den gleichen Unterrichtsstoff erst sechs Wochen später lernen würde? Sollte es nicht die Möglichkeit haben, etwas gerade Gelerntes zu festigen, bevor es schon wieder zu etwas Neuem geht? Kann es nicht sein, daß Ihr Kind in einer solchen Situation in Versuchung kommt zu mogeln, um mit dem Rest der Klasse mithalten zu können?

Ganz sicher, wenn Ihr Kind in einem A-Kurs glücklich und zufrieden ist und dort gut zurechtkommt, sollte es dort bleiben. Verwechseln Sie aber den „schneller" voranschreitenden Unterricht nicht wirklich mit „intelligenter". Das kann zu Problemen führen, die völlig unnötig sind. Stellt es sich heraus, daß der schneller voranschreitende Unterricht für Ihr Kind eher schlechter als besser ist, dann versuchen Sie Ihrem Kind Ihre Denkweise zu erklären und schlagen Sie ihm vor, in einen normalen Kurs zurückzukehren.

Mogeln nach dem „Abrutschen"

Die Situation eines Schülers, der plötzlich an einem Punkt ankommt, an dem er erkennen muß, daß seine schulische Karriere harte Arbeit wird, ist ein wenig traurig. Das kann vorkommen –und es kommt meistens dann vor –, wenn ein Kind, für das die Grundschule wie ein Spaziergang war, in die anspruchsvollere Welt der weiterführenden Schulen eintritt. Vielleicht passiert es aber auch erst während des Hochschulstudiums. Wenn es passiert, ist es im allgemeinen niederschmetternd und belastend für das Kind, das diese Erfahrung machen muß. Es glaubt, jetzt den geistigen Höhepunkt überschritten zu haben und auf dem Abstieg zu sein. Ist ein Kind in dieser mißlichen Lage, fühlt es sich verängstigt, beschämt und verzweifelt und ist davon überzeugt, daß es plötzlich dumm geworden sei. Das Kind ist sich einfach nicht bewußt, daß es nicht länger in der Schule weiterkommen kann ohne zu lernen.

Wenn man Kindern zu diesem Zeitpunkt nicht hilft und zu verstehen gibt, daß selbst Genies lernen und sich neue schwierige Fachgebiete erarbeiten mußten, kann es dazu kommen, daß sie im

Mogeln einen letzten Ausweg sehen, in dem Irrglauben, daß sie nur so an ihre bisherigen Noten anknüpfen könnten. Man muß ihnen versichern, daß es überhaupt nichts mit Dummheit zu tun hat, wenn sie plötzlich nicht mehr in der Schule mitkommen, ohne zu lernen, sondern daß dies ein ganz normaler Anstieg der schulischen Anforderungen ist.

Ist das Kind, das plötzlich und völlig abrupt mit seinen schulischen Leistungen abgerutscht ist, ein Junge im Alter zwischen vierzehn und siebzehn Jahren, sehen Sie sich nur einmal seine Hosenbeine an: Hat die Hose Hochwasser? Oder haben Sie die Hose schon mehrere Male länger gemacht? Viele Jungen in diesem Alter wachsen über mehrere Jahre in so kräftigen Schüben, daß ihre ganze Energie für das Wachstum verbraucht wird. Ihr Verstand bekommt dann oft im wahrsten Sinne des Wortes nicht genügend Energie, um konzentriert lernen zu können, und schaltet sich manchmal sogar ganz ab, bis ihr Körper zu einem normalen Wachstum zurückfindet.

Ein Bursche, der im Begriff ist, einen drastischen Wachstumsschritt zu vollziehen, verändert sich über Nacht von einem fleißigen, gebildeten und nachdenklichen Jugendlichen zu einem schlurfenden, schlappen „Zombie", in dessen Augen sich kein einziger Gedanke oder auch nur die Spur von Verstand spiegelt. Haben Sie Geduld mit ihm! Geben Sie ihm genug zu essen, lieben Sie ihn, sorgen Sie dafür, daß er viel Schlaf bekommt, und erwarten Sie eine Zeitlang nicht allzuviel von ihm! Hören Sie auf, an ihm herumzunörgeln, und ein paar Tage später wacht er auf einmal auf, seine Augen sind klar, er ist einige Zentimeter gewachsen, und er ist wieder bereit, weiter zu leben und zu lernen.

Während dieser Wachstumsphase ist er sich wahrscheinlich kaum bewußt, daß er dem Unterricht nur schlecht folgen kann, und schämt sich vielleicht seiner schwachen Noten und ist wegen dieser Entwicklung stark verwirrt. Noch einmal, haben Sie Geduld! Sagen Sie ihm ganz einfach, daß sein Körper eine Reihe von Veränderungen durchmachen muß, die sehr wichtig für ihn sind, und versichern Sie ihm, daß er noch genauso intelligent ist wie vorher auch. Machen Sie ihm klar, daß die Zeit der raschen Wachstumsschübe bald vorbeigeht und daß er in der Zwischenzeit seine geistigen Fähigkeiten nicht verlieren wird.

Lassen Sie es nicht dazu kommen, daß Ihr Kind in diesem Alter hysterisch auf Schulnoten oder ihre Auswirkungen auf die späteren Ausbildungsplatz- oder Studienplatzmöglichkeiten reagiert. Ermutigen Sie es, seine besten Leistungen, ohne zu mogeln, zu erbringen, und versprechen Sie ihm, daß es bald von selbst besser wird. Sagen Sie ihm, daß diejenigen, die über die Vergabe von Ausbildungs- und Studienplätzen zu entscheiden haben, sich der Tatsache bewußt sind, daß die Pubertät gewisse Auswirkungen auf die Lernfähigkeit hat. Wenn die Leistungen der letzten Jahre an einer weiterführenden Schule die schulischen Leistungen eines Schülers im großen und ganzen gut wiedergeben, werden sich die Personalabteilungen oder Studiensekretariate auf diese Noten konzentrieren und solche außer acht lassen, die wegen akuter Pubertät völlig ungleichmäßig sind.

Wie bei allen anderen Dingen auch, liegt der Schlüssel dazu, Ihr Kind erfolgreich um alle Hindernisse und Fallgruben herumzuführen, die es zum Mogeln veranlassen könnten, darin, daß Sie eine gewisse seelische Reife haben, die es Ihnen ermöglicht, als Erwachsener zu handeln, während Sie Ihrem Sprößling erlauben können, Kind zu sein. Wie bei allen anderen Dingen auch, ist das natürlich leichter gesagt als getan.

Um selbst reif genug zu sein, Ihrem Kind zu helfen, ohne ein Bedürfnis, zu lügen, zu stehlen oder zu mogeln, aufzuwachsen, müssen Sie sich selbst zunächst lieben und stolz auf sich und Ihre Fertigkeiten sein. Dabei müssen Sie aber immer im Hinterkopf behalten, daß Sie weit davon entfernt sind, vollkommen zu sein. Wenn Sie sich aber ständig bemühen, besser zu werden, während Sie mit jedem kleinen Fortschritt zufrieden sind, wird es einfacher für Sie sein, den Fortschritten Ihrer Kinder etwas Positives abgewinnen zu können. Sie werden dann nicht enttäuscht und frustriert sein, wenn Ihr Kind nur einen kleinen Schritt auf seine geistige Reife hin macht. Statt dessen könnten Sie sich freuen, daß sich Ihr Kind ganz normal entwickelt, und Vertrauen in seine spätere Reife haben.

Wenn Sie selbst ganz erwachsen sind, frei von dem Bedürfnis, daß alles so ablaufen muß, wie Sie es gerne hätten, fähig, Ihr Leben zu lieben und zu genießen, dann sind Sie auch in der Lage, Ihren Kindern zu erlauben, noch nicht reif zu sein. Sie werden sich dann nicht in endlose Streitereien oder Machtkämpfe verstricken oder beleidigt oder mit geschwollenem Kamm reagieren.

Statt dessen werden Sie sich entspannt und wohl fühlen können. Sie können ganz einfach Gefallen an Ihren Kindern finden, ohne das Gefühl zu haben, sich für sie aufopfern zu müssen, und können sie dahin führen und anleiten, daß sie für ihre eigene Zukunft davon profitieren.

Haben Sie in Anbetracht von kindlichem Verhalten wie Lügen, Stehlen und Mogeln ein Gefühl völliger Hilflosigkeit? Sind Sie vor lauter widerstrebenden Gefühlen nicht in der Lage, das Problem vom Standpunkt eines Erwachsenen zu betrachten? Sind Sie sich nicht sicher, wann Sie ruhig bleiben sollten und wann Sie etwas unternehmen sollten? Dann sollten Sie fachkundige Hilfe für sich selbst in Anspruch nehmen.

Sie werden alle davon profitieren!

Ob Sie es glauben oder nicht, das Kind, mit dem Sie
jetzt noch am wenigsten anfangen können, wird am
meisten tun, worauf Sie stolz sein können.

Mignon McLaughlin

Kapitel sieben

Machen Sie sich keine unnötigen Sorgen!
Haben Sie sie einfach lieb –
dann werden sie schon alle erwachsen!

Wenn ich jedesmal 100 Dollar bekäme, wenn mich Eltern fragen:
„Was kann ich bloß tun, um mein Kind zu motivieren, seine
schlummernden Fähigkeiten endlich zu nutzen?", wäre ich schon
heute die reichste Frau in den Vereinigten Staaten und Kanada.
Wenn ich die Antwort auf diese Frage wüßte, wäre ich sogar die
reichste Frau auf der ganzen Welt.

Tatsache ist, daß man niemanden motivieren kann, irgend etwas zu tun. Man kann etwas unterstützen. Man kann etwas ermöglichen. Man kann jemandem alle Grundvoraussetzungen mit
auf den Weg geben, damit er das Bestmögliche aus sich heraus-
holen kann. Aber motovieren kann man einen Menschen genausowenig, wie man das Wachstum einer Pflanze erzwingen kann.

Vater oder Mutter zu sein und Kinder aufzuziehen ist in etwa
vergleichbar mit der Aufgabe eines Gärtners, Pflanzen heranzu-
ziehen. Der Hauptunterschied besteht natürlich darin, daß Ihre
„Ernte" – Gott sei Dank – stückzahlmäßig wesentlich kleiner ist;
die Grundlagen sind die gleichen. Und während erfahrene Eltern,
wie ein erfahrener Gärtner, ihre Aufgabe leichter erfüllen können,
kann selbst ein blutiger Anfänger ganz beachtliche Erfolge erzielen. Alles, was man braucht, ist liebevolle Hingabe, viel Geduld
und ein bißchen „Gewußt-wie".

Angenommen, Sie wären ein Amateurgärtner und irgend jemand würde Ihnen ein Tütchen mit gemischtem Blumensamen
schenken. Wenn Sie über eine natürliche Begabung verfügen, gehen Sie hin und legen zunächst einmal ein richtiges Blumenbeet

an. Sie lockern den Boden auf, fügen nährstoffreichen Humus und anderen Dünger hinzu, bevor Sie den Samen aussäen.

Nachdem Sie die Samen ausgesät hätten, würden Sie den Boden feucht halten, damit die Samenkörner keimen können. Wenn dann die ersten Pflänzchen aus der Erde kämen, würden Sie sie mit etwas abdecken, um die zarten Schößlinge vor Tierfraß und Schädlingen zu schützen. Während sie dann heranwachsen, würden Sie weiter bemüht sein, die Pflänzchen vor allen widrigen Einflüssen zu bewahren, und dafür sorgen, daß sie die für ein ungestörtes Wachstum notwendige Menge Wasser und Licht hätten.

Sie würden versuchen, die jungen Pflanzen vor sengender Hitze genauso wie vor Überflutung und Sturmböen zu bewahren; gleichzeitig würden Sie aber auch dafür sorgen, daß sie sich bei wachsender Stärke langsam an die rauhe Umwelt gewöhnen. Wenn Sie bemerken würden, daß die Stengel zu schwach wären oder sich die zarten Blättchen gelb färben, würden Sie sicherlich in dem einen Fall für zusätzlichen Halt oder in dem anderen für zusätzliche Nahrung sorgen. Es käme Ihnen doch bestimmt nicht der Gedanke, die Pflänzchen ärgerlich auszureißen und wegzuwerfen, nur weil sie sich noch nicht voll entwickelt haben.

Und wenn Sie nicht gerade ein erfahrener Gartenbaufachmann sind, wüßten Sie wahrscheinlich auch nicht genau, was für verschiedene Pflanzen sich aus den Samenkörnchen entwickeln werden. Sie müßten einfach darauf vertrauen, daß sich schon alle richtig entwickeln werden. Sie würden sich auch keine Sorgen machen, daß die eine oder andere Pflanze vielleicht in einer falschen Farbe blühen oder eine ungewöhnliche Blütenform entwickeln könnte. Es würde Ihnen ebensowenig in den Sinn kommen, das Wachstum in irgendeiner Weise beschleunigen zu wollen. Sie würden auch nicht an den zarten Stengelchen zerren oder versuchen, die noch aufgerollten Blätter auszurollen. Sie würden ganz einfach ihrem Wachstum zusehen, sich an ihrer Entwicklung freuen und nur ganz nebenbei feststellen, daß einige schneller wachsen als andere.

Sie würden auch bemerken, daß es bei den Pflanzen unterschiedliche Grüntöne gibt, daß einige haarige Stengel und gezackte Blätter und andere glatte Stengel und runde Blätter haben. Einige Sorten bleiben eher gedrungen und kräftig, mit einem dichten Blätterwerk, das trotz fehlender Blüten attraktiv wirkt.

Andere wiederum scheinen nur aus einem Stiel und einer Knospe zu bestehen, ohne einen besonderen Reiz oder eine auffallende Schönheit. Sie würden alle Eigenarten der Pflanzen mit gleicher Freude betrachten, an allen gleichermaßen Gefallen finden und darauf vertrauen, daß sie alle doch letztendlich der höchste Ausdruck der Schönheit der Natur sind.

Wenn sich dann die ersten Knospen öffneten, würden Sie höchst erfreut sein zu erkennen, welche Blumen Sie eigentlich herangezogen haben. Sie würden die kleinen, widerstandsfähigen, in kräftigen Farben blühenden Ringelblumen genauso bewundern wie die fröhlichen Stiefmütterchen, die winzigen Veilchen, die nur schüchtern ihre Blüten aus den Blättern hervorstrecken, und die kleinen vielfarbigen Federnelken. Vielleicht könnten Sie bemerken, daß sich gerade aus den besonders schlaksigen und wenig anmutigen Stengeln die leuchtendsten und schönsten Blüten entwickelt haben, die Ihrem Garten einen eigenen Charakter verleihen. Jede einzelne Blume würde ihre einzigartige Schönheit ausstrahlen, und keine würde der anderen in irgendeiner Weise an Reiz nachstehen.

Wenn Sie als Eltern Anfänger sind, wird von Ihnen die gleiche ausgeprägte Toleranz gegenüber dem normalen Wachstum und den individuellen Unterschieden bei Kindern wie in meinem Beispiel mit den Blumen verlangt. Es ist einfach fürchterlich, daß es einige Eltern nicht fertigbringen, abzuwarten und ihrem Kind zu erlauben, sich so zu entwickeln, wie es ihm bestimmt ist. Statt dessen versuchen sie das Kind ständig anzutreiben, anzuspornen oder es zu einer anderen als der eingeschlagenen Entwicklungsrichtung zu zwingen; oder sie versuchen, es zum „Blühen" zu bringen, bevor es die richtige Zeit dafür ist.

Ein Kind verfügt schon von sich aus, vergleichbar einem Blumensamen, über alle nötigen Voraussetzungen und Anlagen für ein optimales Wachstum und die Entwicklung geistiger Fähigkeiten. Wenn es einen festen Halt innerhalb der Familie hat, mit Liebe, Anerkennung, guter Laune, Beständigkeit, gesunder Ernährung und geistiger Anregung „gedüngt" wird, entwickelt es sich von ganz allein und wird in der vollen Form „erblühen", die seinen einzigartigen Anlagen entspricht.

Einige Eltern können es einfach nicht lassen und drängen ihr Kind ständig, sich schneller zu entwickeln und seine Fähigkeiten früher auszuschöpfen, anstatt ihm zuzubilligen, sich in ihm angemessenen Schritten zu entwickeln. Genau wie eine Blume, an deren Stengel der Gärtner ständig ungeduldig herumzupft in dem Versuch, ihr Wachstum zu beschleunigen, wird so ein Kind durch derartige Eingriffe in seine natürliche Entwicklung dahinwelken und an Kraft verlieren.

Darauf reagieren die Eltern ihrerseits wieder mit Besorgnis, statt einzusehen, daß nur ihre eigene Ungeduld für die gestörte Entwicklung des Kindes verantwortlich ist, und sie verdoppeln ihre Anstrengungen, das Kind in Richtung einer schnelleren Entwicklung zu „motivieren". Kinder, deren Eltern auf diese Weise in die normale Entwicklung eingegriffen haben, mögen letztendlich „aufblühen", aber in verminderter Schönheit und mit weniger eigenem Charakter. Einige andere blühen vielleicht niemals richtig auf, sondern verkümmern und finden keine Erfüllung.

Eltern neigen dazu, ihr erstes Kind besonders stark voranzutreiben, weil ihr Selbstwertgefühl besonders stark an dieses Kind gebunden ist. Sie ermuntern es, schon früh laufen zu lernen, indem sie es einfach an der Hand nehmen, und das zu einem Zeitpunkt, wo das Kind noch nicht einfach drauflosgehen kann, weil ihm noch jeder Orientierungssinn fehlt. Mütter nehmen ihrem Kind vielleicht Brust oder Flasche zu einer Zeit weg, da sein Bedürfnis zu saugen noch gar nicht befriedigt ist. Ihnen fallen so einige Grausamkeiten ein, ihrem Kind das Daumenlutschen abzugewöhnen – dabei „lutschen" sie selbst noch kräftig an ihren Zigaretten.

Sie drängen ihr Kind dazu, aufs Töpfchen zu gehen, wenn das Kind noch gar nicht reif dafür ist, und schelten es, wenn es ihren hohen Ansprüchen noch nicht genügen kann. Sie erwarten ein erwachsenes Verhalten von ihm, lange bevor es überhaupt versteht, was die Erwachsenen eigentlich von ihm wollen.

Indem sie ihr Kind zwingen, die eine oder andere Entwicklungsstufe abzubrechen oder zu überspringen, um zu früh in die nächste einzusteigen, nehmen sie ihrem Kind nicht nur die Möglichkeit, Freude und Befriedigung über seine Fähigkeiten und sein Können zu empfinden; sie enthalten sich auch die Freude an jeder einzelnen Entwicklungsstufe ihres Kindes vor. Weil sie ständig auf eine zukünftige Entwicklung warten, anstatt sich über einen aktuellen Fortschritt zu freuen, sind die Eltern nicht mehr in der Lage, die Befriedigung eines einzigen Augenblicks zu erfahren.

Außerdem rufen sie in ihrem Kind Angstzustände hervor, die es vielleicht sein Leben lang nie mehr völlig los wird. Das Kind wird dazu neigen, seine eigenen Fähigkeiten in nahezu jeder Situation anzuzweifeln, weil seine allerersten Erfahrungen derart waren, daß es verfrüht in bestimmte Verhaltensformen regelrecht hineinkatapultiert wurde und sie nicht nach und nach selbst entwickeln durfte.

Die Schule kann warten, bis Ihre Kinder soweit sind

Unter anderem können Eltern ihren Kindern großen Schaden dadurch zufügen, daß sie ihre Kinder in die Schule schicken, bevor sie eigentlich soweit sind. Wahrscheinlich sieht sich etwa die Hälfte aller Kinder dem Schulanfang zu einem Zeitpunkt gegenüber, wo sie der Situation neurologisch oder psychologisch noch gar nicht gewachsen sind, weil ihre Eltern allzusehr darum bemüht sind, daß ihr Kind endlich weiterkommt. Ein Kind, das sich einem solchen Druck gegenüber sieht, wird sich dann wahrscheinlich beim Lesenlernen schwertun, nicht etwa wegen mangelnder Intelligenz, sondern ganz einfach, weil sein zentrales Nervensystem noch nicht voll entwickelt ist. Damit kann der Grundstein für ein lebenslanges Versagen gelegt werden.

Die Fähigkeit zu lesen hängt nicht nur davon ab, daß einem Kind Buchstaben und Wörter in einer Weise vorgestellt werden, daß es in der Lage ist, sich diese leicht einzuprägen. Genausowenig hat Lesen allein etwas mit den Augen zu tun. Vielmehr ist das Lesen eine Funktion des Gehirns. Das Gehirn nun wieder, als ein Teil des zentralen Nervensystems, wird die Fähigkeit zu lesen erst dann entwickeln können, wenn es eine bestimmte Entwicklungsstufe erreicht hat. Das kann unter Umständen schon im zarten Alter von vier Jahren der Fall sein, tritt aber wohl bei den meisten Kindern erst nach dem sechsten Jahr auf. Tatsächlich gibt es sogar Stimmen, die wissen wollen, daß selbst begabte Kinder bei der Einschulung schon acht Jahre sein sollten, um einen sicheren Schulstart zu gewährleisten.

Aus irgendwelchen unverständlichen Gründen hat sich unser Schulsystem dem beinahe hysterischen Glauben verschrieben, wir könnten mit den anderen Ländern nur mithalten, wenn wir die Ausbildung unserer Kinder mit aller Macht vorantreiben. (In den Vereinigten Staaten haben die Menschen von dem Tag an, als die Russen vor ihnen einen Satelliten, den Sputnik I, ins Weltall geschossen haben, alles ignoriert, was sie über Entwicklung und Lernverhalten von Kindern wußten, nur um diesen vermeintlichen Vorsprung durch ein rasches Lernen der Kinder wieder aufzuholen.) Wir versuchen fanatisch, schon unseren Kleinkindern zu viel zu schnell einzuhämmern. Anstatt ihnen Zeit zu lassen, Eindrücke aufzunehmen und verarbeiten zu lernen, setzen wir sie immer neuem Leistungsdruck aus, dem sie aufgrund ihres Entwicklungsstandes gar nicht gewachsen sind. Anstatt ihnen im Verlauf des Tages Zeit für körperliche Betätigung und Entspannung zuzugestehen, wodurch sich ihre Lernbereitschaft steigern würde, gönnen wir ihnen gerade einmal zwanzig oder dreißig Minuten Pause, damit sie ihre Frühstücksbrote essen können, während sich dann ein Lehrer, vielleicht noch mit einer Trillerpfeife, vor ihnen aufbaut und sie zur Eile antreibt. Zur Belohnung dürfen sie dann einige genau festgelegte Spiele im Sportunterricht spielen. Und dann wundern wir uns allen Ernstes, wenn es Abiturienten gibt, die Schwierigkeiten beim Lesen haben, oder Studenten, die keinen einzigen grammatikalisch einwandfreien Satz zustande bringen.

Einem Kind, dessen zentrales Nervensystem noch nicht voll entwickelt ist, das Lesen beibringen zu wollen, ist genauso dumm und sinnlos, wie einem Schüler in der dritten Klasse die Differentialrechnung zu erklären. Wenn ein Kind, dessen Entwicklung das Lesenlernen noch nicht zuläßt, in die Schule gesteckt wird und man dann erwartet, daß es das Lesen lernt, bedeutet das für das Kind Verwirrung, Enttäuschung und Unglücklichsein. Aber nicht nur das, es wird auch die Erfahrung machen, weniger begabt zu sein als diejenigen seiner Klassenkameraden, die schon weiter entwickelt sind. Damit wird seine weitere akademische Laufbahn äußerst düster einzuschätzen sein.

Wenn ein Kind, das zu früh eingeschult wurde, endlich die entwicklungsmäßigen Voraussetzungen für das Lesenlernen erfüllt, wird der Rest der Klasse schon zu weit schwierigeren Büchern übergegangen sein, und es hinkt weiter hinterher. Eltern und Lehrer, die es schon zu früh in die Rolle des Schülers hineingedrängt haben, werden daraufhin über seine zu kleinen Lernfortschritte besorgt sein. Sie werden vielleicht ihre Anstrengungen verstärken und von „Faulheit", „mangelnder Anstrengung" oder „fehlendem Interesse" sprechen. Dabei kritisieren und verurteilen sie seinen völlig natürlichen Entwicklungsstand, als ob es anders sein sollte oder könnte, wenn es nur wollte, so als ob es nur einen Knopf drücken müßte, um seine eigene Entwicklung zu beschleunigen.

Solch ein Schüler wird nie ein Erfolgserlebnis haben können, ohne das Gefühl zu haben, daß seine Eltern und Lehrer das, was er erreicht hat, eigentlich schon früher von ihm erwartet haben. Deswegen wird ihm Lernen nie Freude oder Vergnügen bereiten können. Der Gedanke, daß seine Eltern und Lehrer ihn in mancher Hinsicht für weniger begabt halten, wird ihn nie mehr loslassen. Wenn in seiner Schule diejenigen, die besser lesen können, von den übrigen getrennt werden, wird er sich immer bewußt sein, daß die Schüler in einem B-Kurs längst nicht so wichtig sind wie diejenigen im A-Kurs, und er wird sich ständig seines langsamen Lerntempos schämen.

Auch in Zukunft wird er nur schwer und nie mit Begeisterung oder freudiger Erregung lernen; denn Lernen wird für ihn mit Gefühlen der Enttäuschung, Scham und Minderwertigkeit verknüpft sein. Selbst wenn seine geistige Entwicklung schließlich völlig der seiner Klassenkameraden entspricht, wird er sich längst damit abgefunden haben, daß sie ihm an Intelligenz überlegen sind. Er wird dann Lernen und Schule für sich selbst „ad acta" gelegt haben. Seine ersten Schuljahre könnten unter Umständen so frustrierend gewesen sein, daß sich nun seine Ablehnung gegenüber seinen Lehrern und Eltern derart äußert, daß er sich ständig gegen sie auflehnt und bewußt darauf verzichtet, die gewünschte Leistung zu erbringen.

Während sich nun seine Eltern und Lehrer den Kopf darüber zerbrechen, wie man das Kind bloß „motivieren" könnte, beschränken sich seine Anstrengungen darauf, die Schule mal gerade so lange zu ertragen, wie es unbedingt sein muß. Es kann Jahre dauern, bis sich das Kind mit seinen Altersgenossen gleichwertig fühlt und seine Leistungsfähigkeit voll ausschöpfen kann oder will.

Wieviel besser wäre es doch für dieses Kind und viele andere auch, wenn es seinen ersten Schultag so lange verschieben könnte, bis es wirklich den notwendigen geistigen Entwicklungsstand erreicht hat, um mit sieben oder acht Jahren lesen lernen zu können. Wieviel besser wäre es doch für das Kind, voll entwickelt eingeschult zu werden, damit es die Erfahrung machen kann, mit Begeisterung und Selbstvertrauen zu lernen.

Warum, um alles in der Welt, überlassen wir den Schulbehörden die Entscheidung, in welchem Alter ein Kind schulreif zu sein hat? Warum sollten sich Eltern für ein Kind schämen, das erst mit sieben oder acht Jahren lesen kann, und eben nicht schon mit sechs? Welchen Unterschied macht das? Gibt es einen Preis für den jüngsten Schulanfänger des Jahres? Haben Eltern heutzutage keine anderen Möglichkeiten mehr, sich gegenseitig zu übertrumpfen, als ihre Kinder möglichst früh in die Schule zu schicken, selbst wenn diese noch gar nicht reif genug dafür sind?

Um es klarzustellen: Es gibt natürlich auch Kinder, die schon mit fünf Jahren physisch, neurologisch, psychologisch und soziologisch alle Voraussetzungen erfüllen, um eingeschult werden zu können. Ich möchte aber betonen: Wenn das Alter von sechs Jahren als Durchschnittsalter für die Einschulung angesehen wird, bedeutet das nichts anderes, als daß es Kinder gibt, die vielleicht mit weniger als sechs Jahren schon reif genug sind, andere aber erst mit über sechs Jahren voll entwickelt sind. Dabei ist es wesentlich unwahrscheinlicher, daß ein Kind durch eine verspätete Einschulung Schaden nimmt, wogegen dies bei einer verfrühten Einschulung recht häufig ist.

Häufig sind gerade Jungen, die im Jahr der Einschulung bzw. nach der Einschulung erst sechs Jahre alt werden, den Anforderungen der Schule noch nicht gewachsen, obwohl die Schulbehörden sie nach Aktenlage für schulreif erklären. Je näher der Geburtstag an den September heranreicht, um so größer ist die Wahrscheinlichkeit, daß das Kind eben vor seinem siebten Geburtstag noch nicht wirklich schulreif ist. Auch viele Mädchen sind mit sechs Jahren noch nicht wirklich schulreif; aber aus irgendwelchen Gründen vollzieht sich die geistige Entwicklung bei Jungen grundsätzlich langsamer als bei Mädchen. So kommt ein verfrühter Schulanfang bei Jungen viel öfter vor als bei Mädchen.

148

Ein Kind, das noch nicht schulreif ist, ist am besten ein weiteres Jahr im Kindergarten aufgehoben. Hier kann es weiterhin soziale Erfahrungen sammeln und Dinge lernen, die ihm später helfen werden, Begriffe und Wortbedeutungen zu verstehen, wenn es dann lesen lernt. Das beste Vorbereitungsprogramm für das Lesen ist es, ihm Erfahrungen und Bedeutungen zu vermitteln, anstatt den Bedeutungsgehalt von Symbolen zu lehren. Wenn das Kind zum Beispiel auf das Wort „Traktor" trifft, wird es für die Bedeutung des Wortes ein viel besseres Verständnis aufbringen, wenn es vorher schon einmal auf einem Bauernhof war und sich dort einen Traktor anschauen konnte. Ebenso wird es die gedruckten Worte „Tiger", „Giraffe", „Kanu", „Flughafen", „Museum" und „Fabrik" viel leichter begreifen und wiedererkennen, wenn es diese Dinge schon einmal mit eigenne Augen gesehen und erfahren hat.

Eine der wichtigsten Voraussetzungen zum Lesenlernen liegt in einer guten lautlichen Grundbildung, in den Klangwerten der Buchstaben. Dabei können Sie Ihrem Kind schon zu Hause helfen, ganz gleich ob es im Kindergarten Phonetikunterricht bekommt, indem Sie mit ihm Spiele um die Buchstaben des Alphabets machen. Sie können zum Beispiel magnetische Buchstaben benutzen, die am Eisschrank haften, oder Klötzchen mit einer Oberflächenstruktur aus Buchstaben, die das Kind beim Spielen auch erfühlen kann. Während Sie dann beispielsweise Kartoffeln schälen, kann Ihr Kind lernen, daß das „Sch" wie eine Schlange klingt, die „Sch…" zischt, und das „K" wie ein Kuckuck, dessen Ruf aus dem Wald schallt.

Wenn Ihr Kind viele Erlebnisse hat, die verschiedensten Orte und Dinge kennenlernen kann, wenn Sie ihm oft etwas vorlesen und es merkt, daß Lesen Spaß macht, wenn es sich frei nach seinen eigenen Entwicklungsschritten entfalten kann, wenn es Buchstaben als Laute in einer freien Atmosphäre ohne Leistungszwang lernen kann, dann ist es so sicher wie das Amen in der Kirche, daß Ihr Kind anfängt zu lesen, wenn es die geistigen Fähigkeiten dazu voll entwickelt hat, und zwar ohne daß sich irgend jemand dafür besonders anstrengen müßte.

Wenn es zum erstenmal die Laute von zwei oder drei Buchstaben als ein Wort zusammensetzt und ausspricht, wird es über seine neue Fähigkeit begeistert und entzückt sein. Möglicherweise entdeckt es zuerst ein Hinweisschild mit der Aufschrift „Bar", „Hotel" oder „Taxi", oder es liest an einem Laden „Offen" und findet irgendwo die Worte „Mama" und „Papa".

Genau zu diesem Zeitpunkt – und keine Minute früher – ist das Kind in der Lage, mit dem „richtigen" Lesenlernen anzufangen. Wenn es diese geistige Entwicklungsstufe bereits im Kindergarten erreicht, dann bedeutet das bei seiner Einschulung einen Vorsprung für das Kind, der während der ganzen Schullaufbahn von Vorteil sein wird. Lernen wird einem solchen Schüler immer Spaß machen, genauso wie er am Lesen und seinen eigenen Leistungen Gefallen finden wird.

Immer wieder antworten Eltern, denen geraten wird, ihren Sechsjährigen doch noch ein weiteres Jahr im Kindergarten zu lassen, weil das Kind offensichtlich noch nicht die nötigen Voraussetzungen zum Lesenlernen mitbringt, mit Bestürzung: „Aber dann wird er doch so weit zurückliegen."

Zurückliegen? Wohinter? Hinter wem? Welches Rennen findet hier statt? Das Ziel der Erziehung sollte im Lernen liegen und nicht darin, in einem bestimmten Alter in einer bestimmten Klasse zu sitzen. So paradox das klingen mag, es ist durchaus möglich, daß ein Kind, das später mit der Schule begonnen hat, seine Ausbildung früher beenden wird, als wenn sein erster Schultag ein Jahr früher gewesen wäre. Das hängt damit zusammen, daß geistig noch nicht voll entwickelte Schulanfänger oft mehr als eine Klasse wiederholen müssen, weil sie allen Mut und damit alle Lust am Lernen verloren haben.

Andererseits kann ein Kind, das bei der Einschulung den Anforderungen intellektuell voll gewachsen ist, später aufgrund hervorragender Leistungen durchaus Zeit gewinnen. Vielleicht ist es in der Lage, eine Klasse zu überspringen oder das Abitur vorzuziehen.

Selbst wenn die verspätete Einschulung keinen von diesen Vorteilen bringt, was macht das für einen Unterschied? Ist es so wichtig, ein Kind in eine akademische Ausbildung hineinzudrängen, selbst wenn es dort nur Frustration und Enttäuschung erfährt und dies zudem ein geringeres Selbstwertgefühl und auch weniger akademischen Erfolg bedeutet, als es anders möglich gewesen wäre? Warum die Eile? Warten Eltern nur darauf, daß ihre Kinder so schnell wie möglich unabhängig und erwachsen werden?

150

Können sie den Gedanken nicht ertragen, sie noch ein weiteres Jahr versorgen zu müssen?

Der wahre Grund ist natürlich, daß solche Eltern die Fortschritte ihrer Kinder zum Maßstab ihrer eigenen Leistungen als Eltern machen. Sie argumentieren dabei so: Ein Kind, das mit fünf oder sechs Jahren lesen kann, muß besonders intelligente und gebildete Eltern haben, wogegen ein Kind, das erst mit sieben oder acht Jahren lesen lernt, sicherlich weniger intelligente oder gebildete Eltern hat.

Aus irgendwelchen Gründen sind dies die gleichen Eltern, die voller Stolz und voller Freude sind und sich regelrecht in ihrem Triumph baden, wenn ihr Sprößling frühzeitig zahnt, laufen lernt oder aufs Töpfchen geht, als ob eine frühe körperliche Entwicklung der Beweis für einen besonders hohen Intelligenzquotienten der Eltern wäre.

Dieser Gedanke ist töricht und gefährlich zugleich. Tatsächlich kann ein Kind körperlich frühreif sein, aber nur eine durchschnittliche Intelligenz besitzen. Dagegen kann ein anderes Kind erst in einem späteren Alter sprechen, lesen und laufen und dann dennoch um einiges intelligenter sein. Wie auch immer, die Intelligenz eines Kindes gehört ihm ganz allein und nicht seinen Eltern! Tatsächlich können auch Genies nur mittelmäßig begabte Kinder haben, und durchschnittlich begabte Eltern können durchaus Genies in die Welt setzen. Vergessen Sie nicht, daß Albert Einstein erst im Alter von vier Jahren mit dem Sprechen angefangen hat und im Alter von neun Jahren immer noch nicht richtig fließend sprechen konnte.

Die Entscheidung, ob ihr Kind schulreif ist oder nicht, ist für Eltern oft sehr schwierig. Immer wieder sprechen sich Lehrer für eine frühzeitige Einschulung in der irrigen Überzeugung aus, Kinder brauchten „Motivation durch Wettbewerb". Diese Argumentation ergibt ungefähr ebensoviel Sinn, als wollte man den Gipsverband bei einem gebrochenen Bein mit der Begründung abnehmen, das Bein heile schneller, wenn es im Wettbewerb zu dem gesunden Bein stehe. Dennoch beginnen viele Kinder ihre schulische Laufbahn vor diesem Hintergrund.

Der Kinderarzt, der das Kind regelmäßig behandelt, kann die Schultauglichkeit in Hinblick auf seine Gesundheit und allgemeine körperliche Entwicklung beurteilen, die eigentliche Entscheidung wird er aber den Eltern überlassen. Großeltern, Tanten und Onkel, Nachbarn, Geschwister und auch vollkommen Fremde werden zu diesem Thema die unterschiedlichsten Auffassungen vertreten und ihre Meinung vernünftig begründen können. Letztendlich liegt die Entscheidung aber bei den Eltern, die zumeist in solchen Angelegenheiten eine recht glückliche Hand haben.

Braucht Ihr Kind noch sein Mittagsschläfchen? Lutscht es noch immer am Daumen, wenn es müde ist? Müssen Sie morgens mit ihm schmusen, bevor es seinen Tag beginnen kann? Ist es wehleidig? Schreckt es noch manchmal mit einem Zucken aus dem Schlaf hoch? Ist es vielleicht ein wenig klein für sein Alter? Kann es geometrische Figuren, zum Beispiel eine Raute, exakt nachzeichnen? Erscheint es Ihnen schüchterner als andere Kinder?

Dies sind nur einige wenige der möglichen Anzeichen für eine Unterentwicklung des zentralen Nervensystems, und jedes einzelne könnte der wesentliche Hinweis sein. Es gibt aber auch Anzeichen, die nur unterschwellig vorhanden sind, so daß sie nicht mit letzter Sicherheit erkannt werden können. Wenn Sie im Zweifel sind, lassen Sie das Geburtsdatum des Kindes entscheiden. Wenn das Kind im Herbst mit der Schule anfangen soll und erst im Frühjahr desselben Jahres sechs Jahre alt wird, seien Sie vorsichtig! Wenn es aber erst im Sommer desselben Jahres seinen sechsten Geburtstag begeht, seien Sie sehr vorsichtig! Es ist immer noch besser, sich zu irren und übervorsichtig zu sein, das heißt, das Kind ein weiteres Jahr im Kindergarten zu lassen, als sich zu irren und das Kind zu früh einzuschulen. Das Schlimmste, was passieren kann, wenn das Kind noch ein Jahr länger im Kindergarten bleibt, ist, daß es sich später zum Führer der Klasse entwickelt, weil es dann älter als die meisten Mitschüler ist. Da die Welt aber einen ständigen Bedarf an Führungspersönlichkeiten hat, kann ich darin absolut nichts Schlechtes sehen.

Lassen Sie sich von nichts und niemandem dazu zwingen, Ihr Kind einzuschulen, wenn es noch nicht die notwendigen Voraussetzungen dafür mitbringt! Vergessen Sie nicht: Intelligent genug kann es durchaus schon dafür sein; das heißt aber nicht, daß es auch schon wirklich schulreif ist.

Benutzen Sie Ihr Kind nicht als Ausgleich für Ihre persönlichen Enttäuschungen

Auch die Eltern, die ihre Kinder nicht zu einem verfrühten Zeitpunkt einschulen, neigen vielleicht dazu, ihre Kinder zu drängen, herausragende Leistungen in Sport, Musik oder einem anderen Bereich zu erbringen. Damit berauben sie sie der Möglichkeit, Erfolge eigenständig, ohne Mitwirkung anderer, zu erzielen. Das sind dann die gleichen Eltern, die fragen: „Wie kann ich meine Tochter bloß dazu motivieren, sich in der Musikstunde mehr anzustrengen?" Oder: „Wie kann ich meinen Jungen motivieren, Fußball zu spielen? Denn er hat ja offensichtlich eine außerordentliche Begabung dafür." Oder: „Wie kann ich mein Kind bloß dazu bringen, mehr auf sein Äußeres zu achten?"

Die unausgesprochene Frage, die hinter all diesen Fragen steht, ist: „Wie bringe ich mein Kind dazu, so zu sein, daß ich stolz darauf sein kann?" Oder auch: „Wie kann ich mein Kind dazu bringen, mich für all die Opfer, die ich gebracht habe, zu entschädigen?"

Alle Eltern, auch die besten, meinen, sie hätten ein gewisses Recht auf eine Gegenleistung für all die Zeit, das Geld und die Mühe, die sie in die Erziehung ihrer Kinder gesteckt haben. Einige Eltern gehen sogar so weit, daß sie von ihren Kindern regelrecht erwarten, ihnen einen Ausgleich für jede Enttäuschung, die ihnen je in ihrem Leben bereitet wurde, zu bieten. Sie wollen der Welt mitteilen können: „Schaut einmal her! Ich bin vielleicht nicht der bestaussehendste Mensch auf Erden. Auch nicht der intelligenteste, schlagfertigste, interessanteste Mensch; aber es ist doch wohl offensichtlich, daß ich eine besonders fürsorgliche Mutter oder ein besonders vorbildlicher Vater bin. Der beste Beweis ist mein Sohn, der erfolgreichste Mittelstürmer, den die Jugendbezirksliga je hatte. Er ist dieser gutaussehende Bursche, der nie andere Kinder belästigt, aber doch jeden, der ihn belästigt und offensichtlich Streit sucht, ordentlich verprügelt. Das Kerlchen spielt fehlerfrei Chopin auf dem Klavier, hat immer tadellose Manieren und ist höflich zu älteren Damen. Sie erwischen ihn garantiert nie beim In-der-Nase-Bohren in der Kirche. Er ist derjenige, der immer die besten Noten in der Schule hat und der einfach alles, was er anfaßt, gut macht. Das zeigt doch wohl, was ich für eine gute Mutter oder ein guter Vater bin. Das ist das Vermächtnis, das ich der Nachwelt hinterlasse."

Eltern lassen sich auf alle möglichen Handel ein, um ihre Kinder zu überreden, Mittelpunkt ihres persönlichen Stolzes zu werden. Sie bestechen sie beispielsweise mit Geldgeschenken, damit sie gute Noten in Klassenarbeiten schreiben. Sie sind ständig hinter ihren Kindern her und überwachen gnadenlos und entschlossen die Notenleitern, die ihre Kinder teilnahmslos und mehr schlecht als recht herunterleiert. Sie „helfen" ihnen bei den Hausaufgaben, um dann am nächsten Tag zu fragen: „Na, wie haben wir denn abgeschnitten?" Sie fühlen sich verletzt, gekränkt, gedemütigt und beunruhigt, wenn ihr Kind irgendwo versagt. Solche Eltern sind im besonderen Maße gekränkt, wenn ihre Kinder mit Desinteresse oder Ablehnung auf ihre Vesuche reagieren, ihnen Wege zu noch mehr Erfolg aufzuzeigen.

Erziehen Sie Ihr Kind zu einem Versager?

Eigenartigerweise sind die Eltern, die sich so krampfhaft Anerkennung und Erfolg für ihr Kind wünschen und ihr Kind so sehr in diese Richtung drängen, gewöhnlich auch die Eltern, die ein Kind heranziehen, das bei sämtlichen Tätigkeiten ganz besonders lustlos und gehemmt sein wird und wenig Selbstvertrauen hat. Tatsächlich ist es sehr einfach, für Eltern einen Katalog mit Regeln aufzustellen unter dem Titel: „Wie mache ich aus meinem Kind einen Versager?"

Als erstes sollten Sie ihm immer wieder predigen, wie wichtig es ist, niemals zu versagen. Konzentrieren Sie sich dabei auf den Spruch: „Was du auch immer tust, tu es richtig!" Und sorgen Sie dafür, daß Ihr Kind sich immer an dieses Motto erinnert – bei seinen Schulaufgaben, beim Bettenmachen, wenn es den Hund füttert, Unkraut jätet oder sein Brot mit Butter bestreicht; einfach immer und überall. Kritisieren Sie es immer möglichst ausführlich bei allem, was es tut, weisen Sie Ihr Kind auf jeden einzelnen Fehler hin, damit es ja keinen einzigen übersieht. Seien Sie immer brutal ehrlich, und sagen Sie niemals, daß es etwas gut gemacht hätte, wenn es nicht stimmt. Wenden Sie bei der Beurteilung seiner Leistungen immer die Kriterien an, die Sie auch bei Ihrer Arbeit oder der eines anderen Erwachsenen anlegen würden.

Zweitens, bestrafen Sie Ihr Kind für sein Versagen, damit es auch nichts vergißt. Bestrafen Sie es besonders hart, wenn es in der Schule eine schlechte Note bekommt. Wenn es bei einem sportlichen Wettkampf schlecht abschneidet, schelten Sie es öffentlich, damit es die Erfahrung macht, wie erniedrigend eine solche Schande vor Freunden und Zuschauern ist. Verlangen Sie Perfektion und absoluten Erfolg, und weigern Sie sich rigoros, sich mit weniger zufriedenzugeben.

Drittens, nehmen Sie keine Entschuldigung an, wie logisch sie auch klingen mag. Stellen Sie Ihrem Kind gegenüber klar, daß Sie sich in erster Linie seiner Schule, seinen Trainern, seinen Lehrern und den Nachbarn verbunden fühlen und dann erst ihm. Hängen Sie seine Fehler an die große Glocke, damit Ihr Kind auch ja die volle Wucht seines Versagens zu spüren bekommt. Erzählen Sie es sofort den Großeltern, den Nachbarn und allen Mitgliedern Ihres Kegelklubs, wenn es irgendwann einmal eine ungenügende Leistung erbracht hat. Damit sichern Sie sich selbst deren Mitgefühl und Ihren Kind deren Mißbilligung.

Und schließlich, wenn Ihr Kind dann erwachsen ist und anscheinend kaum Zugehörigkeit zu Ihnen empfindet und offenbar wenig Erinnerung daran hat, was Sie alles für es getan und geopfert haben, trotz seines Versagens in der Schule und im Sportverein, wenden Sie sich an Ihre Freunde und verkünden ihnen mit bitterer Miene, wie sehr Sie jetzt die ganze Tragweite des Shakespeare-Zitats verstehen können: „Wieviel schmerzlicher noch als der Schlange Zahn ist eines Kindes Undank!"

Vielleicht wollen Sie aber doch keinen völligen Versager erziehen. Vielleicht genügt Ihnen ein mittelmäßiger Versager. Dann sollten Sie etwas veränderte Regeln beachten.

Für diesen mittelmäßigen Versager ist es nicht nötig, daß Sie völlige Perfektion verlangen. Statt dessen genügt es, Ihrem Kind zu sagen: „Mir ist es egal, was für Noten du nach Hause bringst, solange du nur dein Bestes gibst."

Wenn Sie den Teil des Satzes: „... solange du nur dein Bestes gibst", richtig betonen, übermitteln Sie damit problemlos die eigentliche Botschaft: „Ich weiß es, und du weißt es auch: Wenn du dein Bestes geben würdest, wärst du besser als jeder andere. Und wenn du nicht als Beste oder Bester abschneidest, wird mir ganz einfach das Herz brechen. Wenn du also deiner Mutter das Herz brechen willst, dann mach nur weiter so! Spiel nur die ganze Zeit, treib dich herum und bring nur eine Drei nach Hause! Ist schon in Ordnung, ich werde meinen Schmerz niemandem zeigen."

Wenn Ihre Tochter dann in einem Schwimmwettbewerb oder etwas Ähnlichem den ersten Platz knapp verfehlt hat, können Sie ihr auch mit zuckersüßer Stimme sagen: „Sei nicht traurig, mein Schatz! Ich weiß, du hast dein Bestes gegeben."

Wahrscheinlich war sie auch bis zu dem Moment, wo Sie sie daran erinnert haben, nicht traurig. Beim nächstenmal wird sie von selbst daran denken und dementsprechend aufgeregt und verkrampft in den Wettkampf gehen. Das Ergebnis wäre möglicherweise, daß sie die ewige Zweite bliebe.

Wenn Ihre Tochter an einer Tanz- oder Musikveranstaltung teilnimmt, vergessen Sie auf keinen Fall, ihrem Lehrer zu versichern, wie grenzenlos dankbar Sie ihm dafür sind, daß er so viel Geduld mit Ihrem Kind hat. Selbstverständlich sollten Sie das in Hörweite Ihrer Tochter tun, damit Sie sie immer daran erinnern, daß Sie und ihr Lehrer wissen, wie faul sie eigentlich beim Lernen und Üben ist! Geben Sie ihr zu verstehen, daß sie allenfalls geduldet, nicht aber bewundert wird.

Zeigen Sie sich immer äußerst verständnisvoll gegenüber den Problemen des Kindes. Besprechen Sie sich oft mit seinen Lehrern, den Vertrauenslehrern, Trainern und Mannschaftskapitänen. Sorgen Sie dafür, daß jeder einzelne von ihnen einsieht, daß Ihre Tochter ein wenig faul und nachlässig ist, daß Sie sich aber schon darum kümmern würden. Sie würden schon dafür sorgen, daß das arme Ding lernt, seine Fähigkeiten und Möglichkeiten voll auszuschöpfen, und daß Sie für jede Anregung dankbar seien, wie man Ihre Tochter motivieren könnte.

Machen Sie Ihrer Tochter und anderen außerdem so oft und so eindringlich wie möglich klar, daß ihr Verhalten sowohl Ihre Gesundheit, Ihren Geisteszustand als auch Ihre Ehe gefährden würde. Versuchen Sie in Ihrem Martyrium einen Kurs zwischen Heiligkeit und Heldentum zu halten, aber nehmen Sie bei aller Bescheidenheit jede Auszeichnung an, die Ihnen für Ihre grenzenlose Opferbereitschaft zuerkannt wird.

Vor allen Dingen, seien Sie sich immer dessen bewußt, daß Sie allein wissen, was das beste für Ihr Kind ist, egal was Lehrer, Vertrauenslehrer, Ärzte und andere Fachleute Ihnen einreden wollen. Was wissen die denn schon davon? Wer sind sie, daß sie es wagen, Ihnen zu sagen, daß Ihr Kind völlig normal sei, wenn seine Faulheit und sein Desinteresse doch geradezu offensichtlich sind? Wie können die es nur wagen, Ihnen zu raten, sich mehr Ihrer Ehe, Ihren Freunden oder irgendeinem Hobby zu widmen, wenn Ihr Kind doch jede Hilfe brauchen kann, die Sie ihm geben können?

Das Leben Ihrer Kinder gehört ihnen, nicht Ihnen!

Was ich Ihnen mit all diesem Sarkasmus sagen wollte, ist folgendes: Sie helfen Ihrem Kind am besten, seine in ihm schlummernden Fähigkeiten und Möglichkeiten voll auszuschöpfen, indem Sie ihm innerhalb Ihrer Familie die bestmögliche Atmosphäre bieten. Geben Sie ihm viel Liebe, stecken Sie ihm feste Grenzen, sorgen Sie für eine gesunde vollwertige Kost und zugleich ein entspanntes, glückliches Klima bei den Mahlzeiten. Ermutigen Sie Ihr Kind, wenn es mutlos ist! Helfen Sie ihm, wenn es Hilfe braucht! Verkneifen Sie sich aber ansonsten jede Einmischung in sein Leben!

Lassen Sie Ihre Kinder ihre eigenen Fehler machen und ihre eigenen Niederlagen einstecken, überlassen Sie es ihnen, sich eigene Ziele zu stecken, und überlassen Sie es ihnen auch, wieviel Einsatz und Kraft sie in deren Erreichung investieren wollen. Gestehen Sie ihnen alle Erfolge und Leistungen als ihr alleiniges Verdienst zu! Was sie leisten und erreichen, sie sollen es für sich tun können und nicht, um Ihnen damit einen Gefallen tun zu wollen oder müssen.

Wenn sich Ihr Kind nur wenige Ziele gesteckt hat, wenn es sich nur wenige Betätigungen ausgewählt hat, akzeptieren Sie das einfach. Vielleicht ist Ihr Kind ja ein Mensch, der gerne von den Leistungen anderer hört und diese zu bewundern und würdigen weiß. Eines Tages findet Ihr Kind vielleicht doch eine Aufgabe, die es interessiert und an die es glaubt, und Sie werden wahrscheinlich überrascht sein, mit welchem Schwung es dann an die Sache herangehen wird. Denken Sie daran, daß Peggy Guggenheim beispielsweise nicht wegen eigener Gemälde berühmt ist, sondern wegen ihrer Gemäldesammlung. Sie war selbst keine Künstlerin, aber sie wußte die Kunst anderer zu würdigen. Sie machte ein Vermögen damit und gewann hohes Ansehen auf ihrem Gebiet, weil sie die seltene Fähigkeit besaß, das Talent anderer richtig einzuschätzen.

In dem Garten Ihrer Familie ist Ihr Kind vielleicht ein zartes empfindsames Veilchen, das andere einfach schon mit seiner Existenz erfreut. Vielleicht ist es aber auch eine widerstandsfähige Ringelblume, die Wind und Wetter trotzt und sich gegen den Himmel streckt. Vielleicht ist es aber auch ein zögernd rankender, stark duftender Jasminstrauch, der sich langsam, aber sicher seinen Weg bahnt, der vielleicht nicht besonders beeindruckend, aber beständig und verläßlich ist.

Wie auch immer, lieben und akzeptieren Sie Ihr Kind so, wie es ist: als Individuum, das Respekt und Anerkennung verdient. Um das zu können, müssen Sie sich aber zunächst selbst in diesem Licht sehen, Sie müssen sich selbst als Individuum respektieren und annehmen, und nicht nur als Eltern. Sie haben ein Recht auf Liebe und Anerkennung einfach nur, weil Sie existieren, und nicht, weil Sie so hochintelligente Kinder in die Welt gesetzt haben.

Wenn Sie feststellen, daß Sie sich anderen immer nur als „Peters Mutter" vorstellen, daß sich Ihre Unterhaltung immer nur um Ihren Sohn, seine Schule, seine Fußballmannschaft und seine übrigen Hobbys dreht, wenn Sie keine eigenen Erfolge als die Ihres Sohnes haben, die er stellvertretend für Sie erringt, dann schaffen Sie sich und ihm damit Probleme. Er wird auf Ihre übermäßige Anteilnahme an seinem Leben möglicherweise mit Unsicherheit und Ängstlichkeit reagieren. Vielleicht bricht er schon wegen jeder Kleinigkeit in Tränen aus. Vielleicht wird er auch vor jeder Klassenarbeit krank. Vielleicht begegnet er seinen Spielkameraden nur noch mit Aggressionen und Bösartigkeit. Möglicherweise weigert er sich auch, sich in irgendeiner Form mit anderen Kindern zu messen, zieht sich in sich selbst zurück und spielt lieber nur allein. Vielleicht zeigt er sich aber auch extrem streitbar und macht sich mit seinem aggressiven Verhalten viele

Feinde. Vielleicht gerät er sogar in eine übermäßige Abhängigkeit von Ihnen und ist am Ende nicht mehr fähig, selbständige Entscheidungen zu fällen. Vielleicht lehnt er sich aber auch ganz gegen Sie auf und wehrt sich gegen alles, was von Ihnen kommt.

Möchten Sie das? Möchten Sie Ihr Kind wirklich an der Hand nehmen, zur Schule begleiten, um es richtig „motivieren" zu können? – Ich glaube nicht! Was sich wahrscheinlich die meisten von Ihnen wünschen, ist das Gefühl, für jemanden wichtig zu sein und gebraucht zu werden. Ich hoffe zumindest, daß es das ist, was Sie sich wünschen, weil dieses Gefühl, wichtig zu sein und gebraucht zu werden, für jeden von uns nötig ist, ob jung, ob alt. Manchmal tun wir so, als ob der Wunsch, wichtig zu sein, etwas Unnatürliches sei, und sagen dann verächtlich: „Meine Tochter versucht bloß, Aufmerksamkeit zu erregen", als ob der Wunsch nach Aufmerksamkeit etwas Unanständiges und Verwerfliches sei.

In Wirklichkeit ist der Wunsch nach Anerkennung äußerst wichtig für die seelische Gesundheit, und der Mensch, der dieses Bedürfnis bestreitet, wird häufig unter Frustrationen und Verhaltensstörungen leiden und seine Mitmenschen ebenfalls unglücklich machen. Eine Ehefrau, die nur die „Frau von Herrn Schmidt" oder „Frau Peter Schmidt" ist, anstatt „Frau Ruth Schmidt", neigt mit Sicherheit dazu, sich ganz und gar auf ihren Mann zu verlassen und davon abhängig zu sein, daß er schon Anerkennung erlangen wird, in der Hoffnung, daß auch für sie ein paar Strahlen des Rampenlichts abfallen werden. Wenn ihr Mann dann scheitert und im Leben nicht vorankommt, wird Frau Schmidt verbittert und verärgert reagieren; denn sie fühlt sich um ihren eigenen Erfolg und ihre Anerkennung betrogen. Hat ihr Mann Erfolg, der aber nur ihm allein gehört, und hat sie keinen Anteil an der Anerkennung, die Herrn Peter Schmidt zuteil wird, dann wird sie sich wahrscheinlich Klein-Peter zuwenden. Von ihm erwartet sie dann die Erfüllung ihres Anspruchs auf Anerkennung und Erfolg. Wenn sich Klein-Peter als Erfolgsmensch erweist, hat Frau Schmidt gezeigt, daß sie eine „gute Mutter" ist. Ist er nur mittelmäßig erfolgreich oder sogar erfolglos, dann hat sie in ihren Augen als Mutter „versagt".

Um es noch einmal zu betonen: Es ist absolut nichts Falsches daran, sich wichtig fühlen zu wollen oder als gute Mutter oder als guter Vater gelten zu wollen! Es ist eine der wichtigsten Aufgaben der Welt überhaupt, gute Eltern zu sein! Die Welt von morgen hängt davon ab, wie gut die Eltern von heute ihre Aufgabe erfüllen! Es ist also tatsächlich etwas, wofür man Stolz und Respekt verdient, wenn man ein guter Vater oder eine gute Mutter ist.

Aber die große Gefahr besteht darin, daß man sein Selbstwertgefühl ausschließlich von seinen Fähigkeiten als Eltern abhängig macht und damit die Leistungen der Kinder zum Maßstab der Leistungen der Eltern werden läßt.

Gute Eltern sind ruhig und entspannt, auch wenn um sie herum in der Familie das Chaos ausgebrochen ist. Sie nehmen Rücksicht auf die Gefühle der Kinder und verletzen sie niemals mit schneidenden, gemeinen oder sarkastischen Bemerkungen. Gute Eltern kümmern sich um eine gesunde Ernährung und eine optimale Gesundheitsvorsorge für die ganze Familie. Sie finden den goldenen Mittelweg zwischen elterlicher Aufopferung und ihren eigenen Bedürfnissen und haben Zeit für Hobbys und Interessen auch außerhalb der Familie. Sie pflegen Bekanntschaften und Freundschaften, die ihnen Befriedigung geben und eine Bereicherung für ihr eigenes Leben sind. Sie suchen sich geistige Anregungen und persönliche Ziele, die sie über allem nie völlig aus den Augen verlieren. Sie sind großzügig mit ihrem Lob und geizen mit Kritik. Gute Eltern zeigen ihrem Kind viele Male am Tag mit Worten, Gesten und Taten, daß sie es lieben. Sie setzen vernünftige Grenzen für ihr Kind und verweigern ihm konsequent, diese zu überschreiten. Sie begegnen ihrem Kind mit Höflichkeit und Respekt und erwarten, daß ihr Kind ihnen mit der gleichen Höflichkeit und dem gleichen Respekt begegnet. Sie lieben ihr Kind so, wie es ist, und vertrauen darauf, daß es dem guten Beispiel folgen wird, das es zu Hause hat.

Wenn Sie genauso sind, dann sind Sie gute Eltern, und ich möchte Sie hiermit um Ihren Namen und Ihre Anschrift bitten, damit ich sofort Ihre Heiligsprechung veranlassen kann. Aber wenn Sie auch nur ein paar von all diesen Voraussetzungen erfüllen oder ihnen nahekommen, dann verdienen Sie auch, daß Sie sich wichtig fühlen können. Sie sollten stolz auf sich sein, selbst wenn Ihr Kind im letzten Schulzeugnis nur eine Vier in Deutsch hatte; auch dann, wenn Ihre Tochter eine Stimme so glockenklar wie ein Engel hat, sich aber konstant weigert, im Kirchenchor mitzusingen; auch dann, wenn Ihr Sohn manchmal vergißt, seine Hausaufgaben zu erledigen.

Andererseits müssen Sie nicht unbedingt gute Eltern sein, wenn Ihr Kind nur glatte Einser im Zeugnis heimbringt und Kapitän der Schulelf ist, das alles aber nur tut, um Sie damit zufriedenzustellen, anstatt es für sich selbst zu wollen. Sie sind also keine guten Eltern, wenn Sie regelrecht durch das Leben Ihrer Kinder stellvertretend leben. Ich weiß, daß Sie jetzt sagen werden – und Sie glauben auch noch daran –, daß Sie doch nur das Beste für Ihr Kind wollen. Aber es wäre wirklich das Beste für Ihr Kind, wenn Sie „Klingende Bücher" für die Blindenhilfsorganisation besprechen, Geld für die Krebshilfe sammeln, ehrenamtlich in der Stadtbücherei mitarbeiten, Karate lernen, einen Kursus für Arabisch besuchen oder sich eine Halbtagsstelle besorgen würden. Sie sollten irgendeiner Beschäftigung nachgehen, die eine gesunde Entfernung zwischen Ihnen und der Welt Ihres Kindes schafft!

Denken Sie immer daran, daß das Leben Ihres Kindes nicht nur wertvoll wegen seiner körperlichen Lebensfähigkeit ist, sondern auch wegen seiner geistigen und seelischen Lebensfähigkeit. Ihr Kind hat genau wie Sie selbst ein Recht darauf, sein Leben, seine Leistungen und Erfolge zu genießen und auszukosten. Es trägt auch die eigene Verantwortung dafür. Ihr größtes Lebenswerk kann darin bestehen, Ihrem Kind sein eigenes Leben zuzugestehen und ihm mit einem guten Beispiel zu zeigen, wie man sein Leben selbst in die Hand nehmen kann.

Bevor ich heiratete, hatte ich sechs Theorien,
wie man Kinder erziehen könnte;
heute habe ich sechs Kinder und keine einzige Theorie.
John Wilmot, Earl of Rochester

Kapitel acht

Wenn Sie glücklich sind, werden sie es auch

Was für eine Familie haben Sie? Ich meine nicht, wie viele
Personen Sie zusammen mit Eltern, Kindern, Großeltern, Onkeln
und Tanten sind oder wie viele Verwandte Sie noch haben,
sondern wie gut ist der Teamgeist, der Familiensinn bei Ihnen?
Erinnern Sie sich vielleicht noch an die alten Filme mit der
Kunstschwimmerin Esther Williams? Die Schwimmerinnen
schwammen in gleichmäßigen Mustern, und von oben aus ge-
filmt, erinnerten die Formen an die Bilder in einem Kaleidoskop.
Oder denken Sie an Ballettänzerinnen, die genauso koordiniert
auf der Bühne agieren müssen. Oder denken Sie an die Trapez-
künstler im Zirkus, deren Karriere oder auch deren Leben davon
abhängt, daß sich mehrere Hochseilartisten völlig aufeinander
einstellen.

Gibt es in Ihrer Familie auch so einen Teamgeist, eine gute Ab-
stimmung aufeinander? Oder gleicht sie mehr diesen Komödien
und Verwirrspielen, wo alle völlig durcheinanderlaufen, jeder in
eine andere Richtung, sich gegenseitig im Wege stehen und nichts
zuwege bringen? Oder ist es vielleicht noch schlimmer, möglicherweise wie in einem Zoo, wo man Tiere zusammengesperrt
hat, die unmöglich miteinander auskommen können, die sich gegenseitig mit Argwohn und Furcht beäugen, sich anfauchen und
anspucken?

So eine Familie hatte ich einmal in meiner Praxis. Die Eltern
und ihre fünf Kinder schrien und griffen sich die ganze Zeit fürchterlich an. Sie knurrten sich mit sarkastischen und verletzenden
Ausdrücken an, wann immer sie die Möglichkeit dazu hatten. Sie
warfen sich vulgäre und obszöne Worte an den Kopf, bei denen
selbst noch der abgebrühteste Inhaber eines Sexshops rot gewor-

den wäre. In dieser Familie gab es nicht das geringste Gefühl der Zusammengehörigkeit oder der Liebe füreinander.

Die Eltern suchten Rat, weil ihre Kinder in der Schule ständig versagten und weil sie nicht damit fertig wurden, in einem Haus mit Heranwachsenden zu leben, die sie nicht mehr unter Kontrolle hatten. Es wurde sehr schnell deutlich, daß sich die Eltern durch ihre eigenen Eheprobleme so weit von ihren Kindern entfernt hatten, daß diese fast wie verwahrloste Kinder aufgewachsen waren. Die Kinder hatten im Grunde genommen keine Anleitung von ihren Eltern erfahren.

Die Eltern fühlten sich äußerst unwohl wegen des Geschreis, der Streitereien und der Kämpfe in ihrem Haus; aber sie versuchten, damit fertig zu werden, indem sie einfach lauter schrien als ihre Kinder. Sie wurden wütend, weil die Kinder so wenig Respekt vor ihnen hatten, und verprügelten jeweils das, das sie am leichtesten erwischen konnten; dann gingen sie in ihr Schlafzimmer und schrien sich dort weiter gegenseitig an.

Es erübrigt sich zu sagen, daß sich die Kinder eigentlich nur unglücklich und verängstigt fühlten, da sie keinerlei Liebe oder Unterstützung von ihren Eltern spürten. Da die Eltern nicht in der Lage gewesen waren, ihre Kinder in vernünftige Schranken zu verweisen, hatten sie ein Klima der Zwietracht, der Furcht und der Feindseligkeit geschaffen. Dieses feindliche Verhalten hatte sich so festgesetzt, daß es keinem von ihnen möglich war, sein Benehmen zu ändern; außerdem sah auch keiner von ihnen den geringsten Anlaß dazu.

Extreme Situationen erfordern extreme Maßnahmen. Deswegen griff ich zu einer List und habe ihnen eine Therapie empfohlen, die sehr paradox erscheint. Ich sagte ihnen, daß es nicht möglich sei, sich eine lebenslange Angewohnheit, zu fluchen und zu schreien, ohne weiteres von heute auf morgen abzugewöhnen. Vielleicht, sagte ich ihnen, würden sie ihr Bedürfnis, sich obszön, grob und rücksichtslos zu benehmen, nie ablegen können. Ich riet ihnen daher, sich all ihre haßerfüllten Ausdrücke für eine bestimmte Stunde nach dem Essen aufzusparen und in der übrigen Zeit zu versuchen, höflich und freundlich miteinander zu sprechen.

Sie sollten dann abends eine Stunde direkt nach dem Abendessen zusammensitzen und sich absichtlich rauhe und haßerfüllte Worte an den Kopf werfen. Sie sollten alle vulgären Ausdrücke benutzen, die sie nur kannten, und alle freundlichen und höflichen Worte vermeiden. Der Vater wurde dazu auserwählt, diese „Sitzung" zu überwachen, und sollte jeden ermahnen, die „Spielregeln" einzuhalten und bloß nicht etwa höflich zu werden. Er sollte darauf bestehen, daß alle seine Kinder miteinander und auch mit ihm nur feindselig und unfreundlich sprachen; und ganz besonders sollte er darauf achten, daß sie auch obszöne Ausdrücke verwendeten.

Die Kinder gehorchten nur widerstrebend, da sie gezwungen wurden, sich über ihre vulgäre Sprache klarzuwerden. Die Eltern haßten diese Stunde und versuchten, mich von deren Nutzlosigkeit zu überzeugen; aber sie blieben schließlich doch eine Zeitlang bei der Stange, weil sie stolz darauf waren, mit ihrer Therapeutin zusammenzuarbeiten. Nach drei Wochen erreichte die Lächerlichkeit dieser Situation einen Höhepunkt, und plötzlich ging der Vater ganz selbstgerecht in die Luft. „Es ist mir völlig egal, was diese Betty Stewart gesagt hat, ich will nicht mehr, daß ihr euch in dieser Sprache in meinem Hause unterhaltet!"

In diesem Moment übernahm er endlich wieder die Kontrolle, die er über mehrere Jahre lang abgegeben hatte; er bestätigte seine Autorität, was längst überfällig war, und er brachte zum Ausdruck, daß er sich um seine Kinder kümmerte, was eigentlich alles war, das sie zu erreichen versucht hatten.

Ich habe andere Familien kennengelernt, in denen sich niemand angeschrien hat; aber niemand schien auch überhaupt groß mit dem anderen zu sprechen. Statt dessen hatte man den Eindruck, stumme Geistererscheinungen schwebten durch das Haus, eine jede von ihnen in ihre eigenen Gedanken und Gefühle versunken. Jede von ihnen lebte in ihrer eigenen Welt.

In solchen Familien essen die einzelnen Familienmitglieder gewöhnlich nicht zusammen; sie verbringen kaum Zeit miteinander, sie sind eigentlich kaum an den anderen interessiert. Man stellt sich eine solche Familie entweder immer als unheimlich reich vor, mit sportlichen, gutaussehenden Eltern, die ständig in der Welt umherjetten, während die Kinder zu Hause von allen möglichen Dienstboten versorgt werden, oder aber als ganz arm, wo die Eltern den ganzen Tag außer Haus sind, um den Lebensunterhalt zusammenzukratzen, und die Kinder förmlich sich selbst überlassen.

Tatsächlich kommen diese Familien, die keinen Kontakt untereinander haben, aber in allen sozialen Schichten vor. Sie brauchen außerdem auch gar nicht räumlich voneinander getrennt zu sein, sie können nach außen hin als fest zusammengeschweißte, umsorgte Familie erscheinen. Sie gehen gemeinsam in die Kirche, sie machen zusammen Urlaub, sie essen miteinander, sie schauen sich auch gemeinsam Fernsehen an. Aber ihre räumliche Nähe täuscht vielleicht nur über gefühlsmäßige Trennung hinweg.

Innen und außen gehören zusammen

Jeder Mensch – auch ein Kind – hat zwei Leben. Wir haben ein äußeres Leben, das jedem anderen sichtbar ist, und wir haben ein inneres Leben, das nur uns selbst und vielleicht denen bekannt ist, die uns nahestehen. Das äußere Leben eines Kindes betrifft seine Spielkameraden, seine Schule, seine Familie und seine Beschäftigungen. Sein inneres Leben betrifft seine Träume, Hoffnungen, Wünsche, Ängste und alle Reaktionen auf sein äußeres Leben.

Wenn ein Erwachsener oder ein Kind keinen anderen Menschen hat, mit dem er sein inneres Leben teilen kann, wird er oder es sich einsam und isoliert vorkommen. Ob sich ein Mensch einsam fühlt, hängt nicht davon ab, wie viele Menschen um ihn herum sind, sondern wie häufig er sein Innerstes einem anderen mitteilen kann. Aus diesem Grund fühlen sich einige Menschen, die allein leben, auch weniger einsam als manche andere, die mit vielen Leuten zusammenleben. Die alleinstehende Person hat vielleicht einen oder zwei Menschen, denen sie ihre Gefühle und Gedanken mitteilen kann, von Mensch zu Mensch, per Telefon oder per Brief. Dagegen hat die Person, die in eine große Familie eingebunden ist, möglicherweise niemanden, dem sie sich mitteilen kann.

Kinder haben keine Wahl, mit wem oder wo sie leben, sie müssen es nehmen, wie es kommt. Sie finden sich also entweder von Menschen umgeben, die sie anleiten, anderen ihre Gefühle mitzuteilen, oder sie sind umgeben von Menschen, die diese Fähigkeit nie entwickelt haben. Eltern, die sich einsam und isoliert vorkommen, bringen ihren Kindern nur wieder bei, sich einsam und isoliert zu fühlen, ganz gleich, ob sie viele Menschen um sich herum haben oder nicht.

Die Fähigkeit, seine Gefühle auszudrücken, ist vielleicht die einzig wichtige Kommunikationsfähigkeit, die Menschen verbindet, ihnen einen Sinn in ihrem Leben gibt und ihnen ein Gefühl vermittelt, wichtig zu sein und gebraucht zu werden. Manche Menschen entwickeln die Fähigkeit, Gefühle auszudrücken, niemals vollständig. Andere lernen dies innerhalb ihrer Familien oder später in einer psychotherapeutischen Behandlung. In der Familie zu lernen, wie man seine Gefühle ausdrückt, ist billiger, und es gibt den Menschen auch mehr Zeit, diese Fähigkeit in ihrem Leben zu nutzen.

Wie man lernt, seine Gefühle auszudrücken

Viele Erwachsene glauben ernstlich, sie seien in der Lage, ihre Gefühle auszudrücken, obwohl sie eigentlich keine Wörter, die Gefühle ausdrücken können, in ihrem Wortschatz haben. Wenn Sie einen Menschen, der nicht fähig ist, seine Gefühle auszudrücken, fragen, was er fühlt, dann wird der Ihnen antworten: „Ich habe das Gefühl, daß derjenige recht hat" oder: „Ich habe das Gefühl, daß wir darüber noch einmal sprechen sollten" oder: „Ich habe das Gefühl, daß ...".

Das sind aber keine Gefühlsäußerungen! Das sind Meinungsäußerungen, Ausdrücke für Vermutungen und Annahmen. Ein Gefühl wird meistens einfach in einem Wort ausgedrückt; das Wort „daß" gehört nicht zu einer echten Gefühlsäußerung.

Wenn Menschen in psychotherapeutischer Behandlung lernen, ihre Gefühle auszudrücken, gelangen sie von der Stufe des „Ich habe das Gefühl, daß ..." zu der Stufe, auf der sie gelernt haben zu sagen: „Ich fühle mich verwirrt."

Das Wort „verwirrt" wird wahrscheinlich von den meisten Leuten mit einer unklareren Bedeutung als jedes andere Wort benutzt. Es kann die Bedeutung von „wütend", „ängstlich", „entrüstet", „enttäuscht", „entmutigt", „unruhig" oder irgendeines von hundert anderen Gefühlsausdrücken haben. Das Wort „verwirrt" zu benutzen, um Gefühle auszudrücken, ist also so nützlich, wie ein Stück Kohle anstelle eines Kugelschreibers zu benutzen, um einen Scheck auszustellen. Es zeigt an, daß irgendeine Handlung vor sich geht, aber was genau, bleibt verschwommen.

Nachdem ein Erwachsener einmal in der Therapie gelernt hat, daß das Wort „verwirrt" ungeeignet ist, Gefühle auszudrücken, wird er feststellen, daß er gar nicht genau weiß, was er tatsächlich fühlt. Er wird sich dessen bewußt, daß seine Gefühle bisher unter einer Schicht dessen verborgen waren, was er meinte, fühlen zu müssen, wovon er glaubte, daß andere Menschen so fühlen würden, was er befürchtete zu fühlen, wenn er nur genau darauf achtete.

Der erste Schritt zu lernen, seine Gefühle auszudrücken, ist also, seine Gefühle zu erkennen. Das ist für Erwachsene, die mit ihren Gefühlen nicht sehr vertraut sind, wahrscheinlich das schwierigste daran. Es bedarf großer Selbsteinsicht und der Bereitschaft, seine eigene Psyche zu untersuchen und zu erforschen, um zwischen Verlegenheit und Demütigung, zwischen Wut und Angst, zwischen Kummer und Unmut unterscheiden zu können. Außerdem ist ein hoher Grad an Erfahrung erforderlich, um die genaue Bedeutung all dieser Gefühlsausdrücke zu kennen. Manchmal finden sich Leute mit Hochschulabschluß, mit einem Doktortitel der Rechte oder der Medizin, dabei, daß sie während der Therapie auf einmal in Wörterbüchern nachschlagen, um die genaue Bedeutung eines Gefühlsausdrucks festzustellen, um sicherzugehen, daß sie ihre wirklichen Gefühle auch genau wiedergeben.

Nachdem man die Phase des Erkennens und der Beziehung von Gefühlen gemeistert hat, gibt es einen weiteren notwendigen Entwicklungsschritt, Gefühle ausdrücken zu können, und dieser Schritt ist lebenswichtig. Man braucht einen anderen Menschen, der versteht, was man auszudrücken versucht. Nur dann macht man die Erfahrung, daß man lebt und wichtig ist. Ist das nicht der Fall, kann ein Mensch seine Gefühle noch so genau ausdrücken, er wird sich dennoch vorkommen wie ein Baum, der mitten im Wald umfällt, ohne daß es jemand bemerkt.

Wie oft ist Ihnen das schon passiert: Sie haben eine sehr wichtige Erfahrung gemacht, die Sie unbedingt jemandem mitteilen möchten. Sie rufen einen Freund oder einen Verwandten an, berichten ihm von dem Erlebten und sagen dann: „Ich finde das einfach schrecklich", oder „Ich mache mir solche Sorgen", oder „Ich bin so entsetzt", und dann bekommen Sie zu hören: „Also, das ist vielleicht eine dumme Art zu denken!" oder: „Das solltest du dir nicht so zu Herzen nehmen, das ist doch dumm" oder: „Warum, um alles in der Welt, fühlst du dich so?"

Werden Sie etwa selbstsicherer, wenn Sie eine solche Antwort bekommen? Haben Sie das Gefühl, ernst genommen zu werden? Glauben Sie, daß Ihre Gefühle jemand anderem was bedeuten? Wahrscheinlich nicht!

Ganz sicher wären Sie beruhigter und mehr mit sich und ihrem Freund zufrieden, wenn Sie etwas in dieser Richtung hörten: „Mensch, das muß ja schrecklich gewesen sein!" oder: „Ich kann verstehen, daß du dich so fühlst" oder: „Es tut mir leid, daß du dich so schlecht fühlst."

Wenn Sie dann merken, daß Ihre Gefühle verstanden und anerkannt werden, stellen Sie in der Tat schnell fest, daß Sie sich schon nicht mehr so schlecht fühlen, und fangen an, sich zu erholen. Vielleicht sagen Sie dann schon: „Ich glaube, ganz so schlimm war es nicht" oder: „Nachdem ich darüber geredet habe, bin ich nicht mehr so entsetzt."

Sie hätten Ihre Einstellung nicht geändert, weil Ihr Freund Sie dazu getrieben hat. Sie haben sie geändert, weil er Ihre Gefühle zunächst einmal akzeptiert und sie für berechtigt gehalten hat.

Kinder haben einen kleineren Wortschatz als Erwachsene, um ihre Gefühle in Worte zu fassen. Auch sind sie sich weniger ihrer eigenen Wichtigkeit in der Welt und ihres Daseins als Menschen bewußt. Aber ihre Gefühle sind genauso wirklich und wichtig, und sie haben das gleiche Bedürfnis wie ein Erwachsener, daß ihre Gefühle akzeptiert und ernst genommen werden.

Kleinkinder drücken ihre Gefühle mit symbolischen Worten oder mit ihrem Verhalten aus. Ein Kind, das sich verletzt und übergangen fühlt, könnte beispielsweise sein Bett naß machen, in der unbewußten Hoffnung, daß jemand seine Gefühlsnachricht empfängt und sie als berechtigt und wertvoll empfindet.

Ein Kind, das zu Hause viele Spannungen mitbekommen hat und instinktiv weiß, daß etwas zwischen seinen Eltern steht, kann sich schon einmal weigern, aus dem Haus und in die Schule zu gehen. Es könnte krank oder blaß werden oder verängstigt reagieren. Auch hier wird es seine Gefühlsnachricht unbewußt zum Ausdruck bringen. Wenn es glaubt, ein Elternteil sei in Gefahr, wird es ihm ein Gefühl der Besorgnis und eines natürlichen Beschützerdranges entgegenbringen.

Normalerweise werden die Erwachsenen in der Welt des Kindes ärgerlich darauf reagieren, wenn es sich weigert, in die Schule zu gehen. Dadurch wird das Kind noch ängstlicher, aber auch noch entschlossener, zu Hause zu bleiben, um seine Bezugsperson zu beschützen. Wir nennen so etwas „Trennungsangst" und ordnen sie gewöhnlich dem Kind zu. Wenn aber das Kind seine Gefühle verbalisieren könnte, würde es wahrscheinlich etwa wie dies sagen: „Also, nicht ich habe Angst, selbständig zu werden, sondern meine Mutter. Ich kann nicht von zu Hause weggehen und selbständig werden, bevor nicht meine Mutter, die immer eine Aufgabe nötig hat und gebraucht werden will, selbständig geworden ist."

Viele Gefühle, die Kinder gerne ausdrücken würden, sind ganz normal und ganz gesund; aber ihre Eltern und Fachleute neigen häufig dazu, diese Gefühle nicht zu berücksichtigen, und versuchen, sie eher zu ändern als zu akzeptieren. Manchmal werden die eigentlichen Gefühle unberücksichtigt gelassen, weil sie beschrieben und analysiert werden anstatt einfach akzeptiert.

Zum Beispiel haben Psychologen und Psychiater eine Art, die normalen und auch gesunden Gefühle so darzustellen, als seien sie unbekannte Phänomene. Wenn ein Kind seinen Bruder haßt, sprechen sie vom „Kain-Syndrom", weil niemand gerne von „Bruderhaß" spricht. Eltern sind natürlich unglücklich und verzweifelt, wenn sie feststellen, daß eins ihrer Kinder erfüllt ist von Haß und Ablehnung gegen seinen Bruder oder seine Schwester. Begegnen sich alle Kinder einer Familie gegenseitig mit Groll und Mißgunst, werden diese geplagten Eltern völlig pathetisch und ermahnen ihre unglücklichen Kinder: „Ihr müßt euch alle liebhaben!"

Eltern rufen diese Gefühle der Ablehnung von Kindern gegenüber ihren Geschwistern gewöhnlich erst richtig hervor, indem sie versuchen, sie zu zwingen, daß sie ihr Brüderchen oder Schwesterchen liebhaben. Wenn ein Kleinkind zum erstenmal sein neugeborenes Schwesterchen mit einem Spielzeug schlägt, wird seine Mutter bestimmt ärgerlich angelaufen kommen und schreien: „Nein, du darfst doch dein Schwesterchen nicht hauen! Du mußt Baby liebhaben, gib Baby jetzt einen Kuß!" Das Kind wird tun, wie ihm geheißen wird, und sinnt dabei in seinem Herzen auf die nächste Gemeinheit. In diesem Stadium wird der Grundstein für ein späteres – ich bitte jetzt um einen Tusch! – „KAIN-SYNDROM" gelegt.

Hätte die Mutter dem Kleinen statt dessen gesagt: „Du bist eifersüchtig auf dein Schwesterchen, und du möchtest nicht, daß sich Mami so viel um das Baby kümmert. Ich verstehe das, aber du darfst dein Schwesterchen nicht hauen!" Der eifersüchtige kleine „Schläger" hätte sich zumindest verstanden gefühlt. Wenn seine Mutter den Angriff auf das Baby richtig als Ausdruck seines Bedürfnisses nach besonderer Zuwendung und Aufmerksamkeit gedeutet hätte, könnte sie versuchen, seine Bedürfnisse zu befriedigen, ohne dabei das Baby zu vernachlässigen.

Ich möchte Ihnen ein anschauliches, aber auch etwas überspitztes Beispiel geben, um Ihnen klarzumachen, wie sich ein Kind fühlen muß, wenn die Mutter ein Baby bekommt. Stellen Sie sich vor, Sie leben in einer Gesellschaft, in der es die Vielehe gibt, und die meisten Männer hätten mehr als eine Frau. Sie und ihr Ehemann leben aber in einer sehr glücklichen monogamen Ehe miteinander, und Sie erwarten auch von Ihrem Mann, daß Sie seine einzige Frau sind. Jetzt stellen Sie sich vor, daß Ihr Mann plötzlich eine andere Frau nach Hause bringt, ohne Sie vorher gefragt zu haben. Stellen Sie sich vor, daß diese völlig hilflos, unfähig und nutzlos sei. Sie wären doch wohl ziemlich unangenehm überrascht, wütend und zutiefst verletzt, wenn Ihr Mann seiner neuen Frau seine ganze Aufmerksamkeit widmete und jede Kleinigkeit, die sie für ihn täte, über Gebühr mit Lob, Anerkennung und Komplimenten bedenken würde und Ihre weitaus größeren Verdienste einfach unbeachtet ließe.

Sie würden wahrscheinlich sehr unsanft mit Ihrer Konkurrentin umgehen und wären bestimmt alles andere als hilfsbereit. Ganz besonders verletzt wären Sie, wenn Ihr Mann ungehalten über Sie wäre und Ihnen erklärte: „Du mußt meine neue Frau auch lieben! Du solltest ihr auch helfen! Sie bleibt bei mir, damit du es weißt!"

Wenn Sie entgegneten: „Aber sie ist doch zu nichts nütze! Und du schenkst ihr auch noch mehr Aufmerksamkeit als mir, und ich bin dir immer eine gute Frau gewesen", ginge er wahrscheinlich darüber hinweg. „Sprich nicht so über sie. Du mußt sie einfach lieben!" Sie würden bestimmt vor Eifersucht und Wut kochen und niemals mit ihr warm werden.

Ihr Ehemann hätte aber auch sagen können: „Ich weiß, es ist nicht mehr so wie früher. Und es tut mir leid, daß ich so viel Zeit mit ihr verbracht habe und so wenig mit dir. Ich verspreche dir, daß ich versuchen werde, wieder mehr Zeit für dich zu haben. Du weißt doch, wie sehr ich dich und unsere Beziehung schätze. Aber du weißt auch, daß es für mich wichtig ist, wie all die anderen Männer zwei Frauen zu haben. Wir müssen das Beste daraus machen und versuchen, gemeinsam glücklich zu leben." Dann hätten Sie sich wahrscheinlich auch nicht mehr über das Kommen der Nebenfrau gefreut; aber vielleicht hätten Sie sich weniger eifersüchtig und verletzt gefühlt. Vielleicht hätten Sie sich mit der Zeit mit ihr angefreundet und hätten ihr zunächst einmal geholfen, sich in Ihrem Haushalt zurechtzufinden.

In ähnlicher Weise fühlen tatsächlich auch die Kinder, die ihre Geschwister ablehnen und eifersüchtig auf sie sind. Wenn Sie die Gefühle Ihres älteren Sohnes anerkennen und akzeptieren und darauf mit etwa folgenden Worten eingehen „Ich weiß, daß dein Brüderchen manchmal eine Plage ist, ganz besonders, wenn es sich an deinen Spielsachen zu schaffen macht", anstatt ihn zu bestrafen, wird er vielleicht anfangen, ein bißchen mehr Einsehen und Geduld mit seinem Brüderchen zu haben.

Gute Erfolge, das Verhalten eines Kindes gegenüber seinen Geschwistern zum Guten zu verändern, kann man mit einer Spieltherapie erreichen. Ein Mädchen kommt vielleicht mit Gefühlen völliger Ablehnung und Eifersucht gegenüber seinem Bruder in die Therapie. Dort kann sie ihre Gefühle in einem Puppenhaus mit einer Puppenfamilie voll ausleben. Sie läßt ihren Bruder als Puppe vom Dach des Hauses fallen und das Bewußtsein verlieren; dann wird er von wilden Spielzeughunden in die „Wüste" des Sandkastens verschleppt. In dieser Wüste wird er dann von einem Spielzeugpanzer überrollt, von Indianerpuppen erschossen, von langhaarigen Stoffaffen mißhandelt und dann von einer Spielzeugkanone in die Luft geschossen. Die Schwester wird die Leiche ihres Bruders mit Schwung im Sand begraben und sich dann einem Stoffclown zuwenden, dem sie zunächst einmal ein paar Schläge auf die Nase gibt.

Wenn sie ihre ganzen Feindseligkeiten erst einmal zum Ausdruck gebracht haben, vielleicht auch in ganz offene Worte gefaßt hat: „Ich hasse meinen Bruder! Ich wünschte mir, er würde von einer Kanone in die Luft geschossen!" und der Therapeut das Ganze mit Gleichmut aufgenommen hat, wird der „Bruder" gewöhnlich zärtlich wieder aus seinem sandigen Grab befreit, saubergemacht, geküßt und zurück ins Puppenhaus gebracht, wo er aufs herzlichste von seiner Schwester in Gestalt einer anderen Puppe begrüßt wird.

Am Ende der „Sitzung" gebe ich meinen kleinen Patienten gewöhnlich etwas Süßes – als kleines Trostpflaster dafür, daß sie nicht weiter spielen können –, und dann wird diese Kleine fragen: „Kann ich für meinen Bruder auch etwas Süßes haben?"

Bei ausreichenden Möglichkeiten, „Dampf abzulassen", also, die Eifersucht und den Ärger über den Bruder oder die Schwester zum Ausdruck bringen zu können, kann ein solches Kind mit der Zeit ein normales und gelöstes Verhältnis gegenüber den Geschwistern entwickeln, wenn seine Gefühle nur akzeptiert und anerkannt werden, ohne daß man sie unterdrückt oder verurteilt. Das Kind wird vielleicht ab und zu noch einen einzelnen Wutausbruch haben und im Wettstreit mit dem anderen noch manchmal eifersüchtig reagieren, aber ohne ständig schmerzerfüllten und selbstzerstörerischen Haß zu empfinden.

Sehr kleine Kinder, die voller Empfindungen sind, die sie nicht ausdrücken können, benutzen manchmal Farben, um anderen mitzuteilen, wie sie sich fühlen. Zumeist setzen sie zum Beispiel die Farbe „Rot" mit Schmerzen gleich. Ein sehr empfindsames Kind kann daher schon einmal in seinem begrenzten Wortschatz weinen: „Ich bin ganz rot."

Etwas ältere Kinder malen vielleicht Bilder und bringen darin ihre Gefühle zum Ausdruck. Die Eltern brauchen dann nicht einmal ein Psychologiestudium absolviert zu haben, um zu verstehen, was ihr Kind ihnen sagen will. Ich erinnere mich beispielsweise an ein Kind, das der ganze Stolz seiner Mutter war. Das Mädchen war völlig verwöhnt durch zuviel Aufmerksamkeit. Sie war ständig im Mittelpunkt des Interesses ihrer Mutter. Ihre Mutter kümmerte sich zuviel um die Haare, um die Kleidung und die

Freunde des Mädchens. Dieses Mädchen malte nun eine sehr schöne Blume, die prachtvoll in einem Blumentopf blühte, die Sonne schien lächelnd vom Himmel auf alles herab. Und dann – sie hätte es mit Worten nicht besser ausdrücken können! – malte sie über das ganze fröhliche Bild, über die Blume und über die Sonne schwarze Gefängnisgitterstäbe.

Ganz sicher wird niemand sein Kind absichtlich mit gefühlsmäßigen Störungen und Beschränkungen aufwachsen lassen, weil er nicht will, daß sein Kind lernt, anderen seine schmerzhaften Empfindungen mitzuteilen. Es wird wohl auch niemand morgens aufwachen und sich denken: „Ich glaube, ich schaue heute mal zu, wie ich meinem Kind am besten ein Gefühl der Einsamkeit und Isolation vermitteln kann." Aber viele Eltern vermitteln ihren Kindern diese Gefühle gerade unabsichtlich durch ihre Art der Erziehung und wegen ihrer Unfähigkeit, ihren Kindern gewisse Fähigkeiten weiterzugeben, die sie ja selbst gar nicht besitzen. Wenn Sie möchten, daß Ihr Kind mit den Erfahrungen, zu einer Familie dazuzugehören, wichtig zu sein und geliebt zu werden und mit anderen Menschen in einer befriedigenden Weise umzugehen, aufwächst, dann sollten Sie sicher sein, daß Sie diese Fähigkeiten selbst besitzen. Dann ist es recht einfach, Ihren Kindern die Fähigkeit auch zu vermitteln.

Trotz guter Vorsätze kann man Schaden anrichten

Alles, was heutzutage über die Bedeutung der Familie hinsichtlich der zukünftigen seelischen Gesundheit eines Kindes gesagt oder geschrieben wird, treibt Sie sicherlich in die Defensive und läßt Sie ein unbestimmtes Schuldgefühl bekommen. Ich möchte nicht, daß solche Gefühle aufkommen denn ich bin davon überzeugt, daß die meisten fürsorglichen Eltern eine bemerkenswerte Leistung erbringen, wenn sie versuchen, ihren Kindern zu helfen, ordentlich, mit Selbstachtung und mit Selbstvertrauen aufzuwachsen,. was ganz besonders gilt, da sich die meisten Eltern ihr Konzept dazu erst mit der Zeit schaffen können.

Obwohl es sicherlich einige Eltern gibt, die gemein, niederträchtig und sadistisch veranlagt sind und eigentlich keine Kinder haben dürften, sind die meisten Eltern, die für spätere Probleme ihrer Kinder verantwortlich sind, der irrigen Annahme, sie seien gute Eltern. Sie neigen dazu, sich aufzuopfern, sich sehr weitgehend in das Leben ihrer Kinder einzumischen, sie sind bereit und willig, immer und überall zu helfen, sie sind mit Problemlösungen sehr schnell bei der Hand, sie sind zu großzügig mit Geschenken und Geld, und sie sind für ihre Kinder zu leicht zu erreichen.

Lassen Sie mich das Beispiel einer gutmeinenden, aber fehlgeleiteten Mutter geben, die sehr wahrscheinlich für einige Probleme ihrer Kinder verantwortlich ist. Mit ihr meine ich alle mir bekannten Väter und Mütter, die bei ihren Kindern genau die Charakterzüge hervorrufen, die sie eigentlich mühevoll zu verhindern versuchen. Nennen wir diese Mutter einmal Rita.

Ohne Zweifel ist Rita eine gute Mutter. Sie ist sogar eine so gute Mutter, daß sie bei anderen Müttern ein leichtes Unbehagen hervorruft. Sie ist in ihrer äußeren Erscheinung immer ein wenig unordentlich und verwendet augenscheinlich keine Zeit für sich. Sie und ihr Mann hatten, seitdem ihr erstes Kind geboren wurde, keinen romantischen Urlaub, kein Wochenende und keinen freien Abend mehr für sich.

Rita ist natürlich nicht berufstätig, obwohl sie eine gute Ausbildung hat und vor der Geburt ihrer Kinder arbeitete. Sie hat auch keine Zeit mehr zum Lesen oder für Hobbys, da sie mit ihren Kindern voll beschäftigt ist. Sie hat auch kein Interesse mehr an den Beschäftigungen, denen sie früher einmal gerne nachging.

Rita ist außerordentlich aktiv im Elternbeirat und in der Kirche, wo sie in der Sonntagsschule unterrichtet. Sie wechselt jedes Jahr die Klassen, so daß sie immer eine Klasse unterrichtet, in der eines ihrer Kinder ist. Gleichzeitig ist sie die Heimmutter der Jungpfadfinder, Führerin einer Jugendgruppe und die Elternbetreuerin von beiden Grundschulklassen ihrer Kinder. Natürlich beteiligt sie sich an der Fahrgemeinschaft für Schulkinder, und sie ist immer bereit, einzuspringen, wenn eine andere Mutter einmal keine Zeit hat.

Als ihre Tochter in der zweiten Klasse zu einer Karnevalsfeier Plätzchen mit in die Schule bringen sollte, stellte sich Rita bis weit nach Mitternacht in die Küche und backte eine Dose Plätzchen nach der anderen und machte sich auch noch die Mühe, sie mit roter und weißer Glasur zu bestreichen sowie mit Schokolaaden-, Krokant- und Zuckerstreuseln zu belegen: Dabei hatte sie eine so starke Virusgrippe mit einer Lungenentzündung – und ihr Arzt hatte ihr verboten aufzustehen –, daß sie sich während des Backens immer wieder auf den kühlen Küchenboden, der natürlich blitzblank ohne jeden Krümel war, legen mußte, um ihrem Körper, der von schwerem Fieber geplagt wurde, eine Ruhepause zu gönnen. (Verschiedene Mütter brachten ihren Ärger darüber zum Ausdruck, daß es doch unverantwortlich sei, derart bazillengeladene Plätzchen in die Schule zu schicken, aber Rita sah über ihre Kritik ganz nobel hinweg und interpretierte sie als Neid!)

Wird ein Fahrer für einen Schulausflug gebraucht, unsere Rita steht zur Verfügung. Wenn für die Schülerbücherei freiwillige Helfer gesucht werden, Rita ist zur Stelle und kann immer einen Tag oder eine Woche mitarbeiten. Als Freiwillige gesucht wurden, um Erstkläßler in einem Sehtest auf ihre visuellen Fähigkeiten zu überprüfen, war Rita die erste, die ihren Namen auf die Liste setzte.

Rita ist sehr häufig in der Schule, sie informiert sich bei den Lehrern ihrer Kinder über deren Leistungen. Sie duzt sich mit dem Schulleiter und macht, wann immer nötig, Verbesserungsvorschläge für die Schule. Sie weiß über alle Projektarbeiten Bescheid, mit denen ihre Kinder gerade beschäftigt sind. Sie überwacht täglich ihre Hausaufgaben und die Fortschritte, die sie machen. Wenn eines ihrer Kinder in der Schultheatergruppe oder in irgendeinem außerschulischen Programm mitmacht, kann man sich darauf verlassen, daß sie bei den Proben oder Vorbereitungen auftaucht und dem Leiter hilft, gute Ratschläge oder Anweisungen gibt.

Ritas Kinder könnten täglich mit ihrer Kleidung in der Werbung auftreten. Hemden und Blusen sind sorgfältig auf Hosen und Röcke sowie Söckchen abgestimmt. Die Schuhe und Socken der Kinder sind immer makellos sauber, sogar die Schuhbänder sind immer neu, niemals ausgefranst. Selbst bügelfreie Kleidung hat immer eine Bügelfalte.

Die Kinderzimmer haben die Sterilität einer Anzeige für ein Möbelhaus: Die Farben und Möbel sind ausgesucht und aufeinander abgestimmt. Selbstverständlich sind die Zimmer immer blitzblank aufgeräumt. Die Bücher, Spiele und Spielsachen machen den Eindruck, als wären sie gestern erst gekauft worden; es gibt kein Anzeichen dafür, daß je in diesen Zimmern gespielt worden ist.

Haben Sie das Gefühl, dieser Rita schon einmal begegnet zu sein? Erkennen Sie in ihr die Mutter eines Freundes von Ihrem Sohn? Ja, dann sollten Ihnen diese Kinder leid tun, und wenn Sie nicht so sind, können Sie sich getrost auf die Schulter klopfen, weil Sie aus diesem unsinnigen Spiel „Spieglein, Spieglein an der Wand, wer sind die besten Eltern in diesem Land?" ausgestiegen sind. Wenn Sie sich aber in der Beschreibung dieser Rita irgendwo selbst erkennen, dann setzen Sie sich jetzt einmal gerade hin und schenken Sie mir bitte Ihre Aufmerksamkeit!

Wenn Sie außer an Ihren Kindern an nichts anderem mehr Interesse haben, dann werden Sie Ihre Kinder verwöhnen und mit Ihrer Aufmerksamkeit erdrücken. Wenn Sie verheiratet sind und nicht in der Lage sind, Ihre Ehe lebendig zu erhalten, indem Sie sich wenigstens einmal in der Woche abends und ein Wochenende im Monat von Ihren Kindern freimachen, dann erweisen Sie weder Ihren Kindern noch Ihrer Ehe einen guten Dienst.

Wenn Sie keine Hobbys, keine Beschäftigung oder keine anderen Ziele neben dem Leben Ihrer Kinder haben, durch die Sie ausreichende Erfüllung erhalten können, dann werden Sie in Versuchung kommen, Ihre Kinder ihrer Leistungen zu berauben, und sie davon abhalten, als Individuen aufzuwachsen. Mischen Sie sich zu stark in die Welt Ihres Kindes ein, nehmen Sie ihm dort seinen eigenen Platz weg, so wird es wahrscheinlich mit Ablehnung auf Ihr Eindringen reagieren; möglicherweise lehnt es sich auch durch Versagen gegen Sie auf.

So wie die beiden Extreme von übergroßem Reichtum und bitterer Armut häufig zu den gleichen Charakterzügen von Ichbezogenheit führen können, führen die extremen Gegensätze von Ablehnung des Kindes und gänzlichem Aufgehen im Kind zumeist beide dazu, daß das Kind mit völliger Passivität oder Rebellion als Mittel des Selbstschutzes reagiert.

Es gibt in dieser Beziehung vier Kategorien von Eltern, in die sich die Eltern einordnen können: Die nachlässigen Eltern, deren Kinder keine Leistungen erbringen können, weil sie von ihren Eltern niemals Ermutigung oder Beachtung erfahren haben. Die durchschnittlich besorgten Eltern, deren Kinder durchschnittliche Leistungen erbringen. Die überdurchschnittlich besorgten Eltern, deren Kinder überdurchschnittliche Leistungen erbringen. Und die Eltern, die geradezu besessen davon sind, sich eifrigst immer und überall um ihre Kinder kümmern zu müssen, die ihre Kinder der Unabhängigkeit berauben, die ihre Kinder dazu bringen, daß sie möglicherweise Neurotiker, Querulanten oder ganz selten auch Genies werden.

Die Tatsache, daß Sie dieses Buch lesen, läßt Sie aus der Kategorie der nachlässigen Eltern ausscheiden, weil diese keine einzige Minute darauf verschwenden würden zu lernen, wie sie etwas besser machen können. Also gehören Sie wahrscheinlich zu einer der anderen drei Kategorien, das heißt, zu den durchschnittlich oder überdurchschnittlich besorgten Eltern oder zu den Eltern, die ihre Kinder gänzlich in Anspruch nehmen.

Es ist nichts Falsches an durchschnittlichen oder überdurchschnittlichen Leistungen, wenn derjenige, der sie erbringt, zufrieden und glücklich ist. Sie sollten nur dann besorgt sein, wenn Sie in die Kategorie der besessenen Eltern gehören. Der beste Weg, um das zu vermeiden, ist, daß Sie ein Leben führen, das nur Ihnen ganz allein gehört, daß Sie Ihre Kinder ein Leben führen lassen, das nur ihnen gehört.

Sie selbst sind auch wichtig!

Wenn Sie beide, Ihr Kind und Sie, ihr eigenes Leben leben, wird Ihr gemeinsames Leben nicht mehr den ganzen Raum einnehmen, und jeder von Ihnen behält auch seine eigene Perspektive. Ganz sicher wird Ihre Rolle als Vater oder Mutter sie manchmal dazu zwingen, andere Rollen hintanzustellen. Ihre zweiten Flitterwochen müssen vielleicht verschoben werden, weil sich Ihr Kind das Bein gebrochen hat. Sie müssen vielleicht Ihr „freies" Wochenende einmal ausfallen lassen, weil Ihr Kind genau an diesem Wochenende an einem Qualifikationsspiel der Bezirks-Jugendliga teilnehmen muß. Ihr Mantel muß vielleicht noch einmal einen Winter halten, wenn Sie und Ihr Kind beide einen neuen nötig hätten, Ihr Kind im Wachstum ist und Sie nicht. Ihr

Traum von einem Ballettkurs muß vielleicht einmal warten, bis die Zähne Ihres Kindes gerichtet sind.

Aber Sie können Ihre eigenen Träume haben und Ihre eigenen Bedürfnisse im Auge behalten, während Sie trotzdem eine gute Mutter sind. Sie können vormittags Tennis spielen gehen und den Kuchen für die Geburtstagsparty Ihres Kindes aus der Bäckerei holen, ohne seiner Persönlichkeit Schaden zuzufügen. Sie können den ganzen Morgen Kurse besuchen und mittags einen Auflauf auf den Tisch bringen, der wohlschmeckend, nährstoffreich und schnell zubereitet ist, ohne daß Sie Ihr Ansehen als fürsorgliche Mutter verlieren. Sie können sich richtig schick machen, einen Abend ausgehen und Ihr Kind einem geeigneten Babysitter überlassen, ohne dreimal am Abend anrufen zu müssen, ob Klein-Susi auch nicht nach Ihnen schreit. Kurz gesagt, Sie selbst können für ein Klima sorgen, in dem die Bedürfnisse und Gefühle eines jeden einzelnen berücksichtigt und ernst genommen werden.

Wenn Sie auf eine vernünftige Weise mit Ihren Kindern umgehen, indem Sie Ihre Bedürfnisse und Gefühle respektieren und akzeptieren, können Sie ihnen helfen, unabhängig und selbstbewußt aufzuwachsen. Wenn Sie vernünftige Grenzen setzen, über die hinaus Sie Ihren Kindern nicht gestatten, Ihre eigenen Bedürfnisse einzuschränken, versetzen Sie sie in die Lage, sich entspannt und sicher zu fühlen, weil sie spüren, daß Sie weiter bereit und in der Lage sind, die Kontrolle auszuüben. Indem Sie Ihren eigenen Bedürfnissen, Träumen und Zielen Aufmerksamkeit schenken, entlassen Sie Ihre Kinder aus Ihrer Aufmerksamkeit und erlauben Ihnen, ihr eigenes Leben zu leben und Stolz über Ihre eigenen Leistungen zu empfinden.

Jetzt muß ich Sie aber noch vor etwas warnen: Wenn Sie damit aufhören, sich an der Wahl der „Eltern des Jahres" zu beteiligen, werden Sie damit Eifersucht unter den anderen Eltern hervorrufen, und diese werden ihre Eifersucht in Kritik ummünzen. Wenn Sie aufhören, mit dem Besen und dem Staubwedel hinter Ihrem Schmutzfink herzulaufen und ihm statt dessen freundlich, aber bestimmt erklären, daß er seine Dreckspuren auf dem Fußboden bitte selbst wegzukehren habe, wird man Sie schief ansehen. Wenn Sie beginnen, einen Teil Ihres Tages mit Holzschnitzerei, politischen Veranstaltungen oder Malunterricht zu verbringen, werden die kuchenbackenden Muttis in Ihrer Nachbarschaft Sie ganz sicherlich für staatsgefährdend erklären.

Außerdem müssen Sie darauf vorbereitet sein, daß immer Trauben von Kindern in Ihrem Haus herumhängen werden, statt nach Hause zu gehen. Wenn Sie freundlich, verständnisvoll, entspannt und mit sich und Ihren Leistungen und der Fähigkeit, verschiedene Rollen auf einmal spielen zu können, zufrieden sind, werden Sie die Kinder wie ein Magnet anziehen. Diese werden viel lieber in ein Haus kommen, das Kindern eine Heimat gibt, wo ruhig einmal etwas herumliegen und auch unordentlich sein darf, wo es als kleinen Imbiß Obst und Früchte gibt anstatt hausgemachte, stundenlang gebackene Chips und Plätzchen, als nach Hause zu gehen und das Mißfallen ihrer Mutter herauszufordern, die den ganzen Tag mit Putzen, Bohnern und Backen verbringen und jedes Eindringen in ihre saubere, sterile und perfekte Welt ablehnen.

Niemand kann die ganze Zeit nur lieben

Und wenn wir schon einmal dabei sind, über die besten Eltern des Landes zu sprechen – vergessen Sie das Gefühl, daß Sie Ihre Kinder immerzu lieben müßten. Warum, glauben Sie, sollten Sie sie immer und überall lieben? Nur ein eingefleischter Masochist würde wirklich Gefallen daran finden, schmutzige Windeln zu wechseln, aus dem Schlaf gerissen zu werden, an den eigenen Klamotten zu sparen, um die eingeschossene Schaufensterscheibe bezahlen zu können, recht wenig Freizeit zu haben, weil die Familie erst einmal vorgeht, und sonst tausendundeine kleine Freuden allein für die Kinder aufzugeben. Dagegen denken alle normal veranlagten Eltern, wie schön es wäre, alleinstehend zu sein und Zeit und Geld zu haben für alles, was man gerne tun möchte. Statt dessen sind sie Vater oder Mutter und haben weder genug Zeit noch Geld, um tun oder lassen zu können, was ihnen Spaß macht.

Eine der besten Mütter, der ich je begegnet bin, ist die Mutter von sechs Kindern im Alter von drei bis dreizehn Jahren. Sie hat mir eines Tages erzählt, daß ihr eine sehr schwere Last von der

Seele genommen worden sei, als sie die Entdeckung machte, daß man seine Kinder nicht immer lieben können muß. Barbara und ihr Mann Hans hatten kaum noch Zeit füreinander, und sie fing an, weniger und weniger Gefallen an ihren Kindern zu finden. Sie behielt ihr Geheimnis für sich und fühlte sich schuldig in dem Glauben, sie müßte eine anormale Mutter sein. Sie hatte Angst, ihr Ehemann würde den Respekt vor ihr verlieren und entsetzt über ihre Bosheit sein, wenn er je ihre wahren Gefühle erführe.

Eines Morgens beim Frühstück war aber ihre Geduld mit ihrem dreizehnjährigen Sohn zu Ende, sie rannte wutentbrannt aus der Küche und trat ihrem Mann im Schlafzimmer gegenüber. „Ich hasse Bobby!" stieß sie weinend hervor. „Ich hasse ihn nun einmal! Er ist so gemein und aufsässig, und er stinkt! Ich wollte, ich hätte ihn nie bekommen!"

Sie warf sich auf das Bett und schluchzte untröstlich; sie glaubte sicher, daß dies nun das Ende ihrer Ehe sei, daß ihr Mann sie nun verlassen und die Kinder mitnehmen würde – und in diesem Moment hoffte sie sogar, daß er es täte! Statt dessen legte er sich neben sie auf das Bett, nahm sie in seine Arme, und als ihr Schluchzen nachgelassen hatte, sagte er ihr völlig sachlich: „Ich habe Bobby letzte Woche gehaßt, aber diese Woche hasse ich Karin."

„Was?" rief Barbara überrascht.

„Ich habe gesagt", wiederholte er gelassen, „diese Woche hasse ich Karin. letzte Woche habe ich Bobby gehaßt."

„Warum haßt du Karin?" fragte Barbara verwirrt und verwundert.

„Sie hat das frechste Mundwerk von allen Kindern in der Stadt", sagte Hans, „und manchmal möchte ich ihr ganz einfach einmal einen Klaps aufs Maul geben, aber ihre Zähne haben uns zuviel Geld gekostet, um sie einfach auszuschlagen."

„Wie kannst du deine eigene Tochter hassen?" fragte Barbara schwach.

„Ganz einfach", sagte Hans, „ich kann sie hassen, weil ich sie liebe. Ich liebe sie mehr, als daß ich sie hasse; darum fühle ich mich auch nicht schlecht deswegen."

Barbara war einen Moment lang still, dann lachte sie leise. „Im letzten Monat habe ich Hänschen gehaßt. Er war manchmal ein richtiger Plagegeist."

„Ja", lächelte Hans. „Letzten Monat habe ich Hänschen auch gehaßt. Er war wirklich schlimm. Aber diesen Monat hat er sich wieder gefangen, und jetzt macht das Leben mit ihm wieder Spaß."

Nach einigen ähnlich aufrichtigen Gesprächen, in denen Barbara und Hans Furcht und Lachen über ihre Gefühle teilten, konnte sich Barbara in dem Bewußtsein entspannen, daß sie normal war. Es ist normal und nur natürlich für liebevolle Eltern, auch schon einmal einen Gedanken des Hasses gegen ihre Kinder zu hegen. Nachdem Barbara in der Lage war, ehrlich und ohne Schuld darüber nachzudenken, wie sehr ihre Kinder sie doch manchmal ärgerten, bemerkte sie, daß sie viel mehr Geduld mit ihnen hatte und daß sie ihre kindlichen Unzulänglichkeiten jetzt leichter ertragen konnte.

Für Barbara war es besonders beruhigend, daß sie Hans ihre Gefühle mitteilen konnte, der sie immer mit Humor als das akzeptierte, was sie waren: aufrichtige Gefühle von Wut und Ekel gegenüber ihren Kindern, die sie doch eigentlich so liebte. Gemeinsam teilten beide ihren Stolz und ihre Abneigung gegenüber einem bestimmten Kind. Sie hegten aber niemals lange negative Gefühle gegenüber einem einzelnen Kind und waren dennoch in der Lage, diesen Gefühlen mit Humor Ausdruck zu verleihen, wenn sie aufkamen.

Sie können sicher sein, daß etwas nicht in Ordnung ist, wenn Sie über einen längeren Zeitraum ständig ein Haßgefühl gegenüber einem oder allen Kindern hegen. Dann brauchen Sie Hilfe. Aber kurzlebige Empfindungen von Wut, Ablehnung und Ekel sind ganz normal, sie sind Ausdruck seelischer Gesundheit und sollten als solche akzeptiert werden. Zuerst und zuletzt sind Eltern einmal menschliche Wesen und keine Götter von Olymp, und sie sollten daher ihre menschlichen Gefühle als natürlich annehmen. Nur dann sind sie in der Lage, ihre Kinder anzunehmen, auch wenn diese nur normale, durchschnittliche und gar nicht so perfekte Wesen sind. Und nur dann können Eltern ihren Kindern die gleichen menschlichen Gefühle zugestehen.

Die Fähigkeit, negative Gefühle über ein Kind – aber nicht gegenüber einem Kind! – auszudrücken, ist ganz besonders wichtig für Eltern mit einem Kind, das lernbehindert oder extrem lebhaft ist. Ich werde in diesem Buch nicht auf extreme Lebhaftigkeit oder deren Begleiterscheinung, die Lernschwäche, eingehen, weil diese Themen wesentlich eingehender behandelt werden müssen, als das hier möglich wäre. Wenn Sie ein Kind mit derartigen Störungen im Hause haben, werden Sie es selbst schon wissen. Sie brauchen dann auch keine Abhandlung über die Gründe dieser Störungen oder die Behandlungsmethoden; denn davon haben Sie schon oft genug gehört.

Was Sie statt dessen in einer solchen Situation brauchen, ist die Möglichkeit, wütend über Ihr Kind sein zu dürfen, wenn es verstockt ist. Sie müssen Frustration und Ungeduld empfinden dürfen, wenn Ihr Kind nicht versteht, warum Sie ihm ein bestimmtes Verhalten verboten haben, und wenn es Ihre Erklärungen zum hundertsten Male nicht versteht. Sie müssen auch einmal eifersüchtig sein dürfen, wenn Sie sehen, daß die Kinder Ihrer Freunde ohne jede Schwierigkeit lernen und ganz langsam reifer werden. Sie müssen sich verletzt fühlen dürfen, wenn Ihre ganzen Anstrengungen, Ihr Zeitaufwand und Ihre Liebe überhaupt nicht bemerkt, geschweige denn gewürdigt werden.

Denken Sie daran, daß das Gegenteil von Liebe nicht Haß oder Wut ist; das Gegenteil von Liebe ist Gleichgültigkeit! Wenn Sie Ihre Kinder nicht lieben würden, hätten Sie nicht manchmal das Gefühl, wütend sein zu müssen. Wenn Sie Ihr lernbehindertes Kind nicht lieben würden, wären Sie manchmal nicht so enttäuscht oder ärgerlich darüber. Wenn Sie sich keine Sorgen über seine Zukunft machten, würden Sie sich nicht manchmal wünschen, es nie bekommen zu haben. Noch einmal: Sie brauchen sich Ihrer Gefühle der Wut und Ablehnung nicht zu schämen, sie sind nur allzu natürlich und gesund. Aber bringen Sie diese Gefühle niemals gegenüber Ihren Kindern zum Ausdruck! Die Kinder würden sich nur schlecht dabei und Sie sich selbst schuldig fühlen.

Versuchen Sie, sich so oft wie möglich von Ihren Kindern einmal freizumachen, damit Sie frei durchatmen können, ohne zu sehen oder zu hören, was sie machen. Und wenn Sie das ganze Familiensilber Stück für Stück verkaufen müßten, um sich einen geeigneten Babysitter leisten zu können, wenn Sie ein Wochenende im Monat für sich haben möchten – es ist die Sache wert! Ihre Gesundheit ist schließlich wichtiger als Familiensilber.

Wenn Sie die Möglichkeit dazu haben, treten Sie einer Eltern-Selbsthilfegruppe bei. Tauschen Sie meinetwegen untereinander die haarsträubendsten Geschichten über die verzweifelte Aufgabe aus, Eltern eines lernbehinderten und extrem lebhaften Kindes zu sein. Daneben sollten Sie jede Diät ausprobieren, jeder Möglichkeit einer Allergie, eines Vitamin- oder Mineralstoffmangels bei Ihrem Kind nachgehen. Sie sollten jede mögliche Hilfe einer therapeutischen Betreuung und Beratung in Anspruch nehmen und sich selbst den „Luxus" erlauben, dann und wann Wut, Ärger und Ekel zu empfinden.

Es ist tatsächlich besser, in Ihr Schlafzimmer zu flüchten und vor Wut und Enttäuschung auf Ihrer Matratze herumzuschlagen, wenn Sie einmal wirklich völlig fertig mit den Nerven sind, als bei Ihrem Kind zu bleiben, Ihre Wut zu unterdrücken und die Zähne zusammenzubeißen. Ihr Kind wird Ihr Mißfallen spüren, auch wenn Sie es nicht äußern, es wird verwirrt sein und sich unwohl fühlen. Es ist besser, wenn Sie einmal kurz „Dampf ablassen", so daß Sie später wieder in der Lage sind, Ihr Kind anzunehmen, zu ertragen und ihm mit der Liebe zu helfen, die Sie eigentlich für es empfinden.

Eltern müssen aber auch ihren Kindern helfen, mit den normalen Gefühlen des Hasses und der Ablehnung fertig zu werden, die diese manchmal gegenüber ihren Eltern hegen. Bei Kindern sind diese Gefühle ebenso normal und gesund wie bei den Eltern. Wenn wir unseren Kindern beibringen, sich wegen dieser natürlichen Gefühle schuldig zu fühlen, dann werden wir die Gefühle nur unterdrücken; sie werden nach innen gekehrt, wo sie sich aufstauen, und irgendwann kommen sie als Depression, Auflehnung oder übertriebene Ängstlichkeit wieder an die Oberfläche.

Wie man seine Wut sinnvoll zum Ausdruck bringt

Jeder Familie, die zu mir zur Beratung kommt, empfehle ich, sich einen Punchingball anzuschaffen oder einen von diesen großen Sandsäcken, die man an der Decke aufhängen kann. Wenn dieses Gerät groß und fest genug ist, hält es jahrelang und übersteht mehrere Kinder einer Familie. Das kleinste Kind der Familie sollte am unteren Ende darauf einschlagen können, wenn es wütend ist, während die älteren Geschwister eben auf die Stelle schlagen, die in ihrer Höhe sind.

Sie können Gesichter auf einen solchen Ball malen und dagegentreten. Sie können mit den blanken Fäusten, mit Boxhandschuhen oder mit einem Stock darauf einschlagen. Sie können jeden Ärger und Ihre ganze Wut über alles und jeden daran auslassen, über Ihren Chef, die Lehrer, Ihre Schwiegermutter, die neugierigen Nachbarn, den Tankwart, der Sie betrogen hat, den Bundeskanzler oder über jeden, der Sie geärgert hat. Es wirkt noch besser, wenn man dabei spricht, indem Sie jedem das sagen, was Sie ihm schon immer gerne sagen wollten. Sie hören Sie nicht. Sie werden sich auch nicht verletzt fühlen. Aber Sie selbst fühlen sich nachher wesentlich besser.

Die Antwort, die ich dann gewöhnlich von den Leuten höre, lautet wie folgt: „Aber dadurch ändert sich doch auch nichts."

Sie haben völlig recht. Auf einen Sandsack einzuschlagen ändert die Weltlage oder eine Schulnote nicht; es bringt keine Gehaltserhöhung oder keinen geschäftlichen Aufschwung. Aber wenn Sie auf einen Sandsack einschlagen, bewahrt Sie das davor, mit einem langen Gesicht durch die Gegend zu laufen; vielleicht bewahrt es Sie davor, Kopfschmerzen, Magengeschwüre oder sonstige noch schwerwiegendere Begleiterscheinungen von unterdrücktem Ärger zu bekommen.

Die Menschen scheinen vor Ärger und Wut mehr Angst zu haben als vor jedem anderen menschlichen Gefühl. Sie begegnen dem Ärger und der Wut, als seien sie schrecklich gefährliche Untiere, vor denen sie sich in acht nehmen müßten, anstatt sie einfach als Empfindungen zuzulassen. Tatsächlich kann Wut entweder ein gesundes und konstruktives Gefühl sein, das Menschen dazu veranlaßt, Behandlungsmethoden für Krankheiten zu finden oder nach Auswegen aus ihrer Armut und Verzweiflung zu suchen, oder aber es kann ein negatives zerstörerisches Gefühl sein, das zu Mord und Totschlag führen kann.

Die meisten Menschen fürchten sich vor dem, was passieren könnte, wenn sie ihre Wut nicht unter Kontrolle hätten – das heißt eigentlich ja nur, wenn sie sie nicht unterdrückten. Menschen, die nach außen so ruhig erscheinen, haben gewöhnlich die meiste Angst, daß sie ganz fürchterlich toben würden, wenn sie ihre Wut richtig auslebten. Menschen, die niemals mehr Reaktion gezeigt haben, als ihre Stimme zu heben, fürchten plötzlich, sie könnten die Kontrolle über sich verlieren und schreckliche Dinge anstellen. Dabei sind sie nicht in der Lage, zwischen der Kontrolle über die Richtung eines Wutausbruchs und der Kontrolle im Sinne von Selbstbeherrschung, also überhaupt keine Gefühle zu zeigen, zu unterscheiden.

In der Therapie lernte ich einmal eine sehr zarte junge Frau kennen, die ihre negativen Empfindungen nie ausdrückte, aber ihre möglicherweise zerstörerische Kraft fürchtete. Sie litt an schweren Störungen ihres Magen-Darm-Traktes, die darauf zurückzuführen waren, daß sie ihre Wut in sich „hineingefressen" hatte, weshalb sie bereit war, jeden Ratschlag von mir anzunehmen. Nach einer Reihe von Sitzungen, in denen sie sich langsam an den Gedanken eines Wutausbruchs gewöhnte, willigte sie schließlich in meinen „Behandlungsvorschlag" ein: Sie sollte sich ein Zimmer in einem ganz billigen Hotel am Strand mieten. Dort sollte sie versuchen, einmal ihre ganzen Feindseligkeiten und Frustrationen mit allen Schikanen voll auszuleben. Anschließend sollte sie dem Hotelbesitzer einfach den entstandenen Schaden ersetzen.

Mit einem Gefühl wilder Entschlossenheit, aus purer Verzweiflung geboren, folgte sie meinem Ratschlag. Zu unserer nächsten Sitzung kam sie mit roten Wangen und einem Ausdruck der Zufriedenheit, den ich noch nie an ihr gesehen hatte.

„Ich bin völlig wild geworden", gestand sie mir. „Ich habe geschrien und gekreischt, ich bin im Zimmer auf und ab gerannt, ich habe Sachen durch die Gegend geschmissen, ich habe auf die Möbel eingeschlagen ... und ich habe mich sauwohl gefühlt."

„War es sehr teuer?" fragte ich vorsichtig.

„Nun, eigentlich nicht", lachte sie. „Als ich zu toben aufgehört hatte, lag das Bettuch auf dem Fußboden, die Kissen waren überall verstreut, ich hatte einige Stühle umgeworfen, aber ich glaube nicht, daß ich wirkliche Zerstörungswut in mir habe."

Die meisten von uns haben tatsächlich keine wirkliche Zerstörungswut in sich. Wir mögen vielleicht einmal ein Glas zerschmettern, ein paar Dinge umwerfen, irgend etwas verbeulen, aber die meisten von uns würden kurz vor einer wirklichen Verletzung eines anderen oder der Selbstzerstörung aufhören. Interessanterweise sind die Leute, die sich nicht vorstellen, etwas zu zerstören oder ihrem Chef einmal richtig die Meinung zu sagen, diejenigen, die am ehesten einmal wirklich die Kontrolle verlieren und etwas tun, das sie sich nicht vorstellen können.

Sie sollten also Ihren Kindern beibringen, einen Menschen, auf den man wütend ist, durch einen Gegenstand zu ersetzen. Es ist besser, auf einen Sandsack einzuschlagen als auf den eigenen Bruder. Es ist besser, Dreckklumpen gegen einen Baum zu werfen, als der Mutter unfreundliche Worte zu sagen. Es ist besser, ein unverschämtes Bild seiner Schwester zu malen, als sie zu schlagen. Es ist besser, dem Vater einen wütenden Brief zu schreiben und dann später zu zerreißen, als ihn anzuschreien.

Wenn ein Kind die Richtung seiner Wut kontrollieren kann, dann hat es wirklich die Kontrolle über seine Wut. Wenn Eltern oder Kinder sich aber weigern, ihre Wut überhaupt zu äußern, dann werden sie von ihrer Wut kontrolliert. Wirklich kontrollierte Wut wird in einer planmäßigen und gesteuerten Form zum Ausdruck gebracht; sie ist keine Wut, die sich aufstaut und schließlich mit einem Knall explodiert und sich in einem Faustschlag, der eine Mauer zerschmettern könnte, oder einer halsbrecherischen Autofahrt äußert.

Wie bei allen Gefühlen hat man den Eindruck, sobald man das Gefühl der Wut einmal ausgedrückt hat, ist es vielleicht nicht mehr da oder jedenfalls nicht mehr so schlimm und so schmerzlich. Manchmal ist das „Dampfablassen" der erste Schritt für jemanden, eine Lösung für seinen Ärger zu finden und sich mit der Person, auf die er so wütend ist, in Ruhe hinzusetzen und über das Problem sachlich zu diskutieren.

In einer Familie, in der es üblich ist, seinen Ärger auszudrücken und in einer angemessenen Weise zu kontrollieren, wird sich ein Kind frei fühlen, auf seine Eltern wütend zu sein, wenn es der Meinung ist, daß seine Eltern es zu Unrecht bestraft oder verurteilt haben. Es blinzelt seine Eltern vielleicht böse an, steht dann auf und geht ganz ruhig zu dem Sandsack in der Garage. Es schlägt ein paar Minuten auf diesen ein und geht dann ruhig zu seinem Platz zurück.

Seine Eltern haben sich dabei bestimmt lächelnd angesehen; aber sie fühlen sich entspannt und sind froh, daß ihr Kind diese Art gewählt hat, um seiner Wut Ausdruck zu verleihen. Wenn das

Kind fertig ist, wird es vielleicht versuchen, noch einmal mit seinen Eltern zu reden und das Beste für sich herauszuholen; aber dann ist es längst nicht mehr so hitzig wie vorher. In einer seelisch gesunden Familie werden die Eltern ihrem Kind zuhören und seinen Gefühlen und Gedanken mit Respekt begegnen. Vielleicht kommen sie doch zu dem Schluß, daß ihre vorherige Entscheidung ungerecht war, und nehmen sie zurück. Oder sie bleiben bei ihrer Entscheidung, versuchen aber, ihrem Kind die Gründe dafür zu erklären.

Sie werden ihrem Kind ganz bestimmt nicht erlauben, in einem ungehobelten oder gar kämpferischen Ton mit ihnen zu sprechen, genausowenig wie sie mit ihm derart sprechen würden. Wenn sie das Gefühl haben, daß es ganz besonders aufsässig ist, und wenn sie sich in besonderem Maße über es geärgert haben, dann werden sie miteinander darüber reden, vielleicht auch ein paarmal selbst auf den Punchingball einschlagen. Sie werden jedoch ihm selbst gegenüber nicht grob sein oder seine Gefühle absichtlich verletzen.

Wenn Wut zerstörerisch wirkt

Ich habe jetzt schon das Protestgeschrei aufgebrachter Eltern in den Ohren, die hier lesen, wie wunderbar es sei, ihrem Kind das Ausleben von Aggressionen zu ermöglichen. „Mein Kind lebt immerzu seine Aggressionen aus! Es terrorisiert uns alle, es schlägt seine Schwester und haßt anscheinend alles und jeden!"

Ständige Wutausbrüche, ständige feindselige Aggressionen und schonungslose körperliche Spannungen haben absolut nichts mit dem konstruktiven Ausleben von gelegentlichen Aggressionen gemein. Bei einem Kleinkind sind feindselige Aggressionen eine Möglichkeit, Angst und Enttäuschungen auszudrücken. Vielleicht beschäftigen Sie sich nicht genügend mit ihm, verbringen nicht genügend Zeit mit Vorlesen und gemeinsamem Spiel, oder vielleicht sind Sie ihm nicht nahe genug. Mag sein, daß es da ein Familiengeheimnis gibt, das es ängstigt oder traurig macht, das aber von allen totgeschwiegen wird. Eventuell weiß das Kind, daß sein geliebter Großvater im Sterben liegt, obwohl jeder bemüht ist, dies von ihm fernzuhalten..

In einigen Fällen rührt die übermäßige Feindseligkeit eines Kindes davon her, daß es die gesamten aufgestauten Ängste und Aggressionen der Familie ausleben muß. In einem solchen Fall sprechen Psychotherapeuten davon, daß das Kind zum „Familiensündenbock" gemacht wurde. Wird ein solches Kind in einer Therapie behandelt und werden ihm wieder normale Verhaltensweisen beigebracht, kann es vorkommen, daß sich die Familie unter den anderen Kindern einen neuen „Familiensündenbock" aussucht.

In fast jeder Familie mit mehr als einem Kind sind alle bis auf ein Kind glücklich, zufrieden und wohlerzogen, wogegen meistens ein Kind ein ständiger Unruhestifter ist. Nicht selten führen die Eltern das Verhalten dieses Kindes unbewußt durch ihre eigenen unterdrückten Gefühle herbei. Ganz sicher, das Kind braucht Hilfe; aber die Eltern brauchen noch mehr Hilfe und Rat. Sie müssen lernen, wie sie mit ihren eigenen Haßgefühlen gegenüber ihrer Umwelt fertig werden können, ohne sie von ihren Kindern ausleben lassen zu müssen.

Nicht notwendigerweise gibt es den Familiensündenbock nur bei Familien mit mehreren Kindern; es kommt auch vor, daß ein Einzelkind von einem oder von beiden Elternteilen als Sündenbock benutzt wird. Oft genug erkennt man diese Eltern daran, daß sie immer und überall erzählen, wie schrecklich ihr Kind sei, welches schwere Schicksal sie mit ihm hätten und wie unmöglich es ihnen sei, ihr Kind anständig zu erziehen.

Eltern, die ihr Kind als Sündenbock benutzen, schieben sich oft gegenseitig die Schuld an dem Fehlverhalten ihres Kindes zu, indem sie sich immer wieder vorwerfen, der andere sei zu nachgiebig, zu streng, zu inkonsequent, zu gleichgültig oder zu vorsichtig. Das Kind wird so zur Waffe im täglichen Kampf gegeneinander, wobei sie sich im stillen freuen, daß sich der andere über das Benehmen des Kindes besonders ärgert. Diese Eltern werden ihr Kind auch dann weiter als Sündenbock benutzen, wenn sie einmal geschieden und eventuell wieder verheiratet sind.

Wenn diese Eltern über die Missetaten ihres Kindes sprechen, schwingt irgendwo immer ein Hauch von Stolz in ihrer Stimme mit. Es scheint eine Auszeichnung für sie zu sein, das schlimmste Kind in ihrem Wohngebiet zu haben. Diese Eltern sind meistens Menschen voller passiver Aggressionen, die andere dazu gebrauchen, ihre eigenen zerstörerischen und feindseligen Stimmungen auszuleben.

Wenn diese Eltern über ihre Kinder sprechen, dann tun sie dies mit einem Ausdruck von Hilflosigkeit, als ob ihre Kinder viel stärker und intelligenter als sie seien. Sie scheinen sich ständig die Frage zu stellen: „Was habe ich bloß falsch gemacht, daß ich so ein Kind habe, das so lebhaft und einfallsreich ist, daß ich sein Verhalten nicht beeinflussen kann?"

Ein gutes Beispiel für ein derartiges Verhalten und die damit verbundenen Folgen war Marius, ein Mann, der wegen Impotenz in Behandlung war. Marius stellte sich selbst während der Therapie als einen Menschen dar, der immerzu vom Rest der Welt hereingelegt wird. Seine Frau sei grausam zu ihm, seine Eltern hätten ihn als Kind vernachlässigt, seine Geschäftspartner würden ihn betrügen, seine Kunden, denen er ständig Sonderwünsche erfülle, seien undankbar, und die ganze Welt warte überhaupt nur darauf, ihn auszunutzen. Er dagegen sei immer sofort zur Stelle, wenn es darum gehe, einem Freund oder einem völlig Fremden in Not zu helfen; er erbat nie auch nur etwas für sich selbst und ließ es immer wieder zu, daß er ausgenutzt wurde; dabei war er fest davon überzeugt, daß er der ehrlichste und leidgeprüfteste Mensch der Welt sei.

In der ersten Sitzung erzählte er von seinem zweijährigen Sohn, von dem er mit einem ehrfurchtsvollen Unterton als „Er" sprach. Aus seinen Ausführungen wurde sehr schnell ersichtlich, daß „Er" furchtbar launisch, egoistisch, unvernünftig, unberechenbar und wesentlich intelligenter als vergleichbare Kinder sei. Es sei ihm vorgezeichnet, später entweder Präsident oder Verbrecher zu werden. Wenn er von „Ihm" sprach, runzelte Marius seine Stirn, tief betroffen und wütend zugleich, aber seine Stimme war voller Stolz und Neid.

Was „Er" tat, war natürlich nichts anderes, als die unterdrückten Aggressionen seines Vaters gegenüber der Welt auszuleben, während sein Vater in seiner passiven Aggressivität verharrte und als Ausgleich dafür die Ungezogenheiten seines Sohnes voller Befriedigung verfolgte. Als Marius dann lernte, sein verständliches Mißfallen an dem Verhalten anderer offen zu artikulieren und sich zu wehren, anstatt sich von den anderen herumstoßen zu lassen, wurde „Er" auf wundersame Weise auf einmal ein gehorsames und ausgeglichenes Kind.

Wenn äußerst friedfertige und angepaßte Eltern einen hochgradig aggressiven und haßerfüllten Sprößling heranziehen, dann ist es sehr wahrscheinlich der Fall, daß sie das Kind unbewußt dazu veranlassen, ihre eigenen versteckten Aggressionen auszuleben, und eine heimliche Befriedigung dabei empfinden zuzusehen, wie ihr Kind so etwas Böses tut.

In anderen Fällen benutzen Eltern ihre Kinder als Ventil für ihre Feindseligkeit gegenüber der Welt. Wenn sie selbst verbittert sind über die Ungerechtigkeiten der Welt, die sie ihrer Meinung nach erdulden mußten, dann erziehen sie ihre Kinder vielleicht dazu, der Welt gegenüber feindselig eingestellt zu sein. Sie bringen sie dazu, ein antisoziales Verhalten an den Tag zu legen und andere Menschen zu verletzen. Das war der Fall bei der zehnjährigen Marion. Sie war das einzige Kind eines älteren Paares; der Vater war mehrfacher Millionär, und seine weinerliche Frau hatte ihn geheiratet, um finanzielle Sicherheit zu bekommen. Er war ein grober, streitsüchtiger Kerl, der glaubte, daß ihn keine Frau je lieben könne, weil er so fett und kahlköpfig war. Der Gedanke, daß ihn die Frauen wegen seiner Grobheit und nicht wegen seiner Leibesfülle und seiner Glatze nicht liebten, war ihm aber noch nie gekommen.

Dieses unglückliche Paar hatte nun ein Kind in die Welt gesetzt, das sie mit allem überhäuften, was es zu kaufen gab. Aber sie ließen ihrem Kind keinerlei Erziehung angedeihen und nahmen überhaupt keine Rücksicht auf seine Gefühle. Die Kleine war einerseits so weinerlich wie ihre Mutter, andererseits so grob wie ihr Vater. Sie schwatzte, spottete, alberte und höhnte über alles und war wie das Zerrbild eines völlig verzogenen Balgs.

In einer Sitzung mit den Eltern sagte mir der Vater von Marion plötzlich unwirsch: „Wenn Marion älter ist, kann sie sich einen Mann kaufen. Und jetzt wird sie sich Freunde kaufen. Und Sie werden ihr beibringen, wie man das macht."

„Niemand mag sie leiden", stieß seine Frau weinerlich hervor, und ihr Mann fauchte sie an: „Halt die Klappe! Das interessiert doch niemanden!"

Ich versuchte so gelassen wie möglich zu reagieren, sah ihm fest ins böse Gesicht und sagte ruhig: „Das war sehr grob von Ihnen, und Ihre Tochter ahmt Ihre Grobheiten nach. Wenn Sie beide wollen, daß Ihre Tochter soziale Verhaltensweisen lernt, dann sollten Sie ihr ein gutes Beispiel geben und höflicher und rücksichtsvoller miteinander umgehen."

„Meine Tochter", setzte er scharf dagegen, „ist mehrere Millionen schwer. Sie hat kein soziales Verhalten nötig!"

Als ich Marion zum letztenmal sah, wurde sie von ihrem empörten Vater aus meiner Praxis gezerrt, ihre Mutter drehte sich noch einmal zu mir um, sah mich mit Bewunderung an und sagte weinerlich: „Sie haben es ihm aber gegeben!"

Leider war der einzige Effekt, den das hatte, daß der Vater Marion nicht mehr zur Therapie gehen ließ. Es ist sehr zweifelhaft, daß er oder seine Frau sich danach geändert haben. Die arme Marion wird möglicherweise ihr ganzes Leben lang das Gefühl haben, von den Menschen nicht geliebt und angenommen zu werden. Sie wird vielleicht ständig unglücklich sein, weil ihre Eltern sich weigerten, sich gegenseitig und auch anderen Menschen mehr Rücksicht entgegenzubringen. Ich hoffe für sie, daß sie später als Erwachsene einen Therapeuten finden wird, der ihr beibringt, die Menschen zu lieben, um selbst von den Menschen geliebt zu werden. Die einzige Alternative wäre sonst bestimmt nur – wie ihr Vater das gesagt hat –, daß sie sich „Freunde" und einen Ehemann kauft.

Während dieses Beispiel wieder extrem ist, und während tatsächlich einige Eltern glauben, sie könnten Menschen kaufen, wie sie ein Hörnchen mit Eiskrem bestellen, ist es dagegen gar nicht ungewöhnlich, daß Eltern ihren Kindern Grobheiten, Intoleranz und Rücksichtslosigkeit beibringen, indem sie selbst derart miteinander umgehen. Wenn Eltern ein Kind schlagen, wenn sie wütend auf es sind, dann können sie sicher sein, daß auch ihr Kind seine Freunde in ähnlichen Situationen schlägt. Wenn Eltern ganz besonders unhöflich oder grob zueinander oder zu ihrem Kind sind, können sie sicher sein, daß sich ihr Kind im Umgang mit anderen ähnlich verhält. Wenn sich Eltern zurückziehen und schmollen, wenn irgend etwas nicht nach ihrem Wunsch läuft, dann können sie von ihren Kindern auch erwarten, daß diese schmollen und eingeschnappt sind, wenn ihnen etwas gegen den Strich geht.

Es gibt auch noch andere Gründe, warum ein Kind feindselig reagieren kann. Bei einem älteren Kind signalisiert es beispielsweise Frustration über seine Hilflosigkeit in bezug auf sehr wichtige Dinge in seinem Leben. Ein Kind kann zum Beispiel tiefen Kummer und Verzweiflung über einen Ehekrach der Eltern empfinden und spüren, daß es völlig hilflos ist, daß es daran nichts ändern kann. Das Kind bringt seine Frustration dann vielleicht in Feindseligkeit und Aggressionen zum Ausdruck. Ein anderes Kind fühlt sich möglicherweise in der Schule überfordert und hat nun Angst, auch im späteren Leben zu versagen. Es wird seine Ängste als Wut an der Welt auslassen.

Wenn Ihr Kind ständig wütend und streitsüchtig ist, dann braucht wahrscheinlich Ihre ganze Familie Hilfe, weil Wut zumeist ein Symptom für ein Problem innerhalb der gesamten Familie ist. Ein Therapeut könnte Ihnen zwar helfen, die momentane Aggressivität Ihres Kindes abzuschwächen, aber das würde nur die Symptome beseitigen. Bis das eigentlich tiefer liegende Problem gelöst ist, sollten Sie versuchen, Ihr Kind soweit wie möglich vor frustrierenden Situationen zu bewahren. Das kann zum Beispiel bei schulischen Arbeiten und Prüfungen der Fall sein; vielleicht sind die Aufgaben einfach zu schwer für Ihr Kind. Sie sollten versuchen, ihm nicht zuviel Verantwortung aufzubürden und es vor zuviel Kritik und Bestrafung bewahren.

Wenn wir schon über „Aggressionen" sprechen, sollten wir definieren, was das Wort „bedeutet". Würden Sie Ihr Kind eher als „passiv" oder als „aggressiv" bezeichnen? Keiner der beiden Begriffe ist sehr ansprechend. Der eine ruft das Bild einer sanften Persönlichkeit hervor, die so viel Temperament wie eine Schlaftablette hat, während der andere an Feindseligkeit und Gewalt erinnert.

Nicht die Aggressionen eines Kindes sind das Problem, sondern daß die Menschen der feindseligen Gewalt und Zerstörungswut den Stempel „Aggression" aufdrücken. Aggressionen sind notwendig und gesund; Gewalt und Zerstörungswut sind vollständig unnötig. Sie führen dazu, daß Kinder dieses unangemessene Verhalten nachahmen und ihr Leben lang beibehalten.

Wenn jemand an einem Laufwettbewerb teilnimmt, dann kann das Aggression sein. Wenn er dann dabei verliert und vor lauter Enttäuschung dem Gewinner einen Stein an den Kopf wirft, dann ist das Gewalt. Das erste ist gesund; das zweite ist mehr als ungesund, aber gewöhnlich sind es diese ungesunden Momente der Gewalt und Zerstörung, die Eltern und Lehrer meinen, wenn sie von „Aggressionen" sprechen.

Lassen wir den Streit über Worte einmal beiseite. Selbst wenn wir dem gewalttätigen und zerstörerischen Verhalten einen richtigen Namen gäben, würden wir das Problem damit nicht beseitigen. Ob es sich nun um einen Vierjährigen handelt, der seinen Spielkameraden tritt, oder um einen sechsjährigen Lausejungen, der eine kleine Katze erbarmungslos am Schwanz in der Luft herumschleudert, oder einen Zehnjährigen, der dem Nachbarn Knallfrösche in den Briefkastenschlitz steckt, oder ob es sich um einen dreizehnjährigen Burschen handelt, der auf dem Spielplatz grausam jüngere Kinder schlägt, die Bezeichnung für alle Taten ist die gleiche. Es ist eine sinnlose, zerstörerische Gewalttätigkeit, und das wichtigste ist, daß man dagegen angeht, daß man sie stoppen kann.

Es verwundert wohl nicht, daß die häufigste Ursache für die Gewalttätigkeit von Kindern die Gewalttätigkeit ihrer Eltern ist. Eltern, die Gürtel, Peitschen oder Holzstücke benutzen, um ihre Kinder zu schlagen, sind keine Zuchtmeister; sie sind Kindesmißhandler, die ihren Kindern beibringen, Gewalt als ein Mittel einzusetzen, ihre Wut auszudrücken. Eltern, die Kinder anschreien und beschimpfen, können davon ausgehen, daß diese andere Kinder anschreien; vielleicht schlagen und mißhandeln sie sie aber auch. Es kann gar nicht genug betont werden: Kinder lernen aus ihren eigenen Erfahrungen. Wenn sie die Erfahrung von Freundlichkeit und Gerechtigkeit durch ihre Eltern machen, wenn ihrem Verhalten bestimmte vernünftige Grenzen gesetzt sind, dann werden sie auch andere freundlich und gerecht behandeln und eine innere Kontrolle über ihre eigenen zerstörerischen Kräfte entwickeln.

Kindern sollte vom frühesten Alter beigebracht werden, daß ein Gefühl von Wut annehmbar ist, daß aber Gewalt oder Zerstörungswut nicht akzeptabel sind. Indem Sie Ihren Kindern zeigen, wie man seine Wut in richtige Bahnen lenkt, die annehmbar und positiv sind, werden sie lernen, wie man Gewalt vermeidet.

Der Einfluß des Fernsehens

Neben dem Verhalten der Eltern ist das Fernsehen ein einflußreiches und prägendes Medium. Der Fernsehkonsum sowie die Beschäftigung mit Video- und Computerspielen hat in den letzten Jahrzehnten bei Kindern und Jugendlichen stark zugenommen.

Bereits 20 Prozent der Grundschüler in Deutschland sehen pro Woche mehr als 40 Stunden fern, und in der fünften Klasse haben schon 23 Prozent der Schüler Horrorvideos gesehen. Nach zehn Schuljahren haben die meisten Jugendlichen etwa 18.000 Fernsehstunden, aber nur 15.000 Unterrichtsstunden hinter sich gebracht.

Das Fernsehen wird vielfach als Babysitter eingesetzt, und bei einer Reihe von Jugendlichen ist Fernseher, Computer oder Video zum wichtigsten Kommunikationspartner geworden.

Von daher ist es nicht verwunderlich, daß das Fernsehen einen unglaublichen Einfluß auf das Verhalten und die Einstellung von Kindern gewonnen hat. Das kann soweit gehen, daß den Medien mehr Glauben geschenkt wird als anderen, realen Kommunikationspartnern.

Es gibt eine Vielzahl von Studien und Untersuchungen zum (vermuteten) Zusammenhang zwischen Gewalt im Fernsehen und aggressivem Verhalten. Immerhin sieht man innerhalb einer Stunde im deutschen Fernsehen durchschnittlich fünf aggressive Handlungen. Es scheint jedoch so zu sein, daß es zu direkten Nachahmungen nur in ausgesprochen seltenen Fällen kommt (die statistisch gesehen im Promillebereich liegen). Dennoch gilt als erwiesen, daß Gewaltdarstellungen in den Medien negative Effekte haben können. Diese Wirkungen liegen im Aufbau oder der Stabilisierung aggressiver Verhaltensweisen. Jedoch spielen immer auch die Rahmenbedingungen, also das familiäre und gesellschaftliche Umfeld, eine Rolle. Das heißt, bestimmte Fernsehsendungen sind für bestimmte Kinder, die in bestimmten Bedingungen leben, gefährlich.

Jeder, der schon einmal in der Säuglingsstation eines Krankenhauses den Neugeborenen zugesehen hat, konnte feststellen, daß einige Säuglinge gleich aggressiver als andere auf die Welt kommen. Einige schlagen schon ein paar Stunden nach der Geburt wild mit den Fäustchen um sich, während andere ganz zufrieden schlafen. Es ist also zu befürchten, daß ein Kind, das von Natur aus aggressiver als andere ist, übermäßig aggressiv werden kann, wenn es häufig der Gewalt auf dem Bildschirm und einem feindseligen Klima zu Hause ausgesetzt wird, ganz besonders wohl dann, wenn es nicht gelernt hat, seine Gefühle des Ärgers und der Wut konstruktiv auszudrücken.

Man kann auf der anderen Seite ein Kind, das sehr schnell aggressiv reagiert, auch langsam dazu hinführen, daß es Verständnis zeigt und seine Aggressionen konstruktiv zum Ausdruck bringt, indem man ihm Problemlösungen anbietet und es mit Liebe umgibt und ihm angemessene Belohnungen und Anreize bietet.

Es gibt bestimmte Zeiten, zu denen ein Kind eher als sonst zur Aggressivität neigt. Bei Jungen führt der erhöhte Testosteron-Spiegel während der Pubertät dazu, daß sie sich vielleicht kämpferischer als früher verhalten. Heranwachsende Mädchen sind häufig kurz vor ihrer Periode sehr leicht reizbar; und wenn sie nur gelernt haben, mit feindseligem Verhalten Aufmerksamkeit zu erzielen, dann wird sich ihre Reizbarkeit noch steigern, und sie benehmen sich oft garstig und boshaft gegenüber anderen Familienmitgliedern, ihren Klassenkameraden und jedem anderen. Jungen und Mädchen, die es gelernt haben, Gefühle von Feindseligkeit auf eine angemessene Weise zu äußern, werden auch in der Lage sein, ihre erhöhte Reizbarkeit während der Pubertät unter Kontrolle zu halten.

Ob Ihr Kind nun eher friedfertig oder kämpferisch strampelnd geboren ist, Sie sollten auf alle Fälle die Fernsehzeit der Kinder für gewalttätige Filme und Fernsehsendungen einschränken. Das Ansehen von Gewalt im Film zwingt niemanden dazu, gewalttätig zu werden; aber es kann aggressive Neigungen verfestigen oder beibringen, Ärger und Wut in unangemessener Weise auszudrücken. Außerdem kann Gewalt auf dem Bildschirm zu einer Abstumpfung und Desensibilisierung gegenüber realer Gewalt führen, zumal hier die negativen Folgen der Gewaltanwendung verharmlost werden.

Entscheidend ist jedoch auch, wie Sie sich als Eltern verhalten, wenn Ihr Kind Filme oder Berichte mit Gewaltdarstellungen sieht. Wichtig ist, daß Sie mit Ihrem Kind darüber sprechen, ihm helfen, Sendungen mit aggressiven Inhalten zu verarbeiten, und selber Wert auf nicht-aggressives Verhalten legen. Von Bedeutung ist ferner, auf den Unterschied zwischen der Welt in den Medien und der realen Welt hinzuweisen, denn Kinder sind zum einen erst ab einem bestimmten Alter in der Lage, Fiktion als Fiktion zu erkennen, und beziehen zum anderen ihre Vorstellungen über das Leben immer stärker aus den von ihnen benutzten Medien.

Das Fernsehen ist ein so starkes pädagogisches Werkzeug, aber es ist leider noch immer nicht voll dazu genutzt worden, soziale Verhaltensweisen zu verändern. Es ist jedoch schon viel zu häufig gedanken- und verantwortungslos eingesetzt worden. Es ist daher sehr wahrscheinlich, daß das Fernsehen noch dazu beiträgt, antisoziale Verhaltensweisen bei jungen Leuten, die frustriert und leicht zu beeindrucken sind, zu prägen oder zu fördern. Eltern sollten ihren Kindern deshalb einen großen Gefallen tun – ob sich nun Anzeichen für ein antisoziales Verhalten ergeben oder nicht –, indem sie für eine verantwortungsbewußtere Programmgestaltung eintreten und auch laut und deutlich ihren Protest gegen sinn- und geschmacklose Gewaltdarstellungen im Fernsehen, auf Videos und im Internet zum Ausdruck bringen. Solange es nicht in der Hand der Zuschauer ist, einen Wechsel in der Programmgestaltung herbeizuführen, liegt es in der Verantwortung der Eltern, „Nein" zu sagen und den Apparat abzuschalten, wenn eine Sendung zu wünschen übrig läßt. Tatsächlich wäre eine Runde Monopoly im Kreise der Familie wahrscheinlich sowieso für alle förderlicher als die meisten Fernsehsendungen!

Sie selbst sind der Bogen, von dem aus Ihre Kinder
als lebende Pfeile in die Ferne geschossen werden.

Kahlil Gibran

Kapitel neun

*Irgend jemand muß ihnen schließlich etwas
über Sexualität beibringen. Sind Sie es?*

Vor einiger Zeit kam ich zu dem Schluß, daß es bestimmte Fragen über Sexualität geben könnte, die ich den Kindern in der Spieltherapie vielleicht nicht angemessen beantworten würde. Obwohl ich mich immer redlich bemühe und sorgfältig darauf achte, daß jedes Kind sachliche Erläuterungen über den menschlichen Körper und die Fortpflanzung erhält, dachte ich, Kinder hätten bestimmte unbeantwortete Fragen, die sie aus Verlegenheit oder Schüchternheit nicht zu stellen wagten. Ich klebte also ein Schild mit der Aufschrift „Fragen über Sexualität" auf eine Plätzchendose. Dann bat ich die Kinder, Fragen, die sie zu diesem Thema hätten, auf einen Zettel zu schreiben. Ich sagte ihnen, ich würde die Antwort dazu schreiben und den Zettel zurück in die Dose legen, damit sie alle Fragen und die Antworten lesen könnten.

Bis auf ein Kind sahen mich alle mit großen fragenden Augen an, runzelten die Stirn über diesen ihnen sinnlos vorkommenden Gedanken und kehrten schnell zu ihren gewohnten Spielaktivitäten in der Therapie zurück. Nur dieses eine Kind schaffte es, die Frage vor dem Vergessen aus dem Gedächtnis hinüber auf das Blatt Papier zu retten. Ich konnte neugierig zuschauen, wie es mit großer Sorgfalt die Buchstaben auf den Zettel malte und ihn dann in die Blechbüchse legte. Weil es ja das erste und einzige Kind war, das Interesse an meinem Projekt zeigte, war ich natürlich sehr gespannt, was es geschrieben hatte. Sofort nachdem die Sitzung beendet und das Kind außer Sicht war, griff ich eifrig in die Plätzchendose, um die Frage zu lesen.

Dort stand in krakeligen Großbuchstaben: „Warum müssen wir Unterwäsche tragen?"

Nach einem Moment des Nachdenkens antwortete ich: „Ich weiß nicht", und stellte die Dose an ihren angestammten Platz zurück.

Dieses Geschehen beleuchtet die Tatsache, daß wir als Erwachsene häufig vergessen, daß Kinder das Wort „Sexualität" völlig anders interpretieren, als wir das tun, und daß Kinder nicht ständig neugierig auf Themen der Geschlechtlichkeit sind. Ihre Neugier wird gewöhnlich erst dann erweckt, wenn sie spüren, daß den Eltern oder anderen Erwachsenen etwas peinlich ist oder sie sogar versuchen, dieses Thema völlig zu meiden, wenn Kinder Fragen über die Funktion des menschlichen Körpers stellen. Aber im großen und ganzen sind die Kinder nicht so schrecklich daran interessiert. Wenn man ihre Fragen sachlich beantwortet und ihnen eine Veränderung an ihrem Körper erklärt, dann nehmen sie die Tatsache der Sexualität als etwas Neues in ihrem Leben hin wie ihr Fahrrad oder ihre Hausaufgaben.

Die Eltern sind es, die sich schwertun, das Thema Geschlechtlichkeit auf eine sachliche Art zu behandeln, weil sie Geschlechtlichkeit mit Geschlechtsverkehr verwechseln, und sie haben dabei die gleichen Empfindungen, die sie ihrem eigenen Geschlechtsleben entgegenbringen. Vielleicht schämen sie sich, vielleicht reagieren sie nervös oder verunsichert, vielleicht ist es ihnen aber auch peinlich; aber nur selten akzeptieren sie Sexualität wie das Kind als etwas, das ganz einfach zum Leben dazugehört.

Eltern verstehen das Interesse ihrer Kinder an Sexualität häufig falsch, wenn sie glauben, das Kind interessiere sich für den faktischen Vorgang beim Geschlechtsverkehr. Tatsächlich jedoch haben Kinder weit mehr Interesse daran zu erfahren, wie ihr eigener Körper funktioniert, als zu wissen, wie ihre Eltern Liebe machen. Sie möchten wissen, warum Mädchen eines Tages Kinder bekommen können und Jungen nicht; sie wollen wissen, warum Männer so viel Schamhaare haben, warum Männer einen so großen Penis haben; sie wollen wissen, warum die Brüste eines Mädchens wachsen und wie die Milch hineinkommt, wenn sie ein Baby haben; sie wollen wissen, wie ein Baby aus dem Bauch der Mutter kommt und wie es da zuerst einmal hineingekommen ist; sie wollen wissen, warum sie anfangen, strenger zu riechen, wenn sie heranwachsen; sie wollen genau wissen, wie das mit der

Menstruation ist; sie wollen wissen, was eine Erektion ist und was dabei passiert; sie wollen wissen, was ein feuchter Traum ist; sie wollen wissen, warum Erwachsene Haare unter den Achseln haben; sie wollen wirklich eine ganze Menge wissen, aber ihr Interesse richtet sich hauptsächlich darauf, etwas über ihren eigenen Körper und die Welt, die sie umgibt, zu erfahren. Das hat nichts mit Laszivität oder erotischer Neugier zu tun. Wenn sie fragen, wie ein Baby entsteht, ist das für sie gleichbedeutend mit der Frage, wie ein Auto gebaut wird oder wie eine Blume wächst.

Früher waren wir eine Nation prüder Puritaner, die ihre Kinder vor jedem Wissen über ihre eigenen Körperfunktionen oder über die Fortpflanzung „schützen" wollten. Heute haben wir uns zu einer Nation entwickelt, in der manche Menschen ganz versessen darauf sind, Hemmungen im sexuellen Bereich völlig abzubauen, um schon ihre Kinder vor derartigen Komplexen zu bewahren. Unglücklicherweise schaffen die Eltern durch ihr Verhalten selbst die Komplexe, die sie gerade zu verhindern suchen, indem sie zu weit in die andere Richtung gehen und ihre Kinder zu früh den erotischen Aspekten der Geschlechtlichkeit aussetzen. Sie handeln dabei in dem Irrglauben, ihre Kinder seien neugierig, etwas über die erotische Seite der Geschlechtlichkeit zu erfahren.

Ich kenne zum Beispiel eine Mutter, die auf die Frage ihrer siebenjährigen Tochter, woher die Babys kommen, sich zu ihrem Kind setzte und mit ihr das Buch „Freude am Sex" von Alex Comfort durchging und ihr die ganzen Freuden und Varianten beim Geschlechtsverkehr und des oral-genitalen Verkehrs erklärte. Sie glaubte wohl, ihr Kind hätte tatsächlich Interesse daran oder ein Bedürfnis, das zu erfahren. Statt ihrer Tochter die gewünschte Frage sachlich und hinreichend zu beantworten, schuf sie bei ihrem Kind dadurch eine Angst vor der Sexualität, die darin gipfelte, daß die Kleine ganz eifrig versuchte, die Bilder, die sie gesehen hatte, mit ihrem vierjährigen Bruder nachzuahmen. Die Mutter fand das kindliche Sexualverhalten amüsant und ganz natürlich. Sie drückte sogar ihre besondere Freude darüber aus, daß ihre Kinder frei von sexuellen Komplexen aufwüchsen, die sie selbst als Kind gehabt habe. Tatsächlich hatte sie natürlich noch schwerwiegende sexuelle Komplexe, die sie durch ihre Kinder loszuwerden versuchte, zum Schaden der Kinder.

Es gibt einige Familien, in denen Nacktsein als ein Weg, sexuelle Hemmungen bei den Kindern abzubauen, besonders herausgestellt wird. Die gewöhnliche Reaktion darauf ist nicht etwa, daß Kinder das Nacktsein zwanglos als etwas Normales akzeptieren, sondern daß sie befangen versuchen, auf das Verhalten der Eltern zu reagieren, das sie für eine typische Verhaltensweise der Erwachsenen halten, indem sie aneinander herumfingern und sich anstarren. Wenn wir natürlich in einer Gesellschaft lebten, wo normalerweise jeder nackt ist, gehörte auch Nacktheit im eigenen Haus zur Tagesordnung, und die Kinder würden die Nacktheit auch als etwas völlig Normales akzeptieren. Wir leben nun aber einmal in einer Gesellschaft, in der die Menschen normalerweise in der Öffentlichkeit bekleidet sind. So führt das ständige Sich-zur-Schau-Stellen der Eltern üblicherweise dazu, daß in den Kindern Gefühle der Peinlichkeit und Neugier aufkommen. Wenn die Kinder erst einmal im schulpflichtigen Alter sind, werden sie ein wenig aus dem Gleichgewicht kommen, wenn sie den andersgeschlechtlichen Elternteil nackt durchs Haus laufen sehen. In diesem Alter wachsen und verändern sich ihre eigenen Körper, und sie werden sich langsam des Unterschieds zwischen ihren Körpern und denen ihrer Eltern bewußt. Sie sind sich auch dessen bewußt, daß in dem Verhalten ihrer Eltern irgend etwas Exhibitionistisches liegt, und wissen nicht, wie sie darauf reagieren sollen.

Das soll natürlich nicht heißen, daß es einem Kind schadet, wenn es den andersgeschlechtlichen Elternteil ab und an nackt sieht, und es besteht auch kein Grund, das strikt zu vermeiden. Wenn ein kleiner Junge in das Badezimmer platzt, während seine Mutter gerade in der Wanne sitzt, ist das kein Grund für sie, sich zu ertränken, damit sie ihren Körper bedeckt. Wenn die Tochter in das Schlafzimmer marschiert, während der Vater noch unbekleidet ist, besteht kein Grund für Alarm oder Entsetzen. Aber im allgemeinen erfahren Kinder eine gesündere sexuelle Entwicklung, wenn die andersgeschlechtlichen Elternteile die Tür hinter sich zumachen, wenn sie unbekleidet im Bad oder Schlafzimmer sind.

Nacktheit zwischen einem Kind und seinem gleichgeschlechtlichen Elternteil kann auf der anderen Seite eine sehr gute Erfahrung sein. Die Tochter kann zum Beispiel auf dem Rand der Wanne sitzen, während die Mutter ein Bad nimmt. Dabei können die beiden sehr lange Mutter-Tochter-Gespräche führen, darüber, in welchem Alter die Brüste zu wachsen beginnen, wann die erste Monatsblutung einsetzt, was die Ursache für Brennen in der Scheide oder Ausfluß sein kann.

Genauso können kleine Jungen eine Menge für sie wichtiger Informationen bekommen, wenn sie mit ihrem Vater reden, während er sich rasiert oder anzieht. Es spielt dabei keine Rolle, ob sie über Sport, Sexualität, Schule, Frösche, Gott oder Mädchen sprechen. Indem er sich den Körper seines Vaters genau ansieht, bekommt er eine klare Vorstellung davon, welche Veränderungen sein eigener Körper in Zukunft noch durchlaufen wird. Wie zufällig sollte der Vater dann auch einmal darauf hinweisen, daß sein Penis, als er so klein war sie sein Sohn, ebenfalls kleiner war, daß es ganz normal ist, wenn sich der Hodensack bei Kälte und Erregung zusammenzieht, daß es ganz natürlich ist, daß ein Junge am Morgen mit einer Erektion aufwacht und daß im Penis kein Knochen ist. Er sollte mit seinem Sohn über all die Dinge sprechen, über die er sich laut seiner Erinnerung als kleiner Junge gewundert hat.

Beide Eltern sollten jeweils mit ihrem gleichgeschlechtlichen Kind auch über die Unterschiede zwischen den beiden Geschlechtern sprechen. Mädchen sollten die Funktion des männlichen Körpers voll verstehen können, und Jungen müssen begreifen, daß ein Mädchen nicht einfach ein Junge ohne einen Penis ist. Beide brauchen dieses Wissen um die Unterschiede beim anderen Geschlecht, um Mißverständnissen über das Verhalten des anderen Geschlechts vorzubeugen, wenn sie später ihr erstes Rendezvous haben.

Alleinerziehende Eltern, deren Kind dem anderen Geschlecht angehört, brauchen deshalb derartige Themen nicht zu vermeiden; aber es ist gewöhnlich hilfreich, wenn ein Freund der Familie oder eine Verwandte gleichen Geschlechts zu diesem Teil der Erziehung in puncto Sexualität beiträgt. Sonst kann es bei dem Kind zu bestimmten sexuellen Phantasien kommen, die dann zu Schuld- und Angstgefühlen führen können.

Die sexuelle Erfahrung eines Kindes beginnt in der Minute seiner Geburt, wenn es zum erstenmal die Wärme und den Körperkontakt mit der Mutter spürt. Jedes Stück Stoff, das seinen Körper berührt, jeder Duft, den es riecht, jede Berührung, die es erfährt, jede Empfindung, die es bei der Berührung der Finger, der Zehen, der Lippen und jedes anderen Körperteils hat, wird ein Teil seiner sexuellen Entwicklung. Auf irgendeiner Stufe seiner Entwicklung als Kleinkind wird es dann seine Genitalien entdecken und berühren, in der gleichen Weise, wie es zuvor zum Beispiel seine Zehen entdeckt und berührt hat. Es wird jede Stelle seines Körpers mit Verwunderung und Entdeckergeist erforschen, und das ist auch ein Teil seiner sexuellen Entwicklung.

Während seiner gesamten frühkindlichen Entwicklung wird das Kind ständig neue angenehme Erfahrungen an seinem eigenen Körper machen: das angenehm warme Badewasser, das sanfte Gefühl von Babypuder, das samtweiche Haar seiner Mutter, der kratzige Bart seines Vaters, die plüschige Wärme seiner Stofftiere und die Kühle seines Lakens in der Wiege. Es wird Gefallen daran finden, die Haut seiner Eltern zu berühren und zu riechen, an der Brust der Mutter zu nuckeln und Milch zu saugen, dem Klang eines Glockenspiels oder Radios zuzuhören. Auch das sind Elemente, die zu seiner sexuellen Entwicklung beitragen.

Wenn das Kind älter ist, wird es entdecken, daß es ein besonderes Gefühl ist, wenn es mit der Hand über seine Genitalien reibt; vielleicht spielt es beim Einschlafen abwesend damit, oder wenn es müde oder ängstlich ist. Es lernt so die beruhigende Funktion der Sexualität.

Wenn das Kind noch älter wird, hegt es langsam den Verdacht, daß die Körper anderer Kinder seinem nicht genau gleichen und es versucht vielleicht eifrig herauszufinden, wie deren Körper aussehen, weil es vermutet, daß irgend etwas mit seinem Körper nicht in Ordnung ist. Wenn es dann lernt, daß Jungen einen Penis und Mädchen eine Scheide haben, dann erscheint ihm das völlig unlogisch. Gemeinsam mit anderen Kindern, die den gleichen Verdacht wegen ihrer Körper haben und glauben, man würde ihnen nicht alles erzählen, fängt es dann an nachzuforschen, ob auch tatsächlich alle Jungen einen Penis und alle Mädchen eine Scheide haben. Das ist das Alter des „Zeigst du mir deins, zeig' ich dir meins!" und des „Doktor-Spielens". Zu Ihrer Beruhigung: Kinder empfinden keine sexuelle Befriedigung, wenn sie den Körper des anderen untersuchen, aber sie befriedigen dabei eine geradezu wissenschaftliche Neugier.

Die Eltern sind regelmäßig schockiert und beunruhigt, wenn sie feststellen, daß ihre Kinder „Doktor-Spiele" betreiben oder die Genitalien des anderen genau untersuchen. In dem sicheren – aber falschen – Bewußtsein, daß sie ein sexuell pervers veranlagtes Kind in die Welt gesetzt haben, werden sie ihr Kind wahrscheinlich streng ausschimpfen, bestrafen oder demütigen, wenn sie es bei einem so harmlosen Spielchen erwischen. Damit verursachen sie eine noch stärkere Angst und einen noch tieferen Verdacht, daß irgend etwas mit den Geschlechtsteilen nicht in Ordnung sein könnte. Statt die Neugier zu dämpfen, wird sie durch Bestrafung eher noch größer und kann in manchen Fällen zu einer zwanghaften Vorstellung werden, nackte Kinder sehen zu müssen.

Wenn Eltern Kinder mit heruntergelassenen Hosen erwischen, wären sie besser beraten, ihnen ruhig und fröhlich zu sagen, sich wieder anzuziehen, und ihnen dabei zu helfen, eine andere Beschäftigung zu finden. Später, wenn Vater oder Mutter allein mit dem Kind sind, können sie es daraufhin ansprechen: „Ich sehe, daß du dich wunderst, wie die Körper von anderen Menschen aussehen." Ein Buch mit Fotos von Jungen und Mädchen, die auch ihren Penis und ihre Scheide zeigen, ist für Kinder dieses Alters sehr hilfreich. Wenn man den Kindern dann noch sagt, daß alle Jungen so geschaffen sind und daß alle Mädchen eben anders geschaffen sind, beruhigt sie das sehr. Es besteht kein Grund, einem Kind im Alter von drei oder vier Jahren von sich aus die Gründe für diesen kleinen Unterschied zu erklären. Ein gut illustriertes Buch wie „Ein Kind entsteht" von Lennart Nilsson oder „Wo komme ich eigentlich her?" von Thaddäus Troll hilft, viele Fragen zu beantworten, bevor sie überhaupt auftauchen. Vielleicht hilft das Buch auch manchen Eltern, ihre Schüchternheit und Verlegenheit zu überwinden, über Sexualität und Fortpflanzung mit ihren Kindern zu sprechen.

Wenn Sie ein Buch zum Thema Fortpflanzung kaufen, seien Sie immer vorsichtig und denken Sie an die angeborene Empfindlichkeit von Kindern. Kinder sehen nichts Lustiges an der Sexualität; deswegen lassen Sie lieber die Finger von diesen nett gemachten Büchern, die die Sexualität so behandeln, als sei sie nur eine lustige Geschichte oder ein Zeichentrickfilm. Genausosehr fühlen sich Kinder durch kalte, klinische Darstellungen der Fortpflanzung verletzt, in denen die menschliche Fortpflanzung so behandelt wird wie diejenige der Tiere. Also versuchen Sie erst gar nicht, sich damit aus der Affäre zu ziehen, daß Sie ein Buch kaufen, das hauptsächlich von der Fortpflanzung von Hühnern, Kaninchen oder Katzen handelt und die Menschen gerade wie ein anderes Tier hinten anhängt.

Kinder sind im Grunde ehrliche und liebenswürdige kleine Wesen, die verzaubert sind von der Vorstellung, daß ihre Eltern ihre Körper in Liebe vereinigt und dabei ein anderes Leben gezeugt haben. Noch jedes Kind, das bei mir in der Therapie war, hat sich zu mir hingesetzt, wenn ich aus dem Buch von Margaret Sheffield „Wo kommen die kleinen Kinder her?" vorgelesen habe. Dieses Buch ist gleichzeitig sachlich und gefühlvoll. Die Reaktion der Kinder darauf ist fast immer Ehrfurcht, und wenn sie dann das Buch mit einem zufriedenen Seufzer zuklappen, sagen sie regelmäßig: „Also wollten mich meine Eltern wirklich haben!"

Beantworten Sie einfach nur die Fragen

In diesem Alter werden Eltern allmählich mit Fragen konfrontiert, die zu beantworten sie ziemlich schwer finden. In dieser Zeit legen die Eltern aber auch den Grundstein für ihre zukünftige Kommunikationsfähigkeit mit den Kindern. Hier entscheidet sich, ob die Kinder zu ihren Eltern mit ihren Problemen gehen oder zu jemand anderem. Denken Sie daran, wenn Ihr Kind mit einer Frage zu Ihnen kommt, daß Sie ihm nicht Ihr gesamtes Wissen über Sexualität an einem Stück abspulen, sondern beschränken Sie sich darauf, seine Frage zu beantworten.

Zu der einen oder anderen Zeit wird Ihr Kind Ihnen oder jemand anderem zum Beispiel eine der folgenden Fragen stellen. Vielleicht nützen Ihnen oder dem anderen dann die folgenden Antworten:

Kind: Mami, wo bin ich hergekommen?
Mutter: Du bist aus meinem Körper gekommen.
Kind: Aus deinem Körper?

Mutter: Ja, aus einem Teil meines Körpers, der speziell dafür geschaffen ist, daß dort Babys wachsen können. Das ist die Gebärmutter.

Kind: Wie bin ich dahingekommen?

Mutter: Du bist dort in einem klitzekleinen Ei gewachsen.

Kind: Wie ein Küken?

Mutter: Nicht ganz wie ein Küken. Diese Eier haben keine Schale, weißt du. Sie heißen Eizellen.

Kind: Wie wird aus einem Ei ein Baby?

Mutter: Wenn eine Samenzelle von dem Vater auf eine Eizelle von der Mutter trifft, wird daraus ein Baby.

Kind: Was ist eine Samenzelle?

Mutter: Samenzellen sind ganz kleine Dinger, die manchmal aus dem Penis des Vaters kommen. Wenn sie in den Körper der Mutter gelangen und auf eine Eizelle treffen, dann wächst langsam ein Baby.

Kind: Wie kommen die Samenzellen in den Körper der Mutter?

Mutter: Der Vater führt seinen Penis in die Scheide der Mutter ein, und dann gelangen die Samenzellen in ihren Körper.

Kind: Wie kommt das Baby da heraus?

Mutter: Durch die Scheide, genauso wie die Samenzellen hineingekommen sind.

Kind: Hast du und Vati das gemacht?

Mutter: Ja, wir haben uns geliebt und wollten ein Baby haben. So haben wir dich bekommen.

Kind: Werde ich auch ein Baby bekommen?

Mutter: Wenn du ein Baby haben willst, wirst du später vielleicht eins bekommen.

Wie man sieht, hätte diese Unterhaltung zu jeder Zeit abgebrochen werden können, wenn die Antworten dem Kind genügt hätten. Solange ein Kind weiter Fragen stellt, sollten die Eltern seine Fragen weiter offen und ehrlich beantworten. Aber sie sollten nur eine Antwort auf die Fragen geben, die gestellt worden sind. Arbeiten Sie Ihre Antwort nicht weiter aus, es sei denn, das Kind hätte offensichtlich eine weitere Erklärung nötig.

Wenn Sie eine solche Sparringsrunde mit Fragen und Antworten überlebt haben, glauben Sie bloß nicht, Sie könnten erleichtert aufatmen, so als hätten Sie es ein für allemal überstanden. Es

geht immer und immer wieder von neuem los, bis das Frage-
und Antwortspiel fast zu einem Ritual geworden ist wie eine
Gutenachtgeschichte. Wenn Ihr Kind dann älter wird, werden
die Fragen zum Teil etwas persönlicher, und wenn sie so per-
sönlich werden, daß es Ihnen unangenehm ist, sie zu beantworten, dann sagen Sie Ihrem Kind lieber ganz offen, daß Sie
nicht gerne über Ihr eigenes Liebesleben sprechen möchten, daß
Sie ihm aber alle allgemeinen Fragen ehrlich beantworten werden. Wenn Ihr Kind Ihnen eine Frage stellt, die Sie nicht beantworten können, sollten Sie das ganz offen zugeben und versuchen, die Antwort in einer Bibliothek oder sonst irgendwo herauszufinden.

Denken Sie auch daran, daß Ihr Kind seine Fragen zu diesem
Thema nicht etwa für den Zeitpunkt aufspart, wo Sie gemütlich
und in Ruhe zu Hause und unter sich sind. Im Gegenteil, häufig
wird es mit seinen Fragen zur Unzeit herausplatzen, etwa wenn
Sie im Supermarkt in der Schlange stehen, wenn Sie sich (aus-
nahmsweise) einen Hamburger in einem Schnellrestaurant genehmigen oder vielleicht auch, wenn Sie gerade Ihre unverheira-
tete Tante besuchen, die niemals in ihrem Leben ein Rendezvous
hatte. Wenn es also nicht der richtige Augenblick ist, auf seine
Fragen einzugehen, sagen Sie Ihrem Kind sanft, daß Sie sich später darüber unterhalten werden. Aber vergessen Sie später nicht,
Ihr Versprechen zu halten, und schimpfen Sie nicht mit ihm, weil
es Sie in Verlegenheit gebracht hat. Jede Frage, egal wie offen,
sollte beantwortet werden.

Ein Kind, das älter ist, wird später noch schwierigere Fragen
stellen. Einige von den „harten" Fragen und den Antworten darauf habe ich wie folgt zusammengestellt:

Kind: Was ist eine Prostituierte/Nutte/Hure?

Eltern: Eine Prostituierte ist eine Person, die Geschlechtsverkehr gegen Bezahlung hat. Nutte und Hure sind Schimpfwörter
für eine Prostituierte.

Kind: Was ist ein Schwuler/eine Schwuchtel/Tunte?

Eltern: Manche Menschen bezeichnen Homosexuelle als
„Schwule", „Schwuchteln" oder „Tunten". Aber Kinder benutzen
diese Ausdrücke auch als Schimpfwörter, um sich gegenseitig
weh zu tun, so wie man zu jemandem „Schwein" sagt.

Kind: Was ist ein Homosexueller?

208

Eltern: Ein Homosexueller ist ein Erwachsener, ein Mann oder eine Frau, die sich frei entscheiden, Geschlechtsverkehr mit jemandem des gleichen Geschlechts zu haben. (Es ist überaus wichtig, zu betonen, daß Sie von Erwachsenen reden, wenn Sie mit Kindern über Homosexualität sprechen, da sich die meisten Kinder gefühlsmäßig sehr stark zu den Altersgenossen des gleichen Geschlechts hingezogen fühlen und ihnen von den anderen ähnliche Gefühle entgegengebracht werden. Wenn sich die Kinder dann selbst deswegen den Stempel „schwul" aufdrücken, dann verhalten sie sich allein deswegen – längst nach ihrer natürlichen homosexuellen Entwicklungsstufe – noch dementsprechend. Vor allem Jungen betreiben oft vor oder während der Pubertät sogenannte Gruppenonanie, wobei sie sich gegenseitig oder jeder für sich masturbieren. Werden sie dabei entdeckt und deswegen als homosexuell bezeichnet, wachsen sie in dem Glauben auf, tatsächlich homosexuell zu sein.)

Kind: Was ist Vergewaltigung?

Eltern: Als Vergewaltigung bezeichnet man es, wenn ein Mann eine Frau gegen ihren Willen zum Geschlechtsverkehr zwingt.

Kind: Was sind feuchte Träume?

Eltern: Wenn ein Junge so um die dreizehn Jahre alt ist, kommt, während er schläft, Samen aus seinem Penis; das nennt man einen feuchten Traum. Samen ist eine weißliche Flüssigkeit, und gewöhnlich kommt etwa ein Löffel voll Samen aus dem Penis. Ein feuchter Traum ist ein Zeichen dafür, daß ein Junge langsam erwachsen wird.

Kind: Was ist eine Periode?

Eltern: Periode wird bei den Mädchen die monatliche Blutung genannt, wenn ein wenig Blut und etwas Flüssigkeit aus der Gebärmutter und der Scheide fließt.

Kind: Warum passiert das?

Eltern: Weil das nicht gebraucht wird, um ein Baby zu ernähren. Wenn ein Mädchen etwa dreizehn Jahre alt ist, dann bereitet sich ihr Körper dafür vor, ein Baby bekommen zu können, das geschieht jeden Monat wieder aufs neue. Die Wand der Gebärmutter füllt sich mit Blut, und wenn ein Baby gezeugt würde, würde es dadurch ernährt werden. Wenn kein Baby gezeugt wird, wird das Blut nicht benötigt, und der Körper stößt es mit einer wäßrigen Flüssigkeit durch die Scheide ab. Die Blutung ist ein Zeichen dafür, daß ein Mädchen langsam erwachsen wird.

Kind: Was ist eine Scheide?

Eltern: Die Scheide ist etwa wie ein Schlauch, der sich weit ausdehnen kann, damit ein Baby hindurchpaßt.

Kind: Wo ist das?

Eltern: Die Scheide beginnt an der Gebärmutter der Frau und hört etwas unterhalb der Stelle auf, wo eine Frau Wasser läßt.

Kind: Wie haben Menschen Geschlechtsverkehr?

Eltern: Ein Mann führt seinen Penis in die Scheide der Frau ein und bewegt ihn vor und zurück.

Kind: Ist das ein schönes Gefühl?

Eltern: Wenn der Mann und die Frau das wollen, kann das ein schönes Gefühl sein.

Kind: Was sind Eier?

Eltern: Manche Leute nennen die Hoden „Eier". Die Hoden hängen unter dem Penis eines Mannes in dem Hodensack.

Kind: Wozu sind die?

Eltern: In den Hoden werden sie Samenzellen erzeugt. Samenzellen können bei höheren Temperaturen nicht überleben, deswegen hängen die Hoden in diesem kleinen Säckchen außerhalb des Körpers, wo die Körpertemperatur ein wenig niedriger ist.

Wie Sie gesehen haben, brauchen Sie eine Menge an sachlichen Informationen zu diesem Thema, um alle Fragen Ihres Kindes beantworten zu können. Wenn Sie Ihre eigene Sexualerziehung dort bekommen haben, wo die meisten Kinder sie bekommen haben – nämlich auf dem Schulhof und auf der Schultoilette –, dann sollten Sie ein Buch über Sexualerziehung und Fortpflanzung aufmerksam gelesen und das Thema verstanden haben, schon lange Zeit bevor Ihr Kind mit den ersten Fragen kommt, damit Sie gut gerüstet für dieses Frage- und Antwortspiel sind.

Wie denken Sie über Selbstbefriedigung?

Ein bestimmtes Wissen über etwas zu haben und dieses seinen Kindern auf eine angemessene Weise mitzuteilen sind oft zwei verschiedene Dinge. Bei einem Fachseminar für Therapeuten über die Störungen der menschlichen Sexualität gab uns der Diskussionsleiter zu diesem Schwerpunktthema ein anschauliches Beispiel, um uns klarzumachen, welche Schwierigkeiten Eltern ständig mit der Sexualerziehung ihrer eigenen Kinder haben.

Zunächst fragte er uns, wie viele von uns glaubten, daß Selbstbefriedigung ein ganz normaler und natürlicher Ausdruck der Sexualität sei. Die Fachleute hoben einmütig die Hände. Als nächstes fragte er, wie viele von uns Eltern seien. Eine große Mehrheit der Zuhörer hob auch jetzt die Hand. Schließlich fragte er, wie viele von uns, die ja als Fachleute den Wert und die Bedeutung der Selbstbefriedigung kennen würden, ihren eigenen Kindern gezeigt hätten, wie man sich richtig selbst befriedigt. Ich glaube, daß nicht ein einziger der Anwesenden in diesem Moment nicht verletzt und schockiert gewesen ist.

In unserer Gesellschaft ist die Selbstbefriedigung eine streng persönliche Angelegenheit, und selbst die Fachleute, die ihr Hauptaugenmerk auf die Sexualerziehung und die menschliche Sexualität richten, würden so gut wie nie einem anderen Unterricht in Selbstbefriedigung erteilen. Es gibt durchaus primitive Gesellschaften, in denen die Mütter ihren Kindern das beibringen, aber für unsere höchstgradig „zivilisierte" Gesellschaft ist diese Vorstellung einfach undenkbar und schockierend.

So wundert es einen wenig, wenn Eltern nicht wissen, wie sie auf die Selbstbefriedigung ihrer Kinder reagieren sollen. Es ist auch schwer für sie zu unterscheiden, wann die Masturbation eine ganz normale Beschäftigung ist und wann sie ein Zeichen für erhöhte Spannung oder Angst ist.

Ganz allgemein reiben sich kleine Kinder ihre Geschlechtsteile, weil es ihnen Spaß macht. Wenn das sehr häufig geschieht, dann trösten sie sich vielleicht über Angstgefühle oder Langeweile hinweg, oder aber sie haben möglicherweise eine Infektion und müssen sich ständig kratzen. Wenn das Verhalten sehr häufig vorkommt, sollte man eine körperliche Untersuchung vornehmen lassen, um eine Infektion der Harnwege oder eine Allergie auf Seife, Badezusätze – ein häufiger Übeltäter! – ausschließen zu können. Auch die Ernährungsweise kann eine Ursache für das Problem sein.

Wenn sich kein Anzeichen für eine Infektion oder eine Allergie erkennen läßt und das Kind weiterhin lieber an sich herumspielt, anstatt mit anderen Kindern zu spielen, sollte die Aufmerksamkeit darauf gerichtet werden, ob das Kind zu Hause unter irgendeinem Druck steht. Schimpfen die Eltern ständig mit ihm und sagen sie fortwährend: „Nein!“, „Tu das nicht!“ oder „Laß das sein!“? Gibt es häufig Streit und Zank zwischen den Eltern? Ist die Familie irgendwie unglücklich? Wenn die Antwort auf eine dieser Fragen „Ja“ ist, dann veranlaßt das möglicherweise das Kind, sich damit zu trösten, daß es an seinen Genitalien herumfingert.

Selbst wenn in der Familie das seelische Klima heiter ist, masturbiert ein Kind vielleicht aus Langeweile und braucht möglicherweise mehr geistige oder soziale Anregung. Aber vergessen Sie trotzdem nicht, daß auch ein Kind aus den glücklichsten, streßfreien Familien, wo es ausreichende geistige Anregung und Liebe erfährt, häufig an seinen Genitalien spielen wird, weil es ihm nämlich Spaß macht. Daran ist nichts Unmoralisches oder Anormales. Es könnte nur dann anormal sein, wenn ein solches Verhalten andauernd oder zwanghaft ist oder ein Kind ständig lieber masturbiert, als mit anregendem Spielzeug zu spielen. Dann kann es ein Anzeichen für tiefgreifende Spannung oder Angst sein.

Bei Schulkindern, die nicht geistig zurückgeblieben sind, ist offene und ständige Selbstbefriedigung fast immer auf einen Spannungszustand zurückzuführen. Ängstliche Erst- oder Zweitkläßler sitzen zum Beispiel vielleicht gedankenverloren in der Schule und reiben sich ihre Genitalien, während sie ihre Aufgaben am Platz machen oder dem Lehrer zuhören. Ich möchte es noch einmal betonen: Wenn man den Druck in der Schule oder zu Hause von den Kindern nimmt, hören die Kinder gewöhnlich mit der offenen Masturbation auf. Wenn nicht, und wenn keine infektiöse Erkrankung der Harnwege und keine anatomische Abnormität vorliegt, dann liegt ein krankhaftes Bedürfnis vor, auf diese Weise Angst und Spannungen jeder Art abzubauen. Die Hilfe von Fachleuten sollte dann in Anspruch genommen werden, um die tiefer liegende Ursache dieses Verhaltens zu ergründen.

Viele Eltern fühlen sich wegen ihrer eigenen Selbstbefriedigung schuldig und werden wütend oder ärgerlich, wenn sie sehen, daß ihr Kind sich selbst befriedigt. Wenn Ihr Kleinkind sich auf eine normale Art selbst befriedigt, vor dem Einschlafen, wenn es sich langweilt oder krank ist oder wenn es Angst hat und Sie darüber außerordentlich wütend oder ärgerlich sind, sollten Sie zunächst Ihre eigene Einstellung zur Selbstbefriedigung überprüfen. Sie sollten sich selbst klarmachen, was normal und was unnormal ist, bevor Sie über Ihr Kind in Entsetzen ausbrechen. Vergessen Sie diese unsinnigen Geschichten, die Sie über Masturbation gehört haben, daß die Leute davon verrückt werden können. Das einzige, was sie bewirkt, ist, daß ein Mensch sich hinterher besser fühlt! Die Behauptung, Selbstbefriedigung führe zu Schwachsinn, beruht auf der Tatsache, daß einige Geisteskranke ihren Bezug zur Realität und ihrer Umgebung so völlig verloren haben, daß sie so offen und ungezwungen wie Kleinkinder masturbieren. Statt zu erkennen, daß Geisteskrankheiten zu offener und fortgesetzter Selbstbefriedigung führen können, haben die fehlgeleiteten Beobachter den falschen Schluß gezogen, daß die Selbstbefriedigung zu der Geisteskrankheit geführt hätte. Der Beweis dafür ist genauso stichhaltig wie die Behauptung, daß Blut zu einer Schnittwunde führe und nicht das Messer. Aber es gibt noch genügend Leute, die diesem Irrglauben anhängen.

Vergessen Sie auch die dumme Vorstellung, daß ein wenig Selbstbefriedigung normal sei, daß aber übermäßige Masturbation anormal sei. Wenn jemand diese Meinung vertritt, wird er gewöhnlich sein eigenes Verhalten als Maßstab anlegen. Was er tut, ist normal; mehr als das ist übermäßig. Kinder und gleichermaßen Erwachsene masturbieren so oft oder so wenig, wie sie es nötig haben. Ein Kind braucht vielleicht die Beruhigung und die Freude der Selbstbefriedigung jeden Tag, während ein anderes das nur einmal in der Woche nötig hat, und wieder ein anderes braucht das möglicherweise mehrmals am Tage. Bei Kindern im Schulalter ist das ganz normal, und es gibt keinen Grund zur Besorgnis, solange die Selbstbefriedigung nicht zwanghaft ist, allen anderen möglichen Beschäftigungen vorgezogen wird oder ohne die Rücksicht auf Anwesende geschieht. Allerdings kann auch bei einem gedankenverlorenen, zwanghaften und ständigen „Masturbieren" der Grund eine Allergie oder eine Infektion sein, so daß es sich also vielmehr um ein Kratzen als ein Masturbieren handeln könnte.

Eine eingehende körperliche Untersuchung ist daher angeraten. Und wenn sich dabei nichts ergibt, betrachten Sie das seelische Klima in Ihrer Familie. Gibt es keine offensichtlichen Probleme, weder in Ihrer Ehe noch in der Familie, dann sollte vielleicht der Gang zu einem Familienberater, Kinderpsychologen oder Kinderpsychiater angetreten werden. Nehmen Sie ruhig deren Hilfe in Anspruch.

Wenn Kinder sexuell mißbraucht werden

Das Thema Kinder und Sexualität ist nicht vollständig erörtert, ohne ein sehr unangenehmes Feld zu berühren. Der sexuelle Mißbrauch von Kindern ist etwas, woran keiner von uns allen gerne denkt, aber etwas, worauf alle Eltern vorbereitet sein sollten. Solche Fälle sind weitaus häufiger, als wir uns vorstellen können, einfach weil sie zu wenig bekannt und noch seltener strafrechtlich verfolgt werden. Der Grund dafür liegt vielfach darin, daß das Trauma für ein Kind, den Täter im Gericht offen beschuldigen zu müssen, und das damit verbundene Befragen und Sich-Erinnern-Müssen noch schmerzhafter ist, als den Täter davonkommen zu lassen. Noch offensichtlicher ist natürlich, daß oftmals die Eltern, Erzieher, nahe Verwandte oder sehr gute Freunde der Familie die Täter sind und daß solche Taten in den seltensten Fällen bekannt werden.

Frauenselbsthilfegruppen, Psychotherapeutinnen und Rechtsanwältinnen, die mit sexuellem Mißbrauch zu tun haben, schätzen, daß in der Bundesrepublik jährlich 300.000 Kinder sexuell mißbraucht werden. Die meisten Opfer sind Mädchen, aber auch Jungen haben unter sexueller Gewalt zu leiden. Zur Anzeige kommen nur 20.000 Fälle, was damit zu tun hat, daß die betroffenen Kinder – sofern sie es überhaupt tun – oft erst Jahre später über die Untat reden können. Vielfach schweigen sie aus Scham und Angst, weil sie unter Druck gesetzt werden oder ihnen eingeredet wird, sie seien selber schuld daran. Oder sie geben nur Signale und Andeutungen von sich, die von ihrer Umwelt nicht verstanden werden.

Sexueller Mißbrauch fängt bei vom Kind nicht gewollten Berührungen an und geht über orale und anale Praktiken bis zum vollzogenen Geschlechtsverkehr. Eine typische Mißbrauchsituation gibt es nicht, aber der Tatort ist vielfach die Familie. Das heißt, die Opfer sind völlig wehrlos und fühlen sich vollkommen allein gelassen. Das gilt vor allem, wenn der Täter der eigene Vater ist und die Mutter vor dem Mißbrauch die Augen verschließt. Sie will es vielleicht nicht wahrhaben, daß ihr Mann so etwas tut, sie fürchtet das Auseinanderbrechen der Ehe mit eventuellen finanziellen Folgen, manchmal ist sie sogar eifersüchtig auf die eigene Tochter.

In solchen Situationen wird der Schaden, den das Kind erleidet, dadurch vergrößert, daß die Mutter die inzestuöse Beziehung auch noch insgeheim unterstützt. Viele Frauen, die sexuell von ihren Vätern oder Stiefvätern belästigt worden sind, haben später schwerwiegendere Gefühle von Haß und Ablehnung gegenüber ihren Müttern, die es zugelassen haben, daß sie mißbraucht wurden, als sie gegenüber dem eigentlichen Täter haben.

Viele Kinder schweigen, wenn ein Freund der Familie oder ein Verwandter versucht hat, sie sexuell zu belästigen, weil sie fürchten, daß sie bestraft werden, wenn sie es ihren Eltern erzählen. Leider Gottes ist ihre Einstellung nur zu oft begründet. Eltern neigen ständig dazu, ein Kind als Lügner zu brandmarken, wenn es erzählt, daß der Großvater oder der Onkel oder ein Freund der Familie einen Übergriff in dieser Richtung gemacht oder versucht hat. So wird das Kind also zusätzlich zu dem Trauma des sexuellen Mißbrauchs noch mit dem Trauma zu kämpfen haben, daß seine Eltern mit Unglauben und Unverständnis reagieren.

Wie schwerwiegend dieses Unverständnis und die Unkenntnis ist, wird deutlich, wenn man bedenkt, daß in etwa 30 Prozent aller Fälle die Täter Väter oder Brüder, Stiefväter oder Großväter, Onkel oder andere nahe Verwandte sind und daß bei 40 bis 50 Prozent die Täter aus dem Bekanntenkreis stammen. Den vielzitierten Fremden, der das Kind auf der Straße anspricht, gibt es zwar, aber diese Fälle machen nur etwa zehn Prozent aus.

Klischeehafte Vorstellungen über einen Menschen, der sich sexuell an Kindern vergeht, beinhalten oft, es handele sich um einen Sonderling oder einen abartigen Menschen. Doch die Täter – es sind zu einem hohen Prozentsatz Männer, aber es gibt auch Frauen, die Kinder mißbrauchen – kommen aus allen sozialen und gesellschaftlichen Schichten, werden meist von ihrer Umgebung für sexuell völlig normal gehalten, sind oft intelligent und üben einen angesehenen Beruf aus. Allerdings sind sie häufig selbstunsicher und gehemmt, was sie jedoch vielfach überspielen. Sie haben möglicherweise Probleme, Aggressionen und Frustrationen zu kontrollieren, sie suchen Schwächere, um sich selbst beweisen zu können. Einige Täter weisen auch pädophile Neigungen auf, und manche sind selbst als Kind mißbraucht worden, so daß ein Teufelskreis der Gewalt entsteht.

Der Punkt, der denjenigen, der ein Kind sexuell mißbraucht, von anderen Männern unterscheidet, ist weder seine Intelligenz noch seine religiöse oder moralische Einstellung; es ist ein Fehler in seiner Denkweise. Diese Fehleinschätzung in seiner Denk- und Argumentationsstruktur veranlaßt ihn, Kinder nur als kleine Erwachsene zu sehen, die die gleichen Grundeinstellungen, Vorstellungen und Absichten wie die Großen haben.

Ein Mann mit solchen Fehlvorstellungen, der Kinder nicht als Kinder betrachtet, kann in jeder anderen Hinsicht ein normaler Mensch sein. Wenn aber ein dreijähriges Mädchen auf seinem Schoß sitzt und so herumzappelt, daß er sexuell stimuliert wird, dann glaubt er ernstlich, daß die Kleine ihn absichtlich erregen wollte und daß sie seine Antwort auf ihr Verhalten voll und ganz erkennen und verstehen würde. Wenn er mit dem Mädchen allein ist, wird er eventuell anfangen, ihre Genitalien zu streicheln; wenn das Mädchen ihn dann gut kennt und ihm vertraut, wird sie das als eine besonders angenehme Form der Zuneigung empfinden und sich zufrieden an ihn lehnen. Es ist fast unausweichlich, daß sich daraus ein sexueller Mißbrauch des Kindes entwickelt; denn dieser Mann wird eine jede Regung des Kindes als absichtlich und bewußt sexuell interpretieren. Er schiebt dem Kind seine eigenen Bedürfnisse unter; er verwechselt den Wunsch nach (harmlosem) Körperkontakt und nach Zärtlichkeit mit dem Verlangen nach Sex.

Wenn das Verhalten des Mannes bekannt wird und er von den erbosten Eltern zur Rede gestellt oder vom Jugendamt angezeigt wird, fühlt sich ein Mensch mit einer derartigen Fehleinschätzung wahrscheinlich nicht einmal schuldig oder beschämt. Statt dessen wird es ihm nur leid tun, daß sein Verhalten entdeckt ist, und in seiner Selbstgerechtigkeit wird er höchst verbittert sein. Viele Männer glauben dann vielleicht noch, daß das drei- oder vierjährige Kind sie hereingelegt habe; erst verführt es ihn, und dann erzählt es das seinen Eltern und bringt ihn auch noch in Schwierigkeiten!

Für Sie bedeutet das, ohne jetzt mit Verfolgungswahn oder selbstzerfleischendem Mißtrauen gegenüber Ihren besten Freunden zu reagieren, daß es diese Menschen auf der Welt gibt, die aus irgendwelchen Gründen den Unterschied zwischen Kindern und Erwachsenen nicht realisiert haben und deswegen Ihre Kinder vielleicht sexuell ausbeuten könnten. Achten Sie bei Ihren Kindern darauf, ob es nonverbale Signale gibt, die Sie darauf aufmerksam werden lassen sollen, daß etwas in einer Beziehung mit einem bestimmten Erwachsenen nicht in Ordnung ist. Wenn Ihr Kind zum Beispiel die Gesellschaft einer bestimmten Person meidet und wenn gerade dieser Erwachsene die Gesellschaft des Kindes zu suchen scheint, sollten Sie besonders wachsam sein. Denken Sie daran, daß die Täter Männer und Frauen gleichermaßen sein können und daß sowohl kleine Jungen als auch kleine Mädchen belästigt werden. Wenn sich Ihr Kind also darüber beklagt, daß ein Erwachsener es zuviel anfaßt oder daß er es an der falschen Seite kitzelt, seien Sie vorsichtig.

Genauso vorsichtig sollten Sie sein, wenn Ihr Kind sich selbst sexuell herausfordernd verhält. Wenn Ihre dreijährige Tochter nachts die Entscheidung getroffen hat, die Party von Erwachsenen mitzufeiern, und dabei nichts auf dem Körper trägt außer ihrem süßesten Lächeln, dann ist nichts weiter Bemerkenswertes dabei. Die vernünftigste Antwort darauf ist, das Kind zurück in sein Zimmer zu schieben und es sich anziehen zu lassen. Wenn ein siebenjähriges Mädchen allerdings den gleichen Auftritt hat, dann liegt ein ernsthaftes Problem vor, das dringend behandelt werden sollte.

Ein Warnsignal ist es auch, wenn ein Kind auf eine frühere Entwicklungsstufe zurückfällt, wenn es sich völlig in sich selbst zurückzieht, sich von allen und allem abkapselt oder plötzlich ohne erkennbaren Anlaß in der Schule nachläßt. Langjähriger Mißbrauch kann unmittelbar oder als Spätfolge sogar zu Magersucht oder Drogenabhängigkeit führen.

Kleine Kinder sind zunächst wehrlose Wesen, über die andere bestimmen. Sie erfahren, daß Erwachsene viel mehr Macht haben als sie. Aber sie sollten auch erfahren, daß es Grenzen gibt, die niemand, auch kein Erwachsener, überschreiten darf, daß sie in bestimmten Fällen „Nein!" sagen und sich wehren dürfen. Wenn sie dies wissen und wenn sie in einer Umgebung aufwachsen, in der sie geliebt und respektiert werden, dann besteht für sie ein gewisser Schutz vor sexuellem Mißbrauch.

Trotz der besten elterlichen Anleitung und gewissenhaftesten Sorge um das Wohl der Familie werden immer wieder Kinder sexuell mißbraucht oder belästigt, und ihre Eltern müssen dann versuchen, mit diesem Übergriff so fertig zu werden, daß kaum seelische Narben zurückbleiben. Wenn Ihre Tochter einmal sexuell belästigt worden sein sollte, dann versuchen Sie zu allererst einmal, sie zu trösten, und sagen Sie ihr, daß sie nichts Falsches getan hat. Machen Sie bitte nicht den Fehler, Ihr Kind so auszufragen, daß es den Eindruck gewinnt, es sei verantwortlich oder selbst schuld an dem Zwischenfall. Es tut nicht gut und verursacht nur Schmerzen, wenn Sie fragen: „Warum hast du auch nur mit dem Fremden gesprochen?" oder dem Kind in ähnlicher Weise direkt oder indirekt Vorwürfe machen.

Trösten und beruhigen Sie Ihr Kind nach besten Kräften, und versuchen Sie selbst, ruhig zu bleiben. Wenn das Mädchen keine körperliche Verletzung davongetragen hat, kann es den Vorfall vielleicht später einfach als eine schlechte Erfahrung verarbeiten, wenn Sie ruhig und vernünftig reagieren und das Mädchen trösten. Wenn das Kind getätschelt worden ist oder ein Mann vor ihr sein Geschlechtsteil entblößt hat oder man versucht hat, sie zu vergewaltigen, dann reden Sie ganz ruhig mit ihr darüber und erklären Sie ihr, daß manche Menschen krank und verwirrt sind und Sie ihre Angst gut verstehen können und daß sie es richtig gemacht hat, sich zu wehren, wegzulaufen und sofort zu Ihnen zu kommen und alles zu erzählen. Wenn Ihnen in Ihrer Kindheit etwas Ähnliches passiert ist, erzählen Sie ihr davon und sagen Sie ihr, daß Sie deswegen ihre Angst und Verwirrung nur zu gut verstehen können.

Nachdem Sie sie beruhigt und getröstet haben, machen Sie das Beste aus der Situation. Wenn Sie den Täter kennen, sollten Sie ihn der Polizei anzeigen. Wenn Ihre Tochter tatsächlich vergewaltigt worden ist oder sonst körperlich verletzt wurde, trösten Sie sie und kümmern Sie sich dann so schnell wie möglich um ärztliche Versorgung. Sie müssen die körperliche Verletzung wie jede andere Verletzung behandeln und Ihr Kind genauso trösten, als wäre es gestürzt oder hätte einen Unfall gehabt. Die Tatsache, daß die Verletzung von einer sexuellen Handlung herrührt, darf weder Sie noch Ihr Kind dazu verleiten, sich deswegen erniedrigt zu fühlen oder zu schämen. Seien Sie ganz sicher, daß Sie Ihr Kind nicht dazu veranlassen, sich selbst verantwortlich für seine Schmerzen zu fühlen. Meiden Sie diese Plage der Pseudo-Psychologen, die Sie davon zu überzeugen suchen, daß Ihre eigenen unbewußten Ängste die Ursache für die Vergewaltigung Ihrer Tochter seien. Und meiden Sie diese Glaubenseiferer, die Ihnen einzureden versuchen, daß diese Notzucht die Strafe für ein eigenes sexuelles Vergehen sei.

Bleiben Sie so ruhig wie möglich! Bleiben Sie bei Ihrem Kind! Trösten Sie es. Geben Sie ihm Sicherheit und Geborgenheit! Und wenn der Schmerz und der Schock dann nachgelassen haben, begehen Sie nicht den Fehler, den Täter davonkommen zu lassen. Es ist wichtig für Ihre Tochter zu wissen, daß weder Sie noch sie eine derartige Tat ungestraft lassen müssen. Die Gerichtsverhandlung kann auch eine wertvolle Erfahrung für das Kind sein, seine Grundrechte als einzelner zu verteidigen, wenn das Prozeßklima nicht von geschauspielerten und übermäßig gefühlsbetonten Beschuldigungen geprägt ist. Viel wichtiger ist aber noch, daß einem anderen Kind die gleiche schreckliche Erfahrung vielleicht erspart bleiben kann, wenn der Täter verurteilt und eingesperrt wird

Das Kind wird möglicherweise die Hilfe eines Psychotherapeuten benötigen, damit die seelischen Narben der Vergewaltigung oder sexuellen Belästigung völlig verheilen können und damit dem Kind ein normales Liebesleben als Erwachsener ermöglicht wird. Wenn Ihr Kind diese schreckliche Erfahrung schon machen mußte, zögern Sie keinen Moment, ihm durch die Behandlung von Fachleuten helfen zu lassen, Ihnen selbst hilft das auch.

Stellen Sie sich bei der Sexualerziehung
nicht dumm an

Denken Sie daran, daß die Wahrscheinlichkeit von unangenehmen und schädigenden Erfahrungen für Ihr Kind auf dem Gebiet der Sexualität recht gering ist; deshalb sollten Sie Ihr Hauptaugenmerk darauf richten, wie Sie ihm helfen können, mit natürlichen und verantwortungsbewußten sexuellen Empfindungen aufzuwachsen. Sie erreichen das am besten, indem Sie ihm viel körperliche Zuneigung entgegenbringen; dabei geben Sie ihm Körperkontakt, was ein Grundbedürfnis jedes menschlichen Wesens ist. Babys, die nicht genügend Körperkontakt bekommen haben, entwickeln sich in der Tat nicht so schnell wie Babys, die viel Körperkontakt und Liebkosungen erfahren haben.

Wissenschaftler haben in dieser Richtung Versuche bei Affenjungen, die ein ähnliches Bedürfnis nach Körperkontakt haben, durchgeführt. Dabei haben sie festgestellt, daß Affen, die ohne ihre Mutter, aber mit einem anderen Jungen aufgezogen wurden, an das sie sich anschmiegen konnten, mit einem natürlicheren sozialen und Sexualverhalten aufwuchsen als diejenigen, die zwar von ihrer Mutter, aber ohne ein anderes Junges, mit dem sie spielen konnten, aufgezogen wurden. Die Wissenschaftler schlossen daraus, daß der Körperkontakt mit den anderen Jungen für eine natürliche soziale und sexuelle Entwicklung wichtiger war als die Anwesenheit der Mutter. Die Affenmutter nämlich verbrachte nicht so viel Zeit damit, ihr Junges zu streicheln und zu liebkosen, wie die Jungen beim Spielen.

Kinder, die nicht genügend gestreichelt, umarmt, liebkost, gedrückt und geküßt werden, neigen dazu, mit einem so starken Bedürfnis nach Körperkontakt aufzuwachsen, daß sie möglicherweise schon sehr früh sexuelle Kontakte haben, nur um ihr Bedürfnis zu befriedigen. Viele sexuell freizügige Menschen werden nicht von einem Bedürfnis nach Sex geleitet, sondern von einem anderen starken Bedürfnis, in den Arm genommen zu werden und einem anderen körperlich nahe zu sein. Um Ihrem Kind also zu helfen, sollten Sie Ihre Liebe mit körperlicher Nähe verbinden; umarmen Sie Ihr Kind regelmäßig, und geben Sie ihm ab und zu ein paar anerkennende Streicheleinheiten. Ihr Kind wird dann nicht nur mit mehr Selbstachtung und Selbstvertrauen aufwachsen, sondern auch als Erwachsener eher dazu in der Lage sein, sexuelles Verhalten als Ausdruck der Zuneigung einzusetzen, anstatt Sex als ein Mittel körperlicher Befriedigung ohne jegliche Zuneigung zu betrachten.

Vielleicht wird unsere Gesellschaft eines Tages so weit sein, daß unsere Kinder in der Schule und zu Hause über ihren Körper und seine Funktion ebenso umfassend, genau und objektiv informiert werden wie über die Weltmeere und den Sternenhimmel. Wenn man dagegen den Körper so behandelt, als seien einige Körperteile schmutzig und sündhaft, als spreche man besser nicht darüber, dann werden sich dadurch Schuld- und Angstgefühle einschleichen, die das ganze spätere Leben eines Kindes durchdringen können. Ein Kind, dem man beigebracht hat, daß bestimmte normale Körperfunktionen „schmutzig" sind, wird als Jugendlicher Schwierigkeiten im Umgang mit dem anderen Geschlecht haben. Es wird dem einzelnen Mitglied des anderen Geschlechts nicht als Individuum begegnen, sondern entweder als einem Objekt, das man ausbeutet und nur für verbotene sexuelle Freuden benutzt, oder als drohendem Verführer, dem man ängstlich aus dem Weg gehen muß.

Es ist ein Trugschluß anzunehmen, daß die sachliche Information über Sexualität Kinder dazu verleite, frühzeitig Geschlechtsverkehr auszuprobieren. Unsere Kinofilme, Fernsehspiele und Werbespots sowie Anzeigen, die mit Erotik und Bettszenen angereichert sind, tragen viel eher und mehr dazu bei, daß unsere Kinder frühzeitig sexuelle Erfahrungen machen. Aber es ist ein riesiger Unterschied zwischen den prickelnden Szenen vom Liebesleben Erwachsener und der objektiven und sachlichen Information, um endlich mit schädlichen Mythen und Unwahrheiten über die Sexualität aufzuräumen.

Über eine Million Mädchen unter achtzehn Jahren werden jedes Jahr in den Vereinigten Staaten schwanger. Damit halten die USA einen traurigen Rekord mit einer Spitzenposition vor Japan, Schweden, der Bundesrepublik, Israel, Norwegen, Frankreich, der Sowjetunion und vierzehn anderen Staaten! Obwohl die Mädchen unter achtzehn Jahren nur etwa achtzehn Prozent der sexuell aktiven weiblichen Bevölkerung der Vereinigten Staaten ausmachen, bringen sie es auf 46 Prozent aller unehelichen Geburten und 31 aller Abtreibungen. In Zahlen drückt sich die erschütternde Tatsache so aus, daß in den Vereinigten Staaten bei den Mädchen unter achtzehn Jahren jährlich 200.000 uneheliche Geburten und 300.000 Schwangerschaftsabbrüche zu verzeichnen sind. Dazu kommen etwa 100.000 Mädchen, die sich Hals über Kopf verheiraten und ihr Kind dann ehelich zur Welt bringen.

Dies sind nicht notwendigerweise Erstlingsgeburten. Manches Mal hat ein Mädchen bereits seine zweite, dritte oder gar vierte Geburt, bevor es fünfzehn Jahre alt ist! Eine Tatsache, die uns noch mehr zu denken geben sollte, ist, daß im Jahre 1974 allein in Kalifornien 32 zwölfjährige Mädchen Kinder zur Welt gebracht haben! Eine vergleichbare Entwicklung gibt es in der Bundesrepublik nicht, aber auch hier nehmen die Jugendlichen sexuelle Beziehungen in immer jüngeren Jahren auf.

Offensichtlich machen wir etwas falsch. Vor allem die Massenmedien machen etwas falsch, wenn sie uns einreden wollen, Sex mache immer Spaß und bedeute nur Befriedigung. Dabei lassen sie völlig außer acht, daß junge Leute Informationen brauchen, die sie in die Lage versetzen, sich mit einem sachlichen Wissen und einem Sinn für Verantwortung mit der Sexualität auseinanderzusetzen. Hierzu gehören auch Kenntnisse über Schwangerschaftsverhütungen und über Krankheiten wie Aids, die durch Geschlechtsverkehr übertragen werden.

Selbst sexuell erfahrene Erwachsene reagieren verwirrt auf das übermäßige Aufheben, das um Sex gemacht wird. Wenn sie auf der Kinoleinwand die idealisierten Phantasien von augenblicklichen, erderschütternden, orgasmischen Nervenkitzel-Situationen ansehen müssen, wird sich der durchschnittliche Erwachsene verstohlen nach den Zuschauern links und rechts umschauen und denken, sie alle müßten einen derart phantastischen Sex schon einmal erlebt haben; von sich selbst glaubt er dann, unfähig und anormal zu sein. Junge Leute haben ein geradezu unerschütterliches Vertrauen in die Vorstellung von Sex, die ihnen das Kino vermittelt. Sie sind fest davon überzeugt, daß sie die Erfahrung dessen, was sie für das höchste aller Vergnügen halten, schon noch machen werden, wenn sie nur einfach den richtigen Partner fänden.

Wenn wir unseren Kindern wirklich helfen wollen, eine gesunde und natürliche Einstellung zum Sex und ein verantwortungsbewußtes Sexualverhalten zu entwickeln, müssen wir sie einerseits vor zu vielen erotischen Darstellungen und andererseits vor der Unterdrückung natürlicher Neugier auf diesem Gebiet bewahren. Alle Studien über Personen mit sexuellen Perversionen laufen darauf hinaus, daß eine zu starke Unterdrückung natürlicher sexueller Neugier dazu führen kann, daß sich später bestimmte Perversionen herausbilden. Man hat herausgefunden, daß Triebtäter, die Frauen oder Kinder belästigt haben, beispielsweise in ihrer Kindheit weniger masturbiert haben als andere, daß sie keine pornographischen Darstellungen angesehen haben, daß es bei ihnen zu Hause keinerlei natürliche Nacktheit gab oder daß sie im Elternhaus keine Sexualerziehung genossen haben.

Auf der anderen Seite kann eine zu große sexuelle Offenheit zwischen den Erwachsenen im Hause für eine gesunde sexuelle Entwicklung des Kindes ebenfalls abträglich sein, weil sie seine sexuelle Vorstellungskraft anregt und es sich vielleicht einen Kontakt mit seinem andersgeschlechtlichen Elternteil ausmalt. Diese Empfindungen führen zu Schuldgefühlen, Gefühlen der Wertlosigkeit und der Angst, weil Kinder glauben, es gebe eine augenblickliche Bestrafung für ihre „schlimmen" Gedanken. Vielleicht führen sie auch zu Gefühlen der Ablehnung gegenüber den Eltern, weil sie die Situation verursacht haben, die bei den Kindern zu diesen Empfindungen und Gedanken geführt hat.

Wenn Ihr Kind einmal zufällig Zeuge wird, wenn Sie Geschlechtsverkehr mit Ihrem Ehemann haben, wird es wohl kaum einen Schock fürs Leben davontragen, solange Sie selbst nicht mit unangebrachter Wut oder Demütigung reagieren. Wenn Sie den Vorfall mit Aufrichtigkeit und Takt handhaben, wird sich Ihr Kind bestimmt voll Vertrauen und mit Herzlichkeit daran erinnern.

Wenn Sie allerdings ständig Ihre Schlafzimmertür aus Unachtsamkeit unverschlossen lassen oder wenn Sie die Gewohnheit haben, ganz impulsiv auf der Couch im Wohnzimmer oder auf dem dicken Teppich im Eßzimmer Liebe zu machen, wenn Ihre Kinder im Hause sind, dann haben Sie möglicherweise bestimmte unbewußte exhibitionistische Tendenzen, und Sie wollen vielleicht gerade, daß Ihre Kinder Ihnen zuschauen. Um zu vermeiden, daß Ihre Kinder mit unbestimmten Gefühlen von Schuld, Angst und Verwirrung aufwachsen und in ihrem späteren Leben sexuelle Probleme entwickeln, behalten Sie Ihr Liebesleben für sich, hinter verschlossenen Türen. Wenn Ihnen das nicht möglich ist, wären Sie gut beraten, einen Therapeuten zu befragen, warum Sie unbedingt ein kindliches Publikum nötig haben, um Gefallen an Ihrem Liebesleben zu finden.

Die beste Sexualerziehung für ein Kind sind liebende Eltern, die gemeinsam Spaß am Sex haben und das größtenteils für sich behalten. Wenn Kinder sehen, wie sich Mami und Papi liebevoll küssen, gibt das den Kindern ein Gefühl der Sicherheit und des Wohlbehütetseins. Wenn Kinder sehen, wie Papi der Mami spielerisch einen Klaps auf den Hintern gibt – oder umgekehrt –, lernen sie dabei, daß Sex etwas mit Spaß zu tun hat. Wenn Kinder merken, daß sich ihre Eltern füreinander schön machen und pflegen, lernen sie, daß eine befriedigende Beziehung etwas Anstrengung und Rücksicht verlangt. Wenn Kinder sehen, daß die Eltern allein ins Wochenende fahren oder sich in das Schlafzimmer zurückziehen und die Tür abschließen, dann spüren sie, daß eine befriedigende Beziehung auch etwas ist, das genügend Zeit und Aufmerksamkeit braucht.

Da solche Eltern gewöhnlich selbstbewußt und gelockert in bezug auf ihr eigenes Liebesleben sind – man sollte es weder übertrieben wichtig nehmen noch als etwas behandeln, das keine besondere Beachtung verdiente –, fällt es ihnen leicht, die Fragen ihrer Kinder offen, ehrlich und sachlich zu beantworten. Kinder solcher Eltern stürzen sich gewöhnlich auch nicht frühzeitig in sexuelle Aktivitäten, um ihre natürliche Neugier zu befriedigen.

Wenn Sie Sexualität gegenüber Ihren Kindern mit gesundem Menschenverstand und Würde behandeln, wenn Sie weder zu wenige noch zu viele Hemmungen haben, können Sie Ihre Kinder dazu führen, als Erwachsene ein befriedigendes und verantwortungsbewußtes Sexualverhalten an den Tag zu legen. Beantworten Sie alle Fragen Ihrer Kinder aufrichtig, und geben Sie ihnen sachliche Erläuterungen. Warnen Sie sie, ohne sie in Schrecken zu versetzen, vor Menschen, die sie sexuell ausnutzen könnten! Zeigen Sie ihnen, wie sie sich kleiden und verhalten sollen, damit sie nicht unabsichtlich die Aufmerksamkeit von Triebtätern auf sich ziehen, die ihnen Schaden zufügen könnten! Lassen Sie Ihre Kinder an einigen harmlosen Äußerungen Ihres Liebeslebens teilhaben, ohne dabei exhibitionistisch oder verführerisch aufzutreten. Helfen Sie Ihren Kindern, ihre eigene Sexualität als etwas Natürliches und als einen wertvollen Teil ihrer selbst anzunehmen.

Drängen Sie Ihre Kinder nicht in sexuelles Verhalten, bevor sie reif und alt genug dafür sind! Halten Sie sie aber auch nicht von angemessenen natürlichen Äußerungen ihrer Sexualität zurück, wenn sie so weit sind! Vor allem, arbeiten Sie daran, daß Ihr eigenes Liebesleben schön, verantwortungsbewußt, privat und völlig ausfüllend ist, damit Sie Ihrem Kind nicht noch Ihre eigenen sexuellen Ängste, Probleme und Frustrationen aufhalsen. Wenn Ihre eigene Sexualität frustrierend, unbefriedigend oder unerfreulich ist, sollten Sie für sich die Hilfe von Fachleuten auf diesem Gebiet in Anspruch nehmen, und Sie werden damit dazu beitragen, daß Ihr Kind eine natürlichere Einstellung zur Sexualität entwickeln kann.

Kinder sind unberechenbar.
Man weiß nie, bei welcher Inkonsequenz
sie einen als nächstes erwischen.

Franklin P. Jones

Kapitel zehn

Auch wenn die Ehe scheitert –
die Familie besteht weiter

Der eigentliche Sinn dieses Buches ist es, bei den Problemen, denen sich jede Familie in der einen oder anderen Form früher oder später gegenübersieht, Hilfe und Rat anzubieten. Darüber hinaus gibt es eine Problemsituation, die nur einen Teil aller Eltern direkt betrifft, aber dennoch das Leben eines jeden in irgendeiner Weise berührt: das Auseinandergehen eines Paares. In der Bundesrepublik wird mittlerweile jede dritte Ehe geschieden, in Großstädten teilweise schon jede zweite. Jedes siebte bis achte Kind wächst mit nur einem Elternteil auf, meist mit der Mutter, und es ist absehbar, daß diese Zahl weiter ansteigt. Hauptursache für die sogenannte Ein-Eltern-Familie ist eine Scheidung.

Die meisten Kinder geschiedener Eltern sehen ihren Vater oder ihre Mutter, die das Sorgerecht nicht zugesprochen bekommen haben, nur am Wochenende oder in den Ferien. Einige wenige sehen den nichtsorgeberechtigten Elternteil vielleicht überhaupt nicht mehr, noch erhalten sie finanzielle Unterstützung von ihm.

Wenn ein Kind betroffen ist, ist eine Scheidung immer eine besonders traurige Angelegenheit. Für die Eltern bedeutet Scheidung oft Befreiung von einer Verpflichtung, die sie zu einem Zeitpunkt eingegangen sind, als sie eigentlich noch viel zu jung und unerfahren waren, um eine Entscheidung für ein ganzes Leben zu treffen. War die Beziehung zerstörerisch und einengend, kann die Scheidung ein Weg sein, ein neues Leben anzufangen und eine eigenständige Persönlichkeit zu entwickeln. Wenn Braut und Bräutigam bei der Eheschließung noch nicht richtig erwachsen waren, kann ihnen eine Scheidung die Möglichkeit bieten,

227

sich doch noch selbst zu verwirklichen und den Weg einzuschlagen, der ihren Wünschen und Vorstellungen am nächsten kommt.

Für Kinder bedeutet Scheidung dagegen, daß ihre kleine Welt nun nicht mehr vollständig ist. Fast alle Kinder betrachten ihre Eltern instinktiv als eine unauflösliche Einheit, die weder Scheidung noch Tod auflösen könnte. Zerbricht diese Einheit dennoch, widerspricht das der kindlichen Einstellung von der natürlichen Ordnung aller Dinge. Das Kind trägt seelischen Schaden davon. Vielleicht ist es nach der Scheidung in gewisser Weise durchaus ausgeglichener und ruhiger als vorher, weil der Druck und die Spannungen einer unglücklichen Ehe der Eltern von ihm genommen sind; aber es wird gleichzeitig immer unter dem Gefühl eines schweren Verlustes und der Verunsicherung durch die Veränderung in der Familie zu leiden haben. Dies soll nicht heißen, daß einem Kind mit der Scheidung unweigerlich unheilbarer Schaden zugefügt wird. Ein Kind, das durch ständige Auseinandersetzungen über alltäglichen Kleinkram und Grundsatzdiskussionen seelischer Belastung ausgesetzt ist, leidet weit mehr unter den gegebenen unerträglichen familiären Verhältnissen, als es unter einer gütlichen Scheidung leiden würde. Glückliche Eltern sind die beste Garantie für eine gesunde Entwicklung des Kindes. Wenn Eltern jetzt glücklich geschieden und vorher unglücklich verheiratet waren, dann ist die Scheidung das kleinere Übel von beiden.

Wenn ich mir vorstelle, daß ich allein über das Wohl der Menschheit zu entscheiden hätte, dürfte niemand heiraten und Kinder bekommen, der nicht mindestens 30 Jahre alt ist und dessen Persönlichkeitsentwicklung nicht vollständig abgeschlossen ist. Erst dann ist ein Mensch wirklich in der Lage, sich selbst richtig einzuschätzen; erst dann weiß er eigentlich, was er zum Glücklichsein und zur vollen Zufriedenheit braucht. Wenn das die Wirklichkeit wäre, gäbe es weit weniger Scheidungen und damit auch viel weniger Kinder, die unter einer auseinandergebrochenen Familie zu leiden haben.

In meinen Träumen kann ich mir allerdings nie ein Volk vorstellen, in dem die über 30jährigen Männer und Frauen bereit wären, ihr ausgefülltes, interessantes Leben aufzugeben, um sich für die nächsten zwanzig Jahre hinweg zu verpflichten, Kinder aufzuziehen, zumal die geschätzten Kosten, die ein einziges Kind bis zu seinem achtzehnten Geburtstag verursacht, mit mindestens

120.000 DM beziffert werden (bei mindestens 18,00 DM pro Tag, wie der Deutsche Familienverband 1989 berechnet hat). Natürlich wären da immer noch viele, die gerne mit Kindern zusammenleben, die ihnen gerne bei ihrer Entwicklung helfen möchten. Aber viele andere würden doch davor zurückschrecken, ihre völlige Unabhängigkeit aufzugeben, um eine Familie zu gründen.

Wenn Menschen Kinder zu einem Zeitpunkt in die Welt setzen, zu dem sie eigentlich selbst noch nicht alt und erfahren genug sind, um absehen zu können, welche enorme Verantwortung man damit übernimmt, so ist das vielleicht damit vergleichbar, daß man sich als Freiwilliger in einen Krieg meldet, den man nur aus dem Fernsehen und aus Kinofilmen kennt. Wahrscheinlich verdanken wir alle unsere Existenz nur dem blinden Gottvertrauen, mit dem sich junge Leute immer wieder in die anspruchsvollste und schwierigste Situation ihres Lebens hineinmanövrieren.

Trotz meiner utopischen Träume, in dem jedes Baby von ganzem Herzen gewollt ist, in der alle Eltern erfahrene und erfüllte Eltern sind, in der jede Ehe eine Ehe ist, die beide Partner sich wünschen, aber nicht brauchen, werden wir uns wohl oder übel mit dem gegebenen System abfinden müssen. Männer und Frauen werden sich weiterhin ineinander verlieben, sie werden heiraten, und dann wird manchmal die Liebe eines schönen Tages abkühlen, und sie werden sich wieder scheiden lassen. Wenn dann schon Kinder da sind, zahlen diese von allen den höchsten Preis.

Was Scheidung für ein Kind bedeutet

Wenn ein Kind bei der Scheidung jünger als vier Jahre alt ist, wird es weniger Schaden nehmen, als wenn es älter ist und bereits ein Bewußtsein für soziale Normen entwickelt hat. Bis zu seinem vierten Lebensjahr nimmt es in seiner Ichbezogenheit das Kommen und Gehen von Menschen, die wichtig für es sind, hin, sei es mit Freude oder sei es mit Schmerzen. Aber sein Kummer wird nicht größer dadurch, daß es sich Gedanken darüber macht, warum es plötzlich nur noch einen Elternteil hat, während die meisten anderen Kinder Vater und Mutter haben.

Die größte Sorge eines jüngeren Kindes geschiedener Eltern besteht darin, daß sein Leben und seine tägliche Routine möglichst unverändert bleiben. Wenn bei dem einen Elternteil geregelte Zeiten für Essen und Zubettgehen eingehalten werden müssen, während das Kind dann am Wochenende bei dem anderen tun und lassen darf, was es gerade möchte, führt das bei den meisten Kindern zu Unlust und Quengelei.

Wenn das geschieht, hat sich der Elternteil mit dem Sorgerecht gewöhnlich einige Tage mit einem quengeligen Kind abzumühen, bis es zu seinem gewohnten Tagesablauf und damit zu einem Gefühl von Sicherheit zurückgefunden hat. Manchmal führen Rache- und Haßgefühle dazu, daß der Wochenendvater oder die Wochenendmutter bewußt das Gleichgewicht im Heim des ehemaligen Partners in der kindischen Überzeugung zu stören versucht, diesen damit bestrafen zu können. Tatsächlich wird aber das gemeinsame Kind bestraft, es ist der eigentliche Leidtragende.

Ältere Kinder haben ein ausgeprägtes Bewußtsein für das Unglück, das die Scheidung ihrer Eltern für sie bedeutet. Sie können zwar oft nichts mit dem Wort „Scheidung" anfangen; aber sie wissen, daß es ein Unglück für ihre Familie bedeutet. Man muß Kindern die Sicherheit geben, daß sich die Eltern zwar voneinander trennen, daß sie sich jedoch nicht von ihren Kindern trennen und daß Scheidung nicht bedeutet, daß sie jetzt einen „neuen Vati" oder eine „neue Mutti" bekommen.

Noch einige Zeit nach der Scheidung ihrer Eltern haben Kinder mit Gefühlen der Angst, Wut oder Schuld zu kämpfen, und es ist wichtig, daß sie ihre Gefühle ausleben können. Vielleicht sind sie wütend auf ihre Mutter, weil sie den Vater dazu gebracht oder aber ihm erlaubt hat, von ihr fortzugehen. Vielleicht sind sie wütend auf den Vater, weil er die Mutter verlassen hat. Vielleicht fühlen sie sich selbst verantwortlich für die Scheidung, weil sie der Meinung sind, ihr schlechtes Benehmen habe dazu geführt. Vielleicht glauben die Kinder aber auch, daß sie den einen Elternteil nie wiedersehen werden.

Sobald Eltern einen endgültigen Beschluß über ihre Scheidung gefaßt haben, ist es das beste, wenn sie sich mit ihren Kindern zusammensetzen und darüber so sachlich, ruhig und vernünftig sprechen wie möglich. Sie sollten sich vor den Kindern nicht gegenseitig die Schuld zuweisen und keine „schmutzige Wäsche waschen". Sie sollten den Kindern versichern, daß sich an ihrer Liebe zu ihnen nichts ändern wird, und dann auch die Besuchsregelung zwischen den Kindern und dem Elternteil, der auszieht, gleich vereinbaren.

Es kann hilfreich sein, daß die Kinder die neue Wohnung des Vaters oder der Mutter schon besichtigen können, bevor er oder sie tatsächlich ausgezogen ist. Es ist besonders wichtig, daß in der neuen Wohnung gleich eine Ecke oder ein Zimmer für die Kinder eingeplant wird. Wenn die Kinder wissen, daß sie ein eigenes Bett und eigene Möbel, ein eigenes Zimmer haben, dann hilft ihnen das, sich in der Beziehung zu dem weggehenden Elternteil auch noch nach der Scheidung sicher zu fühlen.

Wenn es machbar ist, sollten ein paar Dinge wie Spielzeug und Kleidung doppelt in beiden Haushalten vorhanden sein, damit zu den Besuchen im Heim des anderen Elternteils nicht groß Koffer gepackt werden müssen, als ob man zu Fremden verreisen würde. Seine eigene Zahnbürste, seinen eigenen Schlafanzug und sein eigenes Fahrrad in beiden Wohnungen vorzufinden garantiert dem Kind eine gewisse Sicherheit und damit die nötige Beständigkeit, die es in seiner kleinen Welt braucht.

Wenn es auch beinahe undenkbar ist, wäre die beste Möglichkeit natürlich, daß das Kind immer in seinem alten Zuhause bleiben könnte und die Eltern einfach ein- und ausziehen, das heißt also abwechselnd bei dem Kind wohnten. Auf diese Weise bliebe die Welt des Kindes unverändert, es bliebe in der gleichen Umgebung, bei den gleichen Freunden, und nur die elterliche Bezugsperson würde sich von Zeit zu Zeit einmal ändern.

Manchmal halten Eltern eine solche Konstruktion sogar über eine gewisse Zeit durch; aber es kann nur eine vorübergehende Lösung sein, weil sie letztendlich doch irgendwann wieder den Wunsch und/oder das Bedürfnis nach einer eigenen richtigen Wohnung haben. Wenn aber beide Eltern ihren Wohnsitz in den gleichen Schulbezirk oder in etwa die gleiche Nachbarschaft legen können, dann kann das Kind Vater oder Mutter nach Lust und Laune besuchen, mal einfach so bei dem nichtsorgeberechtigten Elternteil übernachten oder essen, ohne daß dies seine tägliche Routine zu sehr durcheinanderbringt.

Nicht selten kommt es vor, daß der Elternteil ohne Sorgerecht fast Vorstellungen von Verfolgungswahn entwickelt und die wüstesten Verdächtigungen ausspricht, wenn er von dem anderen gebeten wird, das Kind einen Abend lang oder über Nacht außerhalb der vereinbarten Besuchzeiten zu sich zu nehmen. Dann kann man mit dem Brustton der Überzeugung hören: „Ich bin doch nicht dein Babysitter!" Ein solcher Elternteil scheint völlig außer acht zu lassen, daß das Kind ursprünglich einmal eine gemeinsame „Verpflichtung" war.

Eine derartige Begründung ist allein deswegen lächerlich, weil ja der sorgeberechtigte und -verpflichtete Elternteil eigentlich ununterbrochen für den anderen der „Babysitter" ist. Leider ist ein solches Verhalten bei geschiedenen Eltern durchaus nicht selten. Sie führen ihre unglückliche Beziehung dann als Geschiedene weiter und suchen sich ständig einen neuen Punkt zum Streiten. Vielleicht zählt derjenige, der das Sorgerecht hat, genau die Sekunden, die ein Kind über die gerichtlich festgelegte Zeit hinaus mit dem anderen zusammen ist. Vielleicht zögert dieser die Unterhaltsleistungen so lange hinaus, daß sich der andere finanziellen Schwierigkeiten gegenübersieht und sich darüber ärgert. Möglicherweise werden Unterhaltszahlungen auch ganz zurückgehalten, um eine direkte Auseinandersetzung aus dem unterbewußten Wunsch heraus zu erzwingen, die Beziehung zu dem anderen unter allen Umständen aufrechtzuerhalten. Manche Eltern setzen ihre Kinder als Waffen ein, um den in der Ehe begonnenen Kampf nach der Scheidung fortzusetzen. Dabei halten sie eine kranke und schmerzliche Beziehung aufrecht und zerstören gleichzeitig das seelische Gleichgewicht ihrer Kinder, die gewöhnlich gezwungen sind, Partie für eine der beiden Seiten zu ergreifen.

Wie auch immer, wenn die Eltern nun ihre Beziehung nach der Scheidung durch ewigen Streit über die Besuchszeiten oder über die Unterhaltsverpflichtungen aufrechterhalten wollen, ist dieses Verhalten auf jeden Fall kindisch und unangebracht. Es gibt den Kindern außerdem das denkbar schlechteste Beispiel. Es ist für ein Kind schon schlimm genug, wenn sich die Eltern scheiden lassen; aber es wird noch schlimmer, wenn sie die Scheidung genauso schlecht handhaben wie ihre Ehe.

Wenn Sie feststellen, daß Ihre Ehe hoffnugnslos gescheitert ist, dann bringen Sie doch wenigstens Ihre Scheidung sauber und mit Anstand hinter sich, frei von schmutzigen Intrigen und Auseinandersetzungen, in die die Kinder immer wieder hineingezogen werden. Teilen Sie sich wenigstens die gemeinsame Verantwortung für Ihre Kinder, auch wenn Sie darüber hinaus nichts anderes mehr teilen wollen oder können. Vergessen Sie dabei niemals, daß niemand von Ihnen das Kind „bekommt", gleichgültig, wem von Ihnen das Sorgerecht zugesprochen worden ist. Kinder gehören nur sich selbst! Sie sind keine Haustiere, über deren Besitz man sich streiten kann!

Dem neuen Leben ins Auge sehen

Wenn Sie sich zu einer Scheidung entschließen, bedenken Sie, daß Ihr Kind nun sowohl Ihr Leben als auch das Ihres früheren Ehegatten in sein eigenes Leben integrieren muß. Während Sie vielleicht den Wunsch verspüren, den ehemaligen Partner ganz aus Ihrem Leben auszuschließen, kann Ihr Kind dies nicht. Das Kind muß für sich selbst bleiben, was es ist: ein Kind mit Vater und Mutter. Es ist sehr wichtig, daß Sie ihm die Möglichkeit geben, beide Welten irgendwie in Einklang zu bringen.

Das Kind löst diese Aufgabe, die durch die Scheidung verursachten zwei Welten einander anzupassen und zu integrieren, indem es dem einen Elternteil über die Welt des anderen erzählt. Als einer geschiedenen Mutter wird Ihnen Ihr Kind vielleicht von der neuen Wohnung des Vaters berichten, wie schick dort alles sei, wie groß der funkelnagelneue Farbfernseher sei, was für ein schöner Swimmingpool zu der Wohnung gehöre, an dem sich immer hübsche junge Mädchen in der Sonne räkelten, und daß sich Papi gerade einen neuen knallroten Porsche gekauft habe.

Wenn Sie merken, daß Ihr Blutdruck steigt – während Sie in Ihrem fünf Jahre alten Kombi mit den abgefahrenen Reifen nach Hause fahren, wo der Fernseher mit der ausgebrannten Röhre darauf wartet, daß Sie endlich das Geld zusammengekratzt haben, um ihn reparieren zu lassen –, halten Sie Ihre Gefühle im Zaum! Was Sie nämlich nicht wissen, ist, daß Ihr Kind seinem Vater erzählt hat, daß Sie einen neuen schwerreichen Freund hätten, daß Sie öfter mit einem Mann zum Abendessen ausgehen würden, der einen riesigen goldenen Ring trage und Ihnen immer ei-

233

nen großen Rosenstrauß mitbringe. Vielleicht hat es seinem Vater auch erzählt, daß es neuerdings bei Ihnen nur noch Dosensuppen zum Abendessen gebe, weil Sie so beschäftigt seien, neue Diskotänze zu lernen, daß Sie zum Kochen keine Zeit mehr fänden.

All diese Dinge mögen durchaus einen gewissen Wahrheitsgehalt haben oder aber auch nur der Phantasie Ihres Kindes entspringen; gemeinsam ist ihnen in jedem Fall die Absicht, die hinter diesen Äußerungen steht. Dabei gibt es zwei Möglichkeiten: Entweder versucht Ihr Kind, Ihre Beziehung zu Ihrem Exmann bewußt oder unbewußt aufrechtzuerhalten und Ihr früheres Verhalten, das es am besten kennt – nämlich Wut und Verärgerung –, lebendig zu erhalten, oder aber es versucht lediglich, den anderen Elternteil für sich selbst gegenwärtig erscheinen zu lassen, um sich damit das Gefühl einer intakten Familie zu bewahren.

Denken Sie daran, daß seine Interpretation seiner eigenen Aussagen durchaus wesentlich von der Ihrigen abweicht. Vielleicht will das Kind Vater und Mutter zu verstehen geben: „Hört mal zu. Auch wenn ihr nicht mehr zusammen wohnen wollt, auch wenn ihr nicht mehr glücklich miteinander seid, ich weiß doch, daß ihr euch trotzdem noch ein bißchen lieb habt und daß ihr euch Sorgen umeinander macht. Ich bin jetzt euer Bote und erzähle euch, wie gut es dem anderen geht, damit ihr euch keine Gedanken zu machen braucht. Mami, dir erzähl' ich nicht, wie traurig Vati aussieht, damit du dich nicht schuldig fühlst. Und ich erzähle dir auch nicht, wie traurig ich immer werde, wenn ich das Foto von uns dreien in seinem Schlafzimmer sehe. Statt dessen erzähle ich dir all die Sachen, von denen ich glaube, daß sie dich aufmuntern, natürlich übertreibe ich bei dem Fernseher ein wenig. Auch sonst beschreibe ich alles ein wenig toller, als es eigentlich ist, damit du dich nicht so viel um Vati sorgst."

Zu seinem Vati sagt es dann vielleicht indirekt: „Mach dir keine Gedanken um Mutti! Sie versucht, sich ein neues Leben aufzubauen, und sie macht das schon sehr gut. Sie ist oft traurig und hat Schwierigkeiten mit dem Geld; aber sie tut, was sie nur irgendwie kann. Ich bin so stolz darauf, wie hübsch sie ist, und ich möchte, daß du weißt, daß auch andere sie sehr hübsch finden."

Andererseits erzählt Ihnen Ihr Kind vielleicht aber auch von den Wochenenden bei seinem Vater, daß er die ganze Zeit nur vor dem Fernseher hocken und ein Bier nach dem anderen trinken würde. Dem Vater erzählt es dann möglicherweise, daß es sich sein Abendessen selbst aufwärmen und dann vor dem Fernsehen essen müsse, weil Sie nie zu Hause seien. Damit will es vielleicht sagen: „Ich schaffe es schon noch, euch wieder zusammenzubringen. Wenn ich euch nur so wütend aufeinander mache, daß ihr euch meinetwegen Sorgen macht und euch streitet, dann verliebt ihr euch wieder."

Bewahren Sie also Ihr lachendes Gesicht und beißen Sie sich auf die Lippen, wenn Ihr Kind demnächst wieder einmal beschreibt, wie gut es doch der Vater getroffen habe oder aber auch wie sehr es sich von ihm vernachlässigt fühle. Versuchen Sie den Gesprächsfaden mit dem anderen Elternteil nicht abreißen zu lassen, damit Sie mit ihm, wenn nötig, besprechen können, was Sie als ganz besonders belastend empfinden. Behalten Sie aber immer Ihre gute Laune. Wenn Ihr Exmann nicht gerade hoffnungslos unverantwortlich oder überhaupt ein mieser Charakter ist, wird es Ihrem Kind auch in seinem Haushalt mit gewisser Sicherheit gutgehen.

Wenn dann plötzlich Stiefeltern auf der Bildfläche auftauchen, bedeutet das für das Kind, daß es nun wieder eine oder zwei neue Personen irgendwie in seiner kleinen Welt unterbringen muß. Bedenken Sie dies, wenn es auf einmal anfängt, die Fähigkeiten und Vorzüge einer Stiefmutter oder eines Stiefvaters aufzuzeigen, die Sie wahrscheinlich gerade nicht haben. Es tut dies nicht etwa, um Sie eifersüchtig zu machen oder weil es sich Ihnen gegenüber nicht mehr loyal verhält. Es tut dies, weil es mit Ihnen die neue Situation, nämlich einen neuen Stiefvater oder eine neue Stiefmutter zu haben, teilen möchte. Es versucht, sich darüber erfreut zu zeigen, selbst wenn das nicht der Wahrheit entspricht. Es versucht auch, sich auf seine eigene Art mit der Tatsache anzufreunden, daß Stiefeltern immer den definitiven Abschluß einer Scheidung darstellen. Auf kindliche Weise versucht es, seine Enttäuschung herunterzuschlucken und das Beste daraus zu machen.

Es erwartet von Ihnen, daß Sie sich über die Entwicklung der Dinge freuen; denn es versteht die irrationalen Eifersüchteleien und Unsicherheiten der Erwachsenenwelt noch nicht. Deshalb wird es auch beleidigt und verwirrt reagieren, wenn Sie sich nicht erfreut darüber zeigen, daß es Ihnen die Vorzüge des Stiefvaters oder der Stiefmutter so ausgiebig anpreist.

Wenn Ihre Kochkünste sich darin erschöpfen, eine Dose richtig aufmachen zu können, wird Ihnen Ihr Kind vielleicht von den phantastischen Menüs berichten, die sein Stiefvater zu zaubern versteht. Wenn Sie vielleicht mit Mühe ein Regal zusammentischlern können, bekommen Sie wahrscheinlich zu hören, welches architektonische Meisterwerk von Gartenlaube der Stiefvater in den Garten gebaut hat. Sind Sie eher ein Heimchen am Herd und schätzen einen gemütlichen und geruhsamen Abend mit einem Buch vor dem Kamin, dann erzählt es Ihnen vielleicht, was für eine Partylöwin seine Stiefmutter ist und wie unglaublich elegant sie jedesmal aussieht, wenn sie loszieht, um die Stadt auf den Kopf zu stellen.

Schlucken Sie diese bewundernden Aussagen mit Würde und Humor! Sie dienen nur der Integration des neuen „Familienmitgliedes". Schnauzen Sie Ihr Kind auf keinen Fall an: „Das interessiert mich nicht!" Es wird eine solche Reaktion nicht verstehen können, und Sie würden es dazu zwingen, seine Welt in verschiedene Bereiche zu unterteilen, was ihm sehr weh tun würde. Versuchen Sie so erwachsen zu sein, daß Sie sich die Tugenden eines anderen ohne Abneigung oder Eifersucht geduldig anhören können, selbst wenn Sie der Meinung sind, daß diese Person Ihre Ehe zerstört hat. Trösten Sie sich zumindest damit, daß Ihr Kind seine neue Stiefmutter oder seinen Stiefvater mag.

Es scheint zwar so, als ob die Zahl der Väter, denen das Sorgerecht für ihre Kinder zugesprochen wird, wie zum Beispiel in dem Film „Kramer gegen Kramer" zunimmt. Tatsache ist aber, daß sich der Anteil der alleinerziehenden Väter verändert hat.

Da Männer im allgemeinen über einen größeren finanziellen Freiraum verfügen, können sie ihren Kindern auch größeren materiellen Wohlstand bieten. Gleichzeitig verfügen sie natürlich auch über die gleichen Voraussetzungen wie Frauen, um Kindern Fürsorge, Liebe und Aufmerksamkeit geben zu können. Die Entscheidung, welchem Elternteil das Sorgerecht zugesprochen werden sollte, sollte auch davon abhängig gemacht werden, wer sich den flexibleren Lebensstil erlauben kann, wer am besten Beruf und Kinder in Einklang bringen kann. Der Anteil der Väter, denen das Sorgerecht für die Kinder übertragen wird, wird wahrscheinlich in Zukunft steigen, wenn mehr und mehr Frauen den Männern die Fähigkeit zuerkennen, die Elternrolle allein übernehmen zu können.

Wie man mit neuen Beziehungen umgehen sollte

Ganz egal, welchem Elternteil das Sorgerecht zugesprochen wurde, es taucht irgendwann unweigerlich das Problem einer neuen Liebe auf und damit die Frage, wie man damit als alleinerziehender Elternteil umgehen sollte. Eltern können ein neues Leben anfangen, sich ein neues Heim schaffen und ganz allgemein einen neuen Anfang machen; aber eines können sie nicht: zur „jungfräulichen Enthaltsamkeit" zurückkehren.

Sexueller Verkehr mit jemandem, den man mag und respektiert, ist für sexuell reife und erfahrene Menschen eine Notwendigkeit. Das Verlangen läßt auch nach der Scheidung nicht nach; aber nun taucht die Frage auf, wie man ihm nachgeben kann, ohne den Kindern weiteren Schaden zuzufügen. Dieses Problem erfordert ebensoviel Feingefühl wie das Einradfahren auf einem Hochseil über den Niagarafällen.

Die meisten erfahrenen Erwachsenen – selbst die, die nach ihrer Scheidung häufig Affären haben, die nur eine Nacht dauern – empfinden ihr Sexualleben am befriedigendsten und schönsten, wenn es auf eine und dabei wohlgemerkt nicht auf irgendeine Person beschränkt ist. Sexueller Verkehr ist damit nur ein Teil eines übergeordneten Konzepts von Zuneigung, Partnerschaft und emotionalem Beistand.

Das Problem, eine alleinerziehende Mutter oder ein alleinerziehender Vater zu sein, wird also noch begleitet von einem Verlangen nach Partnerschaft, Zuneigung, emotionalem Beistand und sexuellem Verkehr. Da die Geschiedenen ja gerade erst Erfahrungen gesammelt haben, was es heißt, den Bund der Ehe in Liebe einzugehen und dann in Schmerzen wieder aufzulösen, werden sie sich hüten, vorschnell eine neue Ehe einzugehen. Sie werden es sich wohl überlegen und eine angemessene Zeit verstreichen lassen. Weiter haben Geschiedene auch ein ausgeprägtes Bewußtsein dafür, daß Liebe etwas Vergängliches ist, daß sie genauso schnell und vollständig wieder gehen kann, wie sie gekommen ist. Sie trauen sich und ihren Gefühlen nicht mehr und können daher ein Versprechen, einen anderen bis in alle Ewigkeit zu lieben, nicht mehr über die Lippen bringen.

Wie sollen sich Geschiedene in diesen prekären Situationen verhalten? Lassen sie den Partner bei sich einziehen? Lassen sie ihn nur gelegentlich bei sich übernachten? Halten sie ihre Beziehungen völlig von zu Hause fern und treffen sich immer nur bei dem anderen? Was ist, wenn dieser selbst Kinder hat? Verlegen sie ihr Liebesleben völlig in Hotelzimmer? Verhalten Sie sich vielleicht völlig anachronistisch, indem sie sich wie Teenager auf dem Wohnzimmersofa Zärtlichkeiten und Petting hingeben, um den Partner dann später nach Hause zu schicken? Wagen sie trotz ihrer schlechten Erfahrungen eine neue Ehe und hoffen einfach darauf, daß es schon gut gehen wird?

Die Antworten auf all diese Fragen hängen nicht zuletzt vom Alter Ihres Kindes ab, aber auch davon, wie lange Sie schon geschieden sind, und von dem sozialen Umfeld, in dem Sie leben. Wenn Ihr Kind jünger als zwei Jahre ist und Ihren Partner schon längere Zeit kennt, wird es seine Anwesenheit beim Frühstück wahrscheinlich ohne Probleme akzeptieren, insbesondere wenn er lieb und fürsorglich mit dem Kind umgeht.

Wenn Ihr Kind zwischen zwei und sechs Jahren alt ist und Sie zudem erst unlängst geschieden wurden und das Kind den neuen Partner kaum kennt, dann ist anzuraten, daß Sie Ihre Schlafzimmergeschichten so diskret und kurz wie möglich halten. Kinder in diesem Alter lehnen in den meisten Fällen jeden ab, der nicht zur Familie gehört und plötzlich am Frühstückstisch auftaucht oder gar morgens zusammen mit Mami im Bett liegt. Wenn Ihr Partner sich weigert, im Interesse des seelischen Gleichgewichtes Ihres Kindes um zwei Uhr nachts den Heimweg anzutreten, dann haben Sie immerhin etwas über seine geistige Reife gelernt und können sich eine Frage über eine mögliche Zukunft mit ihm selbst beantworten.

Wenn Kinder älter als sechs Jahre sind, haben sie normalerweise ein Gespür dafür, daß jemand bei Mami im Bett liegt, selbst wenn sie ihn gar nicht sehen können. Sie sind verängstigt und verspüren eine enorme Ablehnung. Sie wissen nicht genau, was da eigentlich vor sich geht; aber sie wissen, daß sie es nicht mö-

238

gen. Sie zeigen eine gewisse Abneigung, so, als ob die Mutter dem Vater untreu sei, und neigen dazu, Verhaltensstörungen als äußeres Zeichen ihres Unbehagens zu entwickeln.

Zieht der neue Freund der Mutter gar in das Zuhause der Familie ein, reagieren die meisten Kinder mit Unsicherheit und Ablehnung. Jungen kämpfen mit dem Partner der Mutter darum, wer bei ihr die wichtigere Rolle spielt. Mädchen dagegen entwickeln ein Konkurrenzverhalten gegenüber der Mutter und probieren dann schließlich sogar frühreife Verführungsmethoden an dem neuen „Familienmitglied" aus. Aus einem unbewußten Wunsch heraus versuchen sie, ihre Mutter dafür zu bestrafen, daß sie jemand anderen als ihren Vater in ihr Heim und in ihr Privatleben aufgenommen hat. Sie ahmen in Gestik und Zärtlichkeiten gegenüber dem Partner ihre Mutter nach und sorgen damit für ein Gefühl des Unbehagens sowohl bei der Mutter als auch bei dem Partner. Wenn der Partner noch recht unreif ist, kann es in einigen Fällen zu inzestartigen Verhältnissen kommen, in denen das Kind sicherlich schweren Schaden nimmt. Auch wenn es nicht so weit kommt, genügt die Situation an sich, um Störungen der sozialen und auch sexuellen Entwicklung des Kindes herbeizuführen.

All diese negativen Ausführungen bezüglich des Sexuallebens alleinerziehender Väter und Mütter mögen bei Ihnen den Eindruck erweckt haben, ich möchte ein neues Viktorianisches Zeitalter heraufbeschwören. Tatsache ist jedoch, daß ich der Meinung bin, daß Ihr Sexualleben ganz allein Ihre Sache ist. Wenn Sie davon überzeugt sind, daß Sex nur in die Ehe gehöre, dann wäre es ein großer Fehler, wenn Sie sich entgegen Ihren eigenen Prinzipien in außereheliche Affären stürzten. Wenn Sie allerdings meinen, Sex mit einem Partner, dem Sie Zuneigung und Respekt entgegenbringen, also verantwortungsbewußter Sex, sei zulässig – oder gar wünschenswert –, dann sollten Sie getrost danach leben.

Das Schlüsselwort ist „verantwortungsbewußt". Teil eines verantwortungsbewußten Geschlechtsverkehrs sind immer Rücksichtnahme auf den Partner und seinen Ruf, gemeinsame Verhütungsmaßnahmen sowie größtmögliche Diskretion, damit sich niemand davon in irgendeiner Weise betroffen fühlen muß. Für eine alleinerziehende Mutter ist es unmöglich, den Freund bei sich übernachten zu lassen und darüber Diskretion zu wahren, es sei denn, die Kinder verbringen die Nacht außer Haus bei dem leiblichen Vater oder bei Freunden. Da Ihr Heim nicht Ihnen allein, sondern der ganzen Familie gehört, wäre ein solches Verhalten gleichbedeutend mit einem Eindringen in das Privatleben Ihrer Kinder und nicht einfach nur ein Eindringen in Ihr Schlafzimmer. Es mag unschön und frustrierend sein, aber im Interesse Ihres Kindes sollten Sie Ihre Affären von zu Hause fernhalten, insbesondere, wenn das Kind älter als zwei Jahre ist.

Ganz sicher gibt es noch mehr Gründe für zwei Menschen, eine ausfüllende monogame Beziehung zueinander zu pflegen, die aus rein praktischen Erwägungen in der Form der Ehe bestehen könnte. Vielleicht entscheiden sich diese Menschen aber aus vielerlei persönlichen Gründen dennoch, dem Gesetz nach unverheiratet zu bleiben. In diesem Fall, wenn die Beziehung schon über längere Zeit hinweg besteht, die Scheidung auch schon mehrere Jahre zurückliegt und Ihr Kind alt genug ist, um Anteil an einer Entscheidung über Ihr Zusammenleben mit Ihrem Partner haben zu können, besteht kein Grund anzunehmen, daß das Kind in irgendeiner Weise durch diese Lösung Schaden davontragen wird.

Das Oberste Gericht im amerikanischen Bundesstaat Illinois hat allerdings vor gar nicht allzu langer Zeit entschieden, daß ein solches Zusammenleben ohne Trauschein zum Verlust des Sorgerechts führen kann. Offensichtlich ist dies ein Versuch, wieder eine strengere Gesetzgebung gegen den außerehelichen Geschlechtsverkehr in den Vereinigten Staaten durchzusetzen und den Wert der Familie zu unterstreichen. Dem Gerichtsurteil zum Trotz gibt es viele Dinge, die für ein Kind weitaus schlimmer sind als das eheähnliche Zusammenleben seiner Mutter mit deren Freund. Der Zeitpunkt und die genauen Umstände dieser Beziehung sind von weit größerer Bedeutung als deren Legalität.

Wenn Vater oder Mutter bereits kurz nach der Scheidung wieder eine neue Beziehung eingehen, ist das für die Kinder ein großer Schock. Kinder brauchen Zeit, um sich mit einer Scheidung abzufinden und sich an die sich daraus ergebenden Veränderungen zu gewöhnen, bevor sie einen neuen Menschen in ihr Leben einbeziehen können. Im allgemeinen brauchen Kinder etwa ein Jahr, um mit der Scheidung der Eltern fertig zu werden. Sie brauchen auch Zeit, um sich mit anderen wesentlichen Veränderungen anzufreunden, zum Beispiel mit einem einschneidenden Umzug, mit einem Schulwechsel oder mit ähnlichen Faktoren. Da eine Scheidung meist alle Veränderungen auf einmal aufwirft, muß einem Kind einfach die nötige Zeit eingeräumt werden, dies alles zu verkraften, bevor eine weitere wichtige Veränderung eingeführt wird. Es ist durchaus nichts Ungewöhnliches, wenn ein Kind im schulpflichtigen Alter die lange Zeit von zwei Jahren braucht, bis es zu seinem seelischen Gleichgewicht, wie es vor der Scheidung der Eltern bestand, zurückgefunden hat.

Kinder haben normalerweise nichts dagegen, wenn der Vater oder die Mutter nach der Scheidung gelegentlich ein Rendezvous mit einer neuen Freundin oder einem neuen Freund vereinbaren. Vielleicht reagieren sie sogar freudig erregt und helfen der Mutter, zum Beispiel bei der Auswahl des passenden Kleides. Wenn der neue Mann dann eingetroffen ist, um Sie abzuholen, gibt es auf der Treppe dieses peinliche Flüstern: „Der ist aber nett, warum heiratest du ihn nicht?" Es stört die Kinder auch nicht, wenn Sie einmal mit ihm über das Wochenende verreisen, solange jemand bei ihnen bleibt, den sie mögen, und solange Sie Ihnen hinterher genau erzählen, was Sie alles bei Ihrem Ausflug erlebt haben.

Kinder wehren sich jedoch gegen eine plötzliche Änderung Ihrer Zugehörigkeit oder gegen eine plötzliche Konzentration Ihrer Aufmerksamkeit auf jemand anderen, wenn sie selbst eigentlich ganz besonders ihre Aufmerksamkeit brauchten. Hier, wie auf allen anderen Gebieten auch, müssen Sie sich erwachsener zeigen als Ihre Kinder. Sie müssen einen Weg suchen, wie Sie Ihr Bedürfnis nach sexueller Befriedigung erfüllen können, ohne Ihren Kindern damit Kummer und Probleme zu bereiten.

Sie und Ihre Kinder sind noch immer eine Familie

Wenn Sie geschieden sind und noch keine neue Beziehung gefunden haben, machen Sie bloß nicht den Fehler, den Kopf hängen zu lassen und sich ganz dem Stumpfsinn und der Langeweile zu weihen, während Sie auf eine neue Beziehung warten. Damit zeigen Sie Ihrem Kind, daß Sie nur existieren, wenn Sie einen Partner haben. Werden Sie statt dessen aktiv, und tun Sie all die Dinge, die Sie schon immer mal tun wollten! Lernen Sie all das, was Sie schon immer lernen wollten. Arbeiten Sie ehrenamtlich bei irgendwelchen Gemeindeprojekten mit, von denen Sie überzeugt sind. Gehen Sie mit Ihrem Kind Rollschuh oder Schlittschuh laufen. Gehen Sie mit ihm in den Park, um bei herrlichem Sonnenschein Frisbee zu werfen. Kaufen Sie sich Sprachkurse auf Kassette, und lernen Sie mit Ihrem Kind, wie man „Bitte ein Glas Wasser" in drei Sprachen sagt.

Beginnen Sie jetzt um Gottes willen kein Leben wie auf dem Campingplatz. Stellen Sie Ihrem Kind nicht einfach einen Teller zum Essen hin, während Sie sich wieder ans Telefon im Wohnzimmer hängen und Ihr Kind allein essen lassen. Machen Sie aus den Mahlzeiten für Sie beide etwas Angenehmes und Besonderes. Essen Sie bei Kerzenschein zu Abend, gießen Sie Ihrem Kind Apfelsaft in ein Weinglas, damit es so aussieht wie Ihres, und legen Sie sanfte Hintergrundmusik auf. Genießen Sie eine nette Unterhaltung mit ihm. Nur weil Sie geschieden sind, heißt das noch lange nicht, daß Sie jetzt Ihre Zugehörigkeit zur Zivilisation eingebüßt haben!

Führen Sie Ihr Leben so weiter, wie Sie es getan hätten, wenn Sie noch verheiratet wären. Tun Sie all das, was Sie schon immer gern getan haben: Besuchen Sie Kunstausstellungen, gehen Sie in den Zoo, ins Theater, ins Kino, in die Kirche, zu Elternbeiratssitzungen. Laden Sie Freunde ein oder unternehmen Sie gemeinsam mit ihnen etwas. Aus dem, was Sie aus Ihrem Leben machen, wird Ihr Kind lernen, daß das Leben weitergeht und daß das Glücklichsein an einem selbst liegt und nicht an eine bestimmte Person gebunden ist. Indem Sie ihm ein gutes Beispiel sind und Ihr Glück in Ihre eigenen Hände nehmen, geben Sie Ihrem Kind eine wichtige Erkenntnis mit auf seinen Lebensweg.

Wenn Ihr Kind dann erst älter ist, macht es mit Sicherheit eigene Erfahrungen mit Enttäuschungen, Liebeskummer, mit dem Verlust ihm nahestehender Menschen und mit anderen ähnlich schmerzlichen Situationen. Mit einer guten Grundlage, wie man sich an schweren Tagen verhalten sollte, hat es dann die besten Voraussetzungen mitbekommen, sich erst einmal richtig auszuheulen und sich dann sofort wieder aufzuraffen, um sein Leben in dem Wissen weiterzuführen, daß das neue Glück schon hinter der nächsten Ecke wartet.

Wenn Sie Ihr Leben nach der Scheidung wieder neu beginnen müssen, bedeutet das auch für Sie selbst eine eigene positive Lernerfahrung. Wenn Sie niemals auf Ihren eigenen Füßen stehen mußten und auch in Zeiten der Not nicht auf sich selbst gestellt waren, werden Sie mit Überraschung und Freude feststellen, welche Kraft und welche Fähigkeiten in Ihnen schlummern. Wenn Sie die Scheidung und deren Folgen als einen Lernprozeß betrachten können, werden Sie in Ihre nächste Beziehung einen stärkeren Charakter und eine gefestigte Persönlichkeit einbringen können, was sich mit Sicherheit positiv auswirken wird.

Vielleicht heiraten Sie ein zweites Mal. Vielleicht ziehen Sie es aber auch vor, ledig zu bleiben. Immerhin nimmt die Zahl der Alleinerziehenden stetig zu, so daß die Ein-Eltern-Familie mittlerweile als neue Form des Zusammenlebens mit Kindern anzusehen ist.

Auch wenn Alleinerziehende Probleme haben, die Elternpaare nicht kennen oder als nicht so schwerwiegend erleben, wie die Suche nach einem Betreuungsplatz für das Kind, die Frage der Vereinbarkeit von Kindererziehung und Berufstätigkeit, ein meist geringeres Einkommen, größere Isolation, läßt sich feststellen, daß Ein-Eltern-Familien meist mit den Anforderungen des Familienalltags genauso gut oder schlecht zurechtkommen wie traditionelle Familien. Für was auch immer Sie sich entscheiden, Ihr Leben kann ausgefüllt sein. Ihre mütterlichen oder väterlichen Eigenschaften und die Befriedigung, die Ihnen die Aufgabe der Kindererziehung gibt, können in beiden Fällen unverändert und ungemindert bleiben. Wenn Sie dann eines Tages doch den Wunsch verspüren, sich wieder zu verheiraten, dann wird die Erfahrung, daß Sie auch als alleinerziehender Elternteil glücklich sein können, Sie davor bewahren, sich aus reiner Langeweile oder aus Unselbständigkeit in eine Ehe zu stürzen. Wenn Sie für sich selbst und Ihr Kind eine Atmosphäre der Harmonie und der Eigenständigkeit geschaffen haben, werden Sie das nächste Mal heiraten, um das bereits errungene Glück zu vermehren, und nicht, um das Unglück, unverheiratet zu sein, zu beenden. Sollten Sie sich für eine neue Ehe entscheiden, können Sie dadurch größeres Glück finden, aber nur dann, wenn Sie unverheiratet auch glücklich waren!

Nachwort

Wie Sie gesehen haben, ist der Gedanke, vor den eigenen Kindern erwachsen zu werden, eine Idealvorstellung – ein Ziel, ein Wunsch, den man aufrechterhält und auf den alle Eltern tapfer hinarbeiten. Mit einigen Anstrengungen, mit Glauben und Treue werden die Eltern, die sich fest wünschen, als reife Erwachsene zu handeln, sich schon recht erfolgreich durchwursteln; manchmal werden sie ihren Kindern eine ausgezeichnete Anleitung geben, ein anderes Mal werden sie kleinlich und verdrießlich sein, aber meistens werden sie sich zwischen diesen beiden Extremen bewegen.

Gute Eltern zu sein ist manchmal eine sehr einsame Sache, weil sie sich oft in der Zwickmühle wiederfinden, ihren Kindern auf der einen Seite eine ruhige und vernünftige Anleitung geben zu müssen, und sich auf der anderen Seite zu ihren eigenen Eltern zu flüchten, um dort Hilfe zu finden. Irgendwann auf dem langen Weg des Elterndaseins kommt dann die Stunde der Wahrheit, und man muß sich langsam eingestehen: Es gibt tatsächlich nur wenige Unterschiede zwischen einem Kind und einem Erwachsenen. Der eine ist klein, der andere ist groß; der eine ist neu auf der Welt, der andere hat schon ein wenig mehr Lebenserfahrung. Aber innendrin haben beide das Verlangen nach Bestätigung, nach Liebe; beide wollen wichtig und angenommen sein, und beide sind oft verwirrt und unsicher. Während das Kind seinen Eltern vertraut, daß sie es anleiten und in die richtige Richtung führen werden, leben die Eltern in dem schrecklichen Bewußtsein, daß sie die einzigen Menschen sind, die das Vertrauen Ihrer Kinder erfüllen können, so wie sie deren Bedürfnisse befriedigen.

An diesem Punkt der Erkenntnis der Gemeinsamkeit zwischen ihnen und ihren Kindern beweisen Eltern entweder, daß sie aufgeört haben, erwachsen zu werden, daß sie für immer in ihrem unreifen Egoismus steckenbleiben, oder aber daß sie sich ständig auf ein Leben als reife Erwachsene hinbewegen. Reife Eltern sind bereit sich ständig weiterzuentwickeln; sie sind bereit, immer wieder bessere Eltern zu werden, wenn sie sich unsicher und überfordert fühlen. Gute Eltern entwickeln sich mit Mut und Güte weiter. Sie versuchen nicht, ihre Ängste oder Unzulänglichkeiten hinter Wut oder donnernden Strafpredigten zu verbergen, sie laufen nicht vor ihrer Verantwortung davon, indem sie ihren Kindern lieber Freunde als Eltern sein wollen. Sie versuchen ihr Bestes zu geben, damit ihre Kinder die besten Voraussetzungen für das Leben haben. Dabei verzeihen sie sich auch ihre eigenen Fehler, so wie sie die Fehler ihrer Kinder annehmen.

Manchmal habe ich den Eindruck, daß der einzige Unterschied zwischen Erwachsenen und Kindern darin besteht, daß Erwachsene auch dann ihre Aufgaben erfüllen, wenn sie die Verantwortung nicht mehr tragen möchten, und daß sie sich so verhalten müssen, als wüßten sie zu jeder Zeit und an jedem Ort, was sie tun, auch wenn sie es einmal nicht wissen.

Eltern sind irgendwie mit einem Busfahrer zu vergleichen, der den ganzen Bus voll mit Passagieren geladen hat, die der Meinung sind, der Busfahrer kenne die Strecke genau und werde sie schon alle sicher an ihr Ziel bringen. Wenn der Busfahrer auf einmal an einer Kreuzung die falsche Abzweigung nimmt und sich völlig verirrt hat, wird er, wenn er schlau ist, seine Verwirrung für sich behalten, mit Zuversicht und Autorität weiterfahren und versuchen, dabei die ganze Zeit nach ihm bekannten Orten und Plätzen zu suchen. Wenn er dennoch nicht seine Orientierung wiederfindet, dann wird der verantwortliche Busfahrer anhalten und jemanden, der es wissen muß, ganz ruhig nach der richtigen Richtung fragen. Dann wird er diese Richtung nehmen und seine Passagiere in den gewünschten Ort bringen, selbst wenn er vorher schon eine ganze Zeit in die falsche Richtung gefahren ist.

Wenn dieser Busfahrer, den wir uns vorstellen, ganz ruhig bleibt und seine Furcht und Verwirrung hinter freundlichem und vernünftigem Verhalten verbirgt, werden seine Passagiere ohne Angst oder Enttäuschung am Ziel ankommen und ein Gefühl der Dankbarkeit gegenüber dem Fahrer heben. Selbst wenn sie wegen des Umwegs später als geplant ankommen, werden sie ruhig und vernünftig bleiben, und jeder einzelne wird beruhigt und zufrieden seiner Wege gehen.

Wenn der Busfahrer dagegen anfinge zu winseln und vor Verzweiflung und Angst auf dem Fahrersitz hin– und herrutschen würde, weil er erkannt hat, daß er die falsche Abzweigung genommen und sich verfahren hat, wären seine Passagiere nicht nur aufgeregt und ängstlich, sie würden es ihm außerdem noch übelnehmen, daß er nicht mehr Selbstbeherrschung und Courage besäße.

Fast alle Eltern fühlen sich von Zeit zu Zeit einmal verwirrt und verängstigt, und einige von ihnen müssen erkennen, daß sie die Kontrolle über eine Situation verloren haben, weil sie vielleicht in die falsche Richtung gegangen sind. In so einem Moment ist es besonders wichtig, mit heiterer Laune weiterzumachen, mit einer fröhlichen Einstellung von Zuversicht und Optimismus einen neuen Weg zu suchen, den man einschlagen könnte, oder jemanden mit einer anderen Einstellung oder mehr Erfahrung zu suchen, der einem helfen könnte. Eltern, die sich mutig und gelassen verhalten, werden nicht anfangen, aus Verwirrung und Furcht zu heulen, zu schreien oder zu fluchen. Wenn sie ruhig und gelassen bleiben, bleiben Sie Erwachsene und erlauben ihren Kindern, Kinder zu bleiben. Und das heißt im eigentlichen Sinne, erwachsen zu werden, bevor die Kinder erwachsen werden.

Manfred Backhaus gibt in diesem Buch Tipps zur So-
fortentwöhnung und für den schnellsten Weg zur letzten Zigarette. Er beschreibt verschiedene Methoden,
von der Raucher-Sofortentwöhnungskur in der natur-
heilkundlichen Klinik bis zum „Selbstversuch" zu Hause.
Tipps für die „Zeit danach" helfen, Rückfälle zu vermeiden.

Manfred Backhaus
Nie mehr Rauchen!
208 Seiten, Hardcover
ISBN 3-8118-1581-4

In ihrem Buch analysiert Jutta Blume vergnüglich den „kleinen Unterschied" zwischen Mann und Frau – und bietet gleichzeitig praktische Hilfe, wie ein Paar sich aus einem Kommunikationstief befreien kann.

Jutta D. Blume ist Diplompsychologin und arbeitet in der Partnerberatung. Die Erfahrungen aus ihrer langjährigen Praxis hat sie in diesem Band aufbereitet.

Jutta D. Blume
Frauen wollen reden – Männer hören nicht zu

208 Seiten, Broschur
ISBN 3-8118-1762-0

Das Standardwerk

Dr. med. Petra Wenzel

Hausapotheke

- Die häufigsten Beschwerden wirksam selbst behandeln.
- Erprobte Hausmittel, sanfte Heilmethoden und Homöopathie.
- Die richtigen Wirkstoffe anwenden.
- Erste Hilfe bei Notfällen.

MOEWIG

Wer kennt das nicht: Husten, Schnupfen, Magenschmerzen oder Kopfweh? Viele dieser Erkrankungen lassen sich ausgezeichnet mit altbewährten Hausmitteln oder Mitteln aus der Naturmedizin selbst behandeln. Wie – darüber informiert dieser Ratgeber umfassend, kompetent und leicht verständlich. Er vermittelt die Grundkenntnisse und erklärt alle Handgriffe für eine sinnvolle Selbstbehandlung, bietet Hilfe bei Alltagsbeschwerden von A bis Z und hält ein Erste-Hilfe-Paket für Notfälle bereit.

Dr. med. Petra Wenzel
Hausapotheke
272 Seiten, Hardcover
ISBN 3-8118-1705-1

Apotheker Mannfried Pahlow

Heilpflanzen

- Selbstbehandlung der häufigsten Alltagsbeschwerden und Erkrankungen mit ausgewählten Heilpflanzen
- Bewährte Rezepte für Tees, Teemischungen, Tinkturen, Salben, Inhalationen, Umschläge, Bäder
- Sachkundiger Rat, verlässliche Hilfen

Heilpflanzen sind bewährte, natürliche Arzneimittel, mit denen sich viele Alltagsbeschwerden und Erkrankungen leicht selbst behandeln lassen. Wie man sie richtig anwendet, das erklärt dieser kompetente Ratgeber anschaulich und leicht verständlich. Eine reich bebilderte Heilpflanzenkunde informiert zudem umfassend über das Aussehen, die Blüte- und Erntezeit, die Wirkstoffe und den Anbau ausgewählter Heilpflanzen.

Apotheker Mannfried Pahlow
Heilpflanzen
240 Seiten, Hardcover
ISBN 3-8118-1747-7

Jung und fit bleiben – der Traum von der ewigen
Jugend ist so alt wie die Menschheit. Und zudem top-
aktuell: Denn noch nie gab es so viele Mittel, das
Altern hinauszuzögern. Das Buch verrät, was man tun
kann, um sich mit fünfzig oder sechzig Jahren wie
dreißig zu fühlen: durch Gesundbleibmittel wie Kom-
bucha, durch Entspannungsübungen wie die sieben
Tibeter, durch die richtige Ernährung mit Vitaminen
und Mineralstoffen. Dazu gibt es Tipps zu Schön-
heitsfarmen, zu Kosmetik und zu Fitness.

Nina Janda
Always young
160 Seiten, Hardcover
ISBN 3-8118-1679-9